U0517334

本书获得以下项目和资金资助：

教育部人文社会科学研究项目（11YJA790105）

河北省社会科学重要学术著作出版资金

河北省高等学校人文社科重点研究基地

河北经贸大学京津冀协同创新中心

河北经贸大学国家一流学科建设项目应用经济学学科资助

中国奶产业链
重构与生鲜乳质量
安全问题研究

马彦丽 芦丽静 ◎ 著

中国社会科学出版社

图书在版编目（CIP）数据

中国奶产业链重构与生鲜乳质量安全问题研究／马彦丽，芦丽静著 . —北京：
中国社会科学出版社，2016.9

ISBN 978 - 7 - 5161 - 8923 - 8

Ⅰ.①中… Ⅱ.①马…②芦… Ⅲ.①乳品工业 - 供应链管理 - 研究 - 中国
②鲜乳 - 产品质量 - 安全管理 - 研究 - 中国 Ⅳ.①F426.82②TS252.7

中国版本图书馆 CIP 数据核字（2016）第 217922 号

出 版 人	赵剑英
责任编辑	任 明
责任校对	闫 萃
责任印制	何 艳

出 版	中国社会科学出版社
社 址	北京鼓楼西大街甲 158 号
邮 编	100720
网 址	http：//www.csspw.cn
发 行 部	010 - 84083685
门 市 部	010 - 84029450
经 销	新华书店及其他书店

印刷装订	北京市兴怀印刷厂
版 次	2016 年 9 月第 1 版
印 次	2016 年 9 月第 1 次印刷

开 本	710×1000 1/16
印 张	15
插 页	2
字 数	284 千字
定 价	58.00 元

凡购买中国社会科学出版社图书，如有质量问题请与本社营销中心联系调换
电话：010 - 84083683
版权所有　侵权必究

序　言

2016 年有可能是中国奶业有史以来最为艰难的一年，奶业生产开始下降，奶价持续走低，养殖环节卖奶难，加工环节库存积压，消费市场持续低迷，奶业进口不断上扬，业界普遍认为中国奶业遭遇了寒冬。事实上，中国奶业早在 2014 年初就已开始进入寒冬，生鲜奶价格开始下滑，乳品企业限量收购，局部地区的部分生产者感到销售牛奶困难，甚至发生倒奶杀牛现象。与此形成鲜明对比的是，一些国民到海外市场抢购婴幼儿配方奶粉，导致部分国家和地区出台了限制购卖婴幼儿奶粉政策，这在一定程度上反映出中国乳制品生产结构存在问题，实施奶业的供给侧结构性改革有其必然性。

当前奶业的困境是 2008 年发生的三鹿奶粉事件影响的延续。三鹿奶粉事件发生后，在政府和乳品企业形成的合力推进下，中国奶业，尤其是养殖环节开始了转型升级的历史进程。中国奶业的转型升级是以标准化规模养殖为标志的，政府的公共政策为标准化规模养殖提供了引导性支持，而乳品企业的生鲜奶收购政策则直接提高了规模化养殖的门槛。在政府引导和乳品企业主导的双重作用下，奶牛养殖小区和规模化牧场建设进入了快车道，特别是奶牛规模化养殖迎来了发展的"黄金时期"，成批的千头牧场、万头牧场正是在这个时期应运而生。同时，这亦表明中国放弃了以家庭牧场为主体的代表世界主流的奶牛养殖发展道路。

奶业的转型升级大的方向无疑是正确的，其本质就是奶业的供给侧结构性改革，因此，奶业的供给侧结构性改革实际上早在三鹿奶粉事件后就已经开始。但是，奶业转型升级的核心问题是谁应转，转什么和如何转。就目前的情况看，奶业的转型升级存在两个方面问题：一是简单化，即把转型升级等同于规模化，偏好大的，排斥小的，而与规模化养殖相匹配的合格人才、技术和管理等"软实力"严重滞后；二是不均衡，即把养殖环节的规模化等同于全行业的转型升级，而加工环节的转型升级、营销环节的转型升级、政府职能的转型升级以及产业组织体系的转型升级还未提上日程。

中国奶业当前遇到的困难本质上是转型升级过程中所面临的一些新问题，需要认真总结、反思和探索。《中国奶业产业链重构与生鲜乳质量安全问题研究》一书就是对我国奶业转型升级所进行的总结、反思和探索。的确，规模化养殖并不是解决中国奶业问题的万能钥匙，而且规模化养殖本身也具有两面性，一方面是奶牛单产水平、牛奶的质量和安全水平确实得到大幅度提升，这是积极的一面；但另一方面是养殖成本显著增加、带动农民增收能力减弱、环境治理难度加大、国际竞争力下降，这是消极的一面。

《中国奶业产业链重构与生鲜乳质量安全问题研究》一书立足于我国奶业转型升级的发展背景和现实，以三鹿奶粉事件后奶业产业链重构为切入点，利用误差修正模型详细分析了整个产业链上不同经济主体的利益分配机制；考虑到奶牛规模化养殖模式的多样性（养殖小区、规模化牧场、家庭牧场等），在质量安全与环境保护的双重视角下应用 DEA 模型对不同养殖模式的生产效率问题进行了评价；利用 Logistic 对养殖小区模式下奶农的安全生产行为及影响因素进行了分析；在上述研究的基础上，结合纵向一体化理论分析框架、国际奶业产业链组织的一般经验和中国奶业面临的特殊环境，对中国如何通过产业链重构更好地实现乳品质量安全目标提出了建议和措施。

该书在理论和实证分析的基础上提出了以下三个重要观点：

第一，考虑到质量安全和环境保护问题，养殖小区模式亟待转型，大型规模化牧场也并不是生产效率最高的模式。

作者指出，根据基层调研数据的实证分析结果，绝大多数养殖小区实质上是"集中散养"，养殖小区只是为散户提供了基础设施建设，散户进入小区饲养后仍然是分户饲喂，业主和散户双方均无改善固定资产投资的能动性，技术引进也难以实现。近几年政府鼓励推广的奶牛卧床和自动饮水设施、空调设施、TMR 日粮饲喂等技术，在养殖小区推进缓慢。而大型的规模化牧场片面追求"高大上"，占地要大、机械设备要新要全、奶牛营养要好，然而，这些投入并没有全部转化成有效产出，反而造成治污成本过高。同时，大型规模化牧场的雇工管理出现较大困难，员工责任心无法与家庭牧场相比。相比之下，家庭牧场现有的技术水平和监管体系也能有效保证奶源的质量安全程度，并且由于家庭成员享有所有的生产利润，其生产积极性高于雇工，因此，家庭牧场有利于降低劳动监督成本和管理费用；同时，家庭牧场可以充分利用闲散劳动力，为更多非整劳力提供就业机会，增加了农户致富的可能性。

第二，工商资本养牛和以大型乳品企业为核心的纵向一体化产业链的弊端已经显现。

作者认为，工商资本进入养殖领域带来规模经济效应和知识溢出效应，但同时也存在明显的弊端，主要体现在：其一，雇工的劳动计量和监督困难使企业养牛效率降低；其二，工商资本的逐利性造成产业发展潜在的不稳定，如果政府扶持政策间断，工商资本可以迅速退出或者寻找国际化奶源；其三，"资本剥削小农"，不利于缩小收入差距。同时，以乳品企业为核心的纵向一体化不符合资源配置规律，由乳品企业承担养殖、加工、销售等全部环节意味着放弃了分工、专业化带来的高效率，且使养殖风险高度集中。实践证明，以乳企为核心的一体化不能实现乳品企业和奶农利益的紧密连结，中国乳企布局开始国际化，但是奶源在外、市场在内的半国际化使国内养殖业受到巨大冲击。

第三，基于家庭农场的"合作社纵向一体化"是中国奶业产业链重塑的另一种可能。

作者提出，在短期内中国通过引入工商资本来促进奶牛养殖规模化、标准化，改进奶牛养殖技术，保证生鲜奶安全和品质，通过示范效应和技术外溢提升国内乳品企业的国际竞争力，在暂时没有其他可依赖的经营主体存在的情况下，有其合理性。在长期，为实现促进奶牛养殖业稳定健康发展，保障乳品质量安全的总体目标，同时兼顾环境保护、疫病控制、提高养殖效率、增加农民就业和收入，政府应当转变以乳品企业为核心的奶业产业发展规划，扭转对大规模特别是超大规模奶牛养殖场的偏好，让100—200头左右的家庭牧场成为奶牛养殖的中坚力量，同时鼓励以家庭牧场为基础的奶业合作社以及奶业合作社联社的发展。合作社与乳品加工企业既竞争又合作，有利于彻底理顺产业链条上奶农和乳品企业之间的利益关系，为奶业的良性发展奠定基础。

中国奶业的转型升级是一项长期的历史任务，是一项系统工程，需要采用系统工程的理念和方法，需要认真扎实地工作态度，需要务实的行动计划，需要科学严谨的具体措施，需要全产业链的视角进行全面系统地推进奶业的转型升级。只在规模化养殖方面做文章距转型升级的相关要求相差甚远，毕竟奶业转型升级需要均衡发展；只在硬件上加大投入距转型升级的相关要求相差甚远，毕竟奶业转型升级还需要软实力。《中国奶业产业链重构与生鲜乳质量安全问题研究》一书是对中国奶业转型升级暨奶业供给侧结构性改革的有益探索，书中提出的一些观点具有启发意义，提出的对策建议具有参考价值和可操作性。

刘玉满

2016 年 5 月北京

摘　要

"三聚氰胺事件"以后，业界对中国乳制品质量问题出现的原因进行了深刻反思，除重新审视乳品产业质量监控体系的缺陷外，更多的目光投向中国奶产业链的结构缺陷。在以"散养奶农 + 奶站 + 乳品加工企业"为代表的产业链条中，各个经济主体缺乏内在的利益联结，各自为政，以邻为壑，在信息不对称和监管不力的条件下，必然导致逆选择和道德风险问题。

大量研究成果认为，通过产业链的纵向一体化可以促进产业链各主体的利益协调，更好地保证产品安全和促进产品品质的提高。基于以上认识，中国的奶产业链正在加速重构。一方面养殖规模化和标准化迅速推进，另一方面乳品加工环节的市场集中度迅速提高，纵向一体化不断推进，生鲜乳的价格形成机制也有所改进。中国的奶产业链重塑正在走一条以乳品加工企业为核心 + 工商资本养牛的养殖规模化道路。然而，几年过去，实践给业界提出更多的问题：（1）中国的奶产业链重构能够改善产业链经济主体间的利益分配吗？（2）目前，中国出现了养殖小区、家庭牧场、规模牧场、超大规模现代牧场等不同的规模养殖模式。养殖模式不同，关系到中国未来谁养牛、怎么养的问题。那么，考虑质量控制和环境影响，哪种养殖模式的效率更高？或者说，中国未来的规模养殖的发展方向应该是什么？（3）在中国目前占主体地位的养殖小区模式中，奶农的安全生产行为是什么状态？受哪些因素的影响？这种集中养殖的模式能够明显改善生鲜乳的质量和品质吗？（4）恢复消费者对国产乳制品的信心是中国奶产业链重构的目标之一，那么，当前消费者对国产乳制品的信心是否恢复了？（5）世界上大多数国家和地区都是走基于家庭农场的"合作社纵向一体化"道路，为什么中国与众不同？未来又可能走向何方？

上述问题均是中国乳业发展中面临的基本问题，不同的答案可能使中国在乳业未来的发展中面临不同的选择。

本研究围绕以上问题进行，除导论章外，本书的主要内容和主要结论概括如下：

第二章，对三聚氰胺事件的再认识——从产业链主体间关系的视角。本章回顾"三聚氰胺"事件及其影响，提出信息不对称条件下的逆选择是造成中国乳品质量安全问题的根源。理论上讲，解决乳品质量安全问题有三个视角：有效的信号传递、强有力的政府管制以及确保质量安全的正向激励。然而，中国的乳制品质量监管体系不能有效控制安全隐患、没有有效的信号传递造成"劣币驱逐良币"、产业链上以邻为壑的竞争行为诱发机会主义行为，造成中国的质量安全机制全面崩塌。本研究认为，除了健全乳品质量监管体系，产业链纵向整合是除政府监管外控制食品质量的另一有效途径。

第三章，中国奶业发展和产业链重构——背景和现实。改革开放以来，中国奶牛养殖业高速发展，形成了以"乳企 + 奶站 + 奶农"为代表的奶产业链组织模式，然而高速增长背景下的奶产业链存在严重的组织缺陷：农户散养模式不能满足质量控制和技术引进的需要；重市场、轻奶源，乳企的野蛮生长以忽视质量为代价；以邻为壑的竞争模式导致产业链上各主体的机会主义行为。养殖规模化和以乳企为核心的纵向一体化成为当前中国奶产业链的重构方向。一方面，工商资本涉足奶牛规模养殖；另一方面，乳品加工产业的市场集中度不断提高。此外，为了应对来自国外的乳业竞争，中国的大型乳企"引进来，走出去"，在国际市场上展开布局。然而，这样的产业链重组是否能够保障乳业的健康发展和乳品质量安全？目前来看既存在共识，也存在许多争议。包括奶牛散养是技术落后和质量隐患的根源吗？规模养殖的主导模式应该是什么？一体化是解决乳品质量安全的唯一方法吗？以合作社还是以乳企为基础实施纵向一体化？业界和学界均有不同的声音。

第四章，产业链重构与纵向关联市场价格传递——奶产业链利益分配改善了吗？"三聚氰胺"事件后，在中国乳业发展政策的引导下，中国奶产业链上养殖环节和乳品加工环节的市场结构都发生了巨大变化，乳品加工企业与养殖场之间的利益联结也有所改进，然而产业链上经济主体之间的利益分配是否有所改善呢？本章使用 2009 年以来生鲜乳交售价格和鲜牛奶零售价格数据，采用向量自回归模型和非对称误差修正模型，通过考察产业链中是否存在非对称价格传递来观察市场势力对利益分配的影响。向量自回归结果表明，在一个月的传导时滞后，生鲜乳价格上涨（下跌）后会造成鲜牛奶价格的上涨（下跌）；而鲜牛奶价格对生鲜乳价格的影响不显著。脉冲响应结果进一步印证了乳品产业链价格非对称传递的存在，一个正向的价格冲击到来，鲜牛奶价格对生鲜乳价格的影响时滞较短，但影响较小且收敛快；生鲜乳价格对鲜牛奶价格的影响则持续而深远。误差修正模型表明，鲜牛奶价格的下跌很快就会给奶农带来利益损失，鲜牛奶价格上涨带来的好处却迟迟不能被奶农分享，价格传递的非对称性反应再次被验证。奶农在产业链上的利益分配并没有明显的改善。

　　第五章，中国乳业产业政策与奶牛养殖模式的嬗变：结构分析与效率评价。由于奶牛散养模式在质量控制和技术引进方面的局限性，中国奶牛养殖规模化正如火如荼。目前，养殖小区、家庭牧场、规模牧场、超大规模现代化牧场大量涌现。不同的养殖模式，意味着"谁养牛"（农户还是企业）、"如何养"（更多的资本要素还是更多的劳动要素）的抉择不同，并从根本上对产业链整合的方向产生不同的影响。本章对各种养殖模式进行优势和劣势分析，然后使用基于问卷调查的数据，在考虑环境友好和质量安全的视角下，采用数据包络分析（DEA）模型，对各种养殖模式的效率进行评价，发现家庭牧场的综合效率显著优于规模牧场和养殖小区，是今后需大力支持的奶牛养殖模式。

　　第六章，养殖小区模式存在的问题与奶农的安全生产行为分析。当前，"奶农＋养殖小区（合作社）＋乳企"在中国很多地方成为主流的奶牛养殖和加工模式，在这一典型的产业链条中，奶农、养殖小区老板、乳品加工企业之间的合作关系是否如各界所期望的那样有所改善？奶农的安全生产行为又是怎样的？哪些因素影响其行为？调研发现，养殖小区式的"集中散养"并没有从根本上改善奶农、养殖小区老板及乳企之间的紧张关系。实证结果表明，在养殖小区模式下，奶农的受教育年限、原料乳价格水平，奶农对原料乳指标体系的掌握程度，对各种条例规范的了解程度以及政府政策都显著影响了奶农的安全生产行为。政府应进一步改进定价机制，提高奶农的价格满意度；加强对乳业政策特别是质量安全政策的宣传和技术推广，为农户的安全生产行为提供制度约束和技术保障；同时，应该大力发展养殖小区外的其他规模养殖模式，特别是为较大规模的散户发展成为家庭牧场提供条件。

第七章，中国奶产业链的解构与重塑———一种发展思路。基于前文研究基础，本章分析了工商企业养牛的多重弊端，认为以乳企为核心的纵向一体化不符合资源配置的规律。当前，中国奶牛养殖业增长进入平台期，乳制品产量的增长基本来自国外奶源；乳品质量安全隐患未从根本上消除；而且中国乳企的国际化是原料在国外、市场在国内，并不完整；中国乳业正在被国内外大工商资本所绑架。从国际经验看，农民养牛以及以此为基础的"合作社纵向一体化"是普遍的经验。在中国，散养奶农普遍实力弱，技术差，农民的组织化还举步维艰，但是从长远看，政府还是要以极大的耐心培育家庭牧场和培育以家庭农场为基础的合作社，在这方面，日本的经验——合作社与乳企形成双边垄断或者合作社延伸产业链到加工领域，与大型乳企形成竞争。

关键词：奶产业链　解构与重建　质量安全　合作社

目　录

第一章

导　　论

第一节　研究背景及选题依据

一　研究背景

"三聚氰胺事件"以后，业界对乳制品质量问题出现的原因进行了深刻反思，除重新审视乳品产业质量监控体系的缺陷外，更多的目光投向中国奶产业链的结构缺陷。在以"散养奶农＋奶站＋乳品加工企业"为代表的产业链条中，各个经济主体缺乏内在的利益联结，各自为政，以邻为壑。一方面，乳品加工企业依靠自身在奶产业链上的垄断势力向奶农转嫁市场风险（体现为在市场需求旺盛时不顾原料奶质量发动奶源大战，在淡季则对奶农压级压价）；另一方面，只要产品能够销售出去，奶农和奶站并不介意自己生鲜乳的安全和品质，在信息不对称和监管不力的条件下，必然导致逆选择和道德风险问题（齐春宇，2009；张利庠，2010；钱贵霞等，2010）。可以说，"三聚氰胺事件"的出现，是偶然，也是必然。"偶然"是说添加的是"三聚氰胺"，"必然"是说即使不是添加"三聚氰胺"也会出现其他的质量安全事件。

大量研究成果认为，通过产业链的纵向一体化可以促进产业链各主体间的利益协调，进而更好地保证产品安全和促进产品品质的提高。在奶产业链上，如果没有安全的、高品质的生鲜乳作为原料，无论如何也生产不出合格的乳制品。因此，如果没有奶产业链上所有成员的共同参与，尤其是乳品加工企业与源头农户的主动参与和紧密协作，中国很难彻底解决乳制品质量安全问题。

正是基于以上认识,中国的奶业整顿和振兴计划中特别关注奶产业链的解构与重建。短期看,主要是:(1)致力于产业链各主体间的利益协调,建立有第三方参与的价格形成机制,以保证较为合理的利益分配;(2)鼓励奶业协会的发展,使其在维护奶农利益、协商生鲜乳收购价格、为奶农提供服务方面发挥更大作用①;(3)鼓励奶农合作社的发展,期望其能在维护奶农权益方面发挥作用。长期看,主要是加强奶产业链各经济主体间的纵向联系,建立各经济主体之间风险共担和利益共享机制,通过强化的利益一致性,解决信息不对称条件下各主体的机会主义行为倾向,从而更好地保证乳制品质量安全。在这方面,目前来看主要有以下措施:(1)取缔流动和个体奶站,直接减少奶产业链条中间环节。国务院办公厅 2008 年 11 月转发《奶业整顿和振兴规划纲要》,规定只有取得工商登记的乳制品生产企业、奶畜养殖场、奶农专业生产合作社,才有资格开办奶站,奶站应当依法取得生鲜乳收购许可证。(2)鼓励散养奶农进入养殖小区,推进养殖规模化和标准化。(3)积极扶持奶农专业生产合作社的发展,鼓励养殖小区注册为合作社,增强奶农与养殖小区间的利益一致性。(4)鼓励乳制品加工企业与养殖小区、牧场等建立更加稳定的关系。鼓励乳制品生产企业通过订单收购、建立风险基金、返还利润、参股入股等多种形式,与奶农结成稳定的产销关系、形成紧密的利益联结机制②。(5)鼓励乳品加工企业建设自有奶源。2009 年修订的《乳制品工业产业政策》将拥有稳定的奶源作为准入条件,支持乳制品加工企业加强自有奶源基地建设,鼓励自建、参股建设规模化奶牛场、奶牛养殖小区③。(6)提高乳品加工环节市场集中度,一方面淘汰不合格和落后产能,限

----

① 例如,2014 年,内蒙古自治区发布《关于加强生鲜乳收购价格管理的指导意见》,提出成立由政府相关部门、奶牛养殖者、乳制品加工企业、行业协会、奶站等相关主体组成的生鲜乳价格协调委员会,制定生鲜乳收购交易参考价,定期发布。从中央到地方,中国奶业协会成立了四级纵向管理体系,积极开展业务活动。

② 例如河北省促使乳企与养殖小区和牧场之间建立长期的购销合同,期限一般为 1—5 年,为加强乳企与牧场的联系,乳企向养殖小区或牧场派遣驻站员,加强养殖技术指导,除非原料奶质量不合格,承诺收奶义务,牧场则承诺不向其他企业交售原料奶。

③ 中国乳制品工业协会理事长宋昆冈(2012)提供的数据表明,近三年来,各企业自有奶源的比例大幅度提升,达到 30% 左右,有的已经超过 50%。"十二五"期间,各乳制品加工企业自有奶源比例争取超过 50%,可控奶源比例达到 100%,规模化牧场(百头以上)的奶牛比例达到 70% 以上。

制"过度竞争"和争抢奶源现象，另一方面加速培育大型乳业集团，希望其在产业链重构、保障产品质量和应对国际竞争方面发挥重要作用。

在上述整顿和治理措施下，中国的奶产业链正在加速重构。一方面养殖规模化和标准化迅速推进；另一方面乳品加工环节的市场集中度迅速提高，以大型乳品加工企业为核心的纵向一体化不断推进，生鲜乳价格①形成机制也有所改进。然而，在纵向一体化推进几年后，对一体化效果的认识和评价需要提上日程，以期对前期的奶业整顿和治理政策进行针对性调整。本研究正是在这一背景下的探索和尝试。

二 选题依据

近年来，国际上越来越多的学者开始从产业链治理结构的视角关注农产品的质量安全问题。Starbird S. A.（2000）和 Henson & Hansson H.，Öhlmér B.（2008）认为，农产品交易环节之间的信息不对称与监管困难，使农产品企业逐步走向纵向一体化经营和长期合作，以节约信息成本和监控成本。Ménard 等（2004）的研究发现，数十年来欧美农产品供应链有向紧密协作和一体化程度加强的趋势。Vetter 等（2002）发现纵向一体化可以作为解决信任品市场上存在的道德风险问题的有效途径。而政府多部门监管则不利于供应链的一体化。在实证研究中，供应链行为主体执行各种农业质量安全标准的行为和影响因素分析成为研究重点（Jensen et al.，1999；Goodwin et al.，2002）。

国内亦有丰富的研究成果，例如，汪普庆等（2009）的研究认为，紧密的纵向协作通过重复博弈与信誉机制、直接干预、激励机制、可追踪系统、集体惩罚和其他的一些非正式制度安排，可以有效提高农产品质量。胡定寰等（2006）认为，如果没有供应链上所有成员的共同参与尤其是供应链核心——农业产业化龙头企业与源头农户的主动参与和紧密协作，中国很难彻底解决农产品质量安全问题。如前所述，未能建立起奶产业链上合理的利益分配机制被认为是"三聚氰胺"事件爆发的重要原因。

除肯定纵向一体化战略对食品质量安全的影响外，一些更深入的研究也不断涌现。钟真等（2010）研究了中间商对生鲜乳供应链的影响，认为在具有买方垄断性质的农产品市场上，农产品中间商（奶站）尽管能

---

① 生鲜乳价格是指原料奶价格，也即奶农的牛奶出售价格。

降低农产品市场的福利损失、减少企业与农户之间的交易费用，但却使农户处于较低的盈利水平和较高的"被剥削"状态，造成质量安全隐患。同样是钟真等（2011，2012）的研究发现，生鲜乳的生产组织方式和市场交易类型作为奶业发展模式的两个重要方面对生鲜乳质量安全都有显著的影响。其中，生产组织方式更突出地影响生鲜乳品质，而市场交易类型更突出地影响生鲜乳安全。因此，在将生鲜乳质量安全细化为生鲜乳品质和安全的视角下，取消小规模散养和取缔个体私营奶站并不是提高生鲜乳品质和安全的根本途径，而通过发展规范的奶农专业合作社或许是改进生鲜乳生产组织方式和市场交易类型以实现生鲜乳品质提升和安全保障的有效手段。

值得重视的一个现象是，在世界范围内，奶业的纵向一体化程度都比较高，并且大多数国家和地区均以合作社为核心实现奶产业链的纵向一体化。国内出现了大量介绍国外奶业合作社的运作以及如何保障乳制品质量安全及奶农利益的成果（赵卓等，2008；齐春宇，2009；农业部国际合作司欧洲处，2009；曾宪奎，2008；等等），这些文献对新西兰、澳大利亚、欧盟、北美、日韩奶业中的合作社体系等均有介绍。许多中国学者肯定其重要性，但同时也指出中国奶业合作社发展中存在的问题。孔祥智等（2010）认为建设规范的合作社是解决中国乳制品质量安全问题的重要途径，但是中国现有奶业合作社存在运行不完善和"伪合作社"问题；张利庠（2010）认为，"奶农＋奶牛合作社＋奶制品加工企业"模式仍然没有解决奶产业链的利益联结机制问题，需要建立更加稳定的产销关系；等等。同时，学者们对于究竟应当构建以奶牛合作社为核心还是以加工企业为核心的奶产业供应链还存在争议（王桂荣等，2009；齐春宇，2009；钟敏，2010）。总体来看，国内研究成果目前则主要集中在通过奶业合作社改造中国乳制品供应链的必要性和可行性方面，而且以定性研究为主。

实践中，中国奶产业链重构的指导思想和实践似乎处于矛盾之中。一方面，中国政府鼓励奶农成立合作社，再由合作社与乳企建立相对稳定的购销关系，试图通过提高奶农的组织化程度将其纳入质量监管体系之中。另一方面，政府大力提高乳品加工产业的市场集中度，同时鼓励乳企建设自有奶源基地，希望乳企成为供应链整合的发动主体。大型乳企一方面试图通过合同等更紧密地控制养殖场，另一方面自己投资建设大型养殖场，还有一批其他工商资本进入养殖领域，建设了一批现代化超大型奶牛养殖场，甚至在有些地方已经成为奶牛养殖的主力。① 可以说，在中国谁养牛、如何养、产业链主体间的关系如何联结、利益如何分配方面并无定论。理论上，以合作社为基础的纵向一体化在很多文献中得到认可，实践中，以乳品加工企业为核心的纵向一体化大行其道。理论上，家庭农场似乎是占优势地位的养殖模式，实践中，工商企业越来越成为养牛的主导力量。如何解释中国奶牛养殖模式的选择以及奶产业链的重构是一个重要问题。

到目前为止，对中国奶业产业链的解构与重塑过程中的问题有不少成果。学者们就中国奶业不合理利益分配格局的成因，奶牛养殖标准化和规模化过程中出现的问题，中国乳品产业过度竞争、市场集中度迅速提高以及集中度与利润率之间的关系，产业组织模式对生鲜乳质量安全的影响等都出现大量研究。然而，针对中国奶业产业链的解构与重塑问题的系统研究还比较少见。现在，距离"三聚氰胺事件"已经过去 7 年，中国政府推动下的以乳品加工企业为核心的纵向一体化在改善利益分配、确保食品质量安全、保障乳制品供应和促进产业健康发展方面成效如何？具体讲：（1）中国奶产业链重构能够改善产业链经济主体间的利益分配吗？（2）规模养殖能够全面提高养殖效率吗？或者说，什么样的规模养殖能更好地提高养殖效率？目前，中国力推的规模养殖模式中，家庭牧场、养殖小区、规模牧场、超大规模现代牧场各占一席之地，后三者是主流。养殖模式不同，关系到中国未来谁养牛、怎么养的问题。那么，考虑产量、质量控制和环境影响，哪种养殖模式的效率更高？（3）养殖小区在中国目前的规模养殖模式中占较高的比重。在养殖小区模式中，奶农的安全生产行为是什么状态？奶农愿意为了质量安全而主动配合改进养殖技术和养殖方式吗？哪些因素影响农户的安全生产行为？（4）经过中国乳业的产业结构调整和政府的整顿、监管，中国消费者对国产乳制品的信心在多大程度上得到恢复？（5）在回答上述问题的基础上，结合分工和专业化理论的研究成果，本研究对中国奶产业链的解构和重塑做出评价。自亚当·斯密以来，分工和专业化带来的劳动生产率的提高理论就已经深入人心，

---

① 例如，截至 2014 年 7 月，内蒙古土默特左旗全旗奶牛存栏 20 万头，大规模现代化牧场存栏量约 16 万头，占全部存栏量的 80%，分别属于奶联科技有限公司、北方联牛股份有限公司、犇腾牧业有限公司、伊利实业集团股份有限公司和圣牧高科牧业有限公司。

那么，纵向一体化的依据何在？产业链条上有几个利益主体，在一体化战略中，谁是主宰者和发动者？世界上大多数国家和地区都是走基于家庭牧场的纵向一体化道路，为什么中国与众不同？未来又可能走向何方？上述问题均是中国乳业发展中面临的基本问题，不同的答案可能使我们在乳业未来的发展中做出不同的选择。

第二节　研究目标和主要研究内容

一　研究目标

中国乳品质量安全问题的出现，不仅在于政府的质量监控体系存在问题，还在于中国奶产业链的结构缺陷。一方面，养殖户势单力薄，承担了市场上的主要风险，没有动力主动关心乳品质量安全；另一方面，在重市场、不重奶源的环境下，乳企没有动力、能力和机制约束奶农的安全生产行为。利益分配上的零和博弈导致各行为主体的机会主义行为，这是生鲜乳质量安全问题的根本原因。"三聚氰胺事件"以来，中国奶产业链正在加速解构和重建。与世界上其他国家不同，中国乳业在快速增长、远未成熟时遇到消费者质量安全意识的空前觉醒、环境保护的严峻挑战，以及开放的、全球化的市场，在生死存亡之际，中国匆忙走上养殖规模化、标准化的道路，以乳企为中心推行纵向一体化战略。然而，上述战略给中国乳业带来怎样的改变？中国能够较好地解决质量安全问题并稳定乳品供给吗？从长远看，有没有更好的模式来保障中国的乳品供给和质量安全？

本课题试图完成以下目标：（1）从产业链间主体关系的视角审视"三聚氰胺事件"出现的原因。（2）通过文献整理和数据描述梳理中国奶产业链结构和重塑的基本特征，重点从乳品质量安全角度考察中国产业链重构的内涵、意义和趋势。（3）考察中国奶产业链结构和重塑的成效，包括：是否能够改善产业链主体间的利益分配？什么样的规模化的养殖模式效率更高？奶农的安全生产行为改进了吗？消费者对国产乳制品的信心提高了吗？（4）剖析中国奶业供应链的结构和重塑中存在的问题，结合纵向一体化理论分析框架、国际上乳业产业链组织的一般经验、中国乳业面临的特殊环境，对中国如何通过产业链重构更好地实现乳品质量安全目标提出意见和措施。

二 主要研究内容

第一章，导论。提出问题和选题依据，介绍报告的研究内容和主要研究方法。

第二章，对"三聚氰胺事件"的再认识——从产业链主体间关系的视角。回顾"三聚氰胺事件"以及近年来一系列乳制品安全事件及其影响，分别从信息不对称和逆选择、中国乳制品质量监管体系的缺陷、产业链上以邻为壑的竞争行为来认识这一系列事件产生的原因。特别从产业链纵向整合的视角来探讨除政府监管外控制食品质量的另一途径——纵向一体化和外部效应内部化。

第三章，中国奶业发展和产业链重构——背景和现实。梳理中国乳业发展的历史、现状，"三聚氰胺事件"后中国乳业产业政策的调整，在此背景下中国奶产业链在养殖和乳品加工环节市场结构的转变，以及当前中国奶产业链的组织模式。在这一章，将建立产业链纵向一体化与乳制品质量安全的分析框架。

第四章，产业链重构与纵向关联市场价格传递——奶产业链利益分配改善了吗？"三聚氰胺事件"后，在中国乳业发展政策的引导下，中国奶产业链上的养殖环节和乳品加工环节的市场结构都发生了巨大变化，乳品加工企业与养殖场之间的利益联结也有所改进，然而产业链上奶农的利益分配是否有所改善呢？本章对奶产业链重构能否带来更合理的利益分配进行判断，利用生鲜乳价格和鲜牛奶零售价格，使用误差修正模型，分析奶产业链上纵向价格传递，并特别关注乳品加工环节产业结构变化对奶产业链各主体利益分配的影响。

第五章，中国乳业产业政策与奶牛养殖模式的嬗变：结构分析与效率评价。"三聚氰胺事件"后，奶牛养殖规模化和标准化进程大大加快。目前，养殖小区、家庭牧场、规模牧场、超大规模现代化牧场大量涌现，中国的奶牛养殖规模化水平短期内得到迅速提升。不同的养殖模式，意味着"谁养牛"（农户还是企业）、"如何养"（更多的资本要素还是更多的劳动要素）的抉择不同，从而对其基础上产业链整合的方向产生不同的影响。本章对各种养殖模式进行优势和劣势分析，然后使用基于问卷调查的数据，考虑环境友好和质量安全的条件下，采用 DEA 模型，对各种养殖模式进行效率评价，为今后中国奶牛养殖模式的选择提供决策参考。

第六章，养殖小区模式存在的问题及奶农的安全生产行为分析。当前，"养殖小区 + 乳企"在中国很多地方成为主流的奶牛养殖和加工模式，在这一典型的产业链条中，奶农、养殖小区老板、乳品加工企业之间的合作关系是怎样的？特别是，这样的合作关系与之前"奶农 + 奶站 + 乳企"的合作关系有什么不同？在这样的产业链条中，奶农的安全生产行为是怎样的？哪些因素影响其行为？剖析中国国乳产业链的最基础细胞的安全行为，有助于了解中国奶产业链中的主要矛盾。

第七章，中国奶产业链的解构与重塑——一种发展思路。基于前述研究基础，结合发达国家和地区的经验，为中国奶产业链的解构与重塑提供思路和对策。

第三节　理论基础与研究方法

一　理论基础

（一）分工与专业化理论

1776 年，亚当·斯密（Adam Smith）出版《国富论》，详细论述了经济增长的源泉。他认为经济增长源于劳动生产率的提高；劳动生产率的提高导因于分工和专业化程度的加强；分工和专业化程度的加强来源于市场规模的扩大。分工如何提高劳动生产率？斯密的解释是：第一，劳动者的技巧因业专而日进；第二，节省劳动时间；第三，机器的发明和采用。概括斯密的观点，分工提高生产效率并促进经济增长的关键有两点：其一，原来要求复杂劳动的工作通过分工以后只要求简单劳动就可以了。由于简单劳动只需要较少的生产技能学习时间，所以分工增加了人们可以用于生产的时间，从整体上降低了人们从事生产活动的成本。其二，分工使得单个生产过程简单化，有利于用机器生产代替手工劳动。机器的使用在提高劳动生产率的同时进一步降低了对劳动技能复杂性的要求。那么，什么决定分工的程度呢？斯密认为，"分工起因于交换能力，分工的程度因此总要受到交换能力大小的限制，换言之，要受到市场广狭的限制"。"分工受市场范围的限制"，这就是所谓的"斯密定理"。市场范围越大，专业化程度越深，分工也就越细致。

斯密将分工分为三种：一是企业内分工；二是企业间分工，即企业间劳动和生产的专业化；三是产业分工或社会分工。第二种分工形式实质是产业集群形成的理论依据所在，正是因为这种分工，才形成产业内企业间的分工和协作，以及相应的社会化服务的发展。第三种分工是国家和地区间的分工。斯密认为，国家间的分工和交换起源于比较优势，一个应当专注于生产自己具有比较优势的产品，然后通过交换，使每个国家的福利水平都得到提高。这就是"绝对优势理论"。之后，李嘉图（David Ricardo）的"相对优势理论"和赫克歇尔—俄林（Heckscher-Ohlin）的"要素禀赋论"进一步发展了国家和地区间专业化分工和交换的原理，为世界贸易自由化奠定了理论基础。

（二）交易成本理论

自边际分析学派崛起，新古典经济学成为主流以后，在马歇尔的分析框架中，经济分析的重点转向价格制度分配资源的功能，用边际分析研究需求与供给。这种分析以纯消费者与厂商的绝对分离为基础，所以社会的分工结构是外生给定的。虽然其仍然承认古典经济学的传统，分析分工和专业化对经济发展和对技术发明的意义，但专业化和分工并未有机融入新古典经济学的研究框架中。

在新古典经济学的框架中，企业被看作是一个"黑箱"，是将投入和产出联系起来的技术规律，因而更像是一个天然的存在。然而，既然在新古典经济学中，通过市场机制配置资源可以实现帕累托最优，为什么还需要企业存在呢？科斯（Ronald Coase，1937）提出了交易成本假设，通过价格机制配置资源，在发现交易价格的过程中是会产生成本的，而通过将外部交易内部化于一个组织，就可以节约某些成本。[①] 企业的存在是为了节约交易成本，是对价格机制的替代，是资源配置的一种方式。企业的规模被决定在企业内交易的边际费用等于市场交易的边际费用或等于其他企业的内部交易的边际费用那一点上。当企业内交易的边际费用等于市场交易的边际费用时，企业和市场的边界就确定了。

威廉姆森（Olirer Williamson）认为，企业是一种治理结构，是连续生产过程之间不完全合约所导致的纵向一体化实体。他认为，描述交易异质性的三个维度：资产的专用性、交易的不确定性和交易的次数。契约人

---

① 在科斯那里，交易成本是指企业用于寻找交易对象、订立合同、执行交易、洽谈交易、监督交易等方面的费用与支出，主要由搜索成本、谈判成本、签约成本与监督成本构成。

行为的两个基本假设有限理性机会主义：事前机会主义和事后机会主义有限理性和不确定性，增加了合约谈判的信息成本。在不完全契约条件下，随着交易涉及的关系专用性资产的增大，为了避免由此产生的受制于人问题（hold-up，也译作"敲竹杠"），一体化就是必须的。具体而言，以威廉姆森为代表的经济学家认为，在存在一定不确定性的条件下，根据投资特征和交易频次的不同，有效率的治理结构如图1.1所示。

		投资特征		
		非专用	混合性	专用性
频次	偶尔	市场治理	三边治理（新古典合约）	
	重复	（古典合约）	双边治理	一体化治理
			（关系合约）	

图1.1　交易特征与治理结构的有效匹配

对于偶尔发生的交易而言，随着资产专用性程度的提高，市场合约逐渐被新古典合约和一体化合约取代。对于重复发生的交易，随着资产专用性程度的提高，市场合约逐渐被双边合约取代，双边合约又逐渐被一体化合约（内部组织）所取代。因此，在威廉姆森这里，资产专用性是决定性因素，决定企业和市场的边界。

然而，资产专用性是否纵向一体化的原因一直存在争议。科斯（1988）本人并不赞同用资产专用性来解释纵向一体化的成因，他认为不采取纵向一体化的方式，企业也能解决长期契约中资产专用性和机会主义问题。德姆塞茨（1988）也认为，伴随资产专用性的机会主义问题可以通过契约规定更容易地得到解决，并指出资产专用性解释的问题在于，不是由于专用性资产使得交易成本发生了可以预测的重大变化而导致了纵向一体化，而是在契约失败的假定下存在专用性投资使得损失比没有专用性投资使得损失更大而导致了纵向一体化。但是，克莱因（Klein，1988）认为，纵向一体化所节约的主要交易成本不是科斯所强调的与起草和执行契约的数量相关的"墨水成本"（ink-costs），而是与契约所引起的受制于与人相关的成本，包括在谈判和再谈判中试图避免、创造或实施机会主义行为而导致的大量租金耗散。争论的核心在于契约能否解决"敲竹杠"（hold-up）问题。Lyon 和 Rasmusen（2004）并指出即便在供应者进行专用性投资且购买者拥有全部讨价还价力量的情况下（此时最容易出现套牢问题），适当规定的购买者期权契约也足以达到最优。越来越多的研究认为纵向一体化并不是解决由于资本专用性带来的机会主义的唯一方式，例如知识转移和信息共享也是可能的解决方案。

随着企业之间联系的加强，"中间性组织"出现，市场、科层制企业、组织间协调的三分法代替了两分法的分析框架（Larsson，1993），企业边界逐渐模糊，实体边界和虚拟边界开始分离，虚拟边界大于实体边界，其程度取决于企业所处价值网络的大小和企业融入网络中的程度。郑方（2010）认为，企业的内外部存在着四种关系：行政关系、产权关系、契约关系、市场关系，行政关系和产权关系是在企业的所有权之下形成的，存在于企业的实体边界内，契约关系和市场关系是在企业的使用权之下形成的，"不求为我所有，但求为我所用"，不受企业内部资源的限制。用加法把企业做大是通过行政关系、产权关系形成母子公司体制，用减法把企业做大是通过契约关系、市场关系构建价值网络体系替代母子公司体制（李海舰，2009）。

郑方（2010）认为"小分工、大整合"是经济组织发展过程中分工与整合的趋势。分工之小表现在从产业分工到产品分工，再到产业链分工，甚至产业链某个环节的再分工，不断细化和深化。整合之大表现在从企业内整合到企业间整合，从产业内整合到产业间整合，从纵向整合到横向整合与混合整合，从实体整合到虚拟整合，从产权整合到契约整合，从国内整合到国际整合，范围更大、形式更多样、地域更广。与产业分工、整合的发展相对应，生产组织形式从纵向一体化向纵向分离以及准一体化、横向一体化转变，并通过全球范围内产业链的构建，形成跨越国界的生产体系。

产业外部环境（如产业政策、产业所处国家的文化氛围、发达程度等）、产业中的企业状况（如企业规模、战略导向、企业发展阶段等）、产业类别与特征均是影响产业纵向一体化（或产业分离）的重要影响因素，其中，产业类别与特征的影响最为明显，具体地，纵向一体化（或纵向分离）会受到产业生命周期、产业链条技术上的可分性、产业链附加值分布差异、产业进入壁垒、产业集聚程度等因素的影响。

与上述理论相对照，似乎很难说纵向一体化（这里指传统的纵向一体化）是解决中国乳品质量的唯一途径。首先，纵向一体化并不是解决交易伙伴之间"敲竹杠"问题的唯一途径，设计良好的契约也可以较好地解决这一问题；其次，纵向一体化使企业丧失了原材料或零部件的竞争性供应者，加上产出的不可分割性导致对企业成员贡献进行有效度量的不可能性，使企业特别容易受到另一种机会主义——偷懒的伤害，要减少偷懒，一体化企业就必须付出更多的监督成本；最后，当企业的实体边界和虚拟边界逐渐分离，中间性组织在企业间整合中占据重要地位。"小分工、大整合"成为发展方向。然而，还应当注意到，不同产业间的纵向一体化程度不同，乳业显然是纵向一体化程度比较高的一种。这可能与乳业价格的周期波动以及易腐性导致的交易的不确定性有关。此外，在纵向一体化的市场上，从某个时点出发，应该是谁一体化谁？或者说，实现纵向一体化的乳业企业，剩余索取权和剩余控制权应该如何分配？这些也是研究的热点问题。

（三）过度竞争理论

虽然过度竞争是市场运行经常会出现的一种状态，但经济理论界对过度竞争的关注甚少。经济理论界有一种普遍且根深蒂固的信念，即强化竞争可以增进经济效率和社会福利。然而，实践中过度竞争的现象似乎广泛存在。

小宫隆太郎（1988）认为，过度竞争是指这样一种状态：某个产业由于进入的企业过多，已经使许多企业甚至全行业处于低利润率甚至负利润率的状态，但生产要素和企业仍不从这个行业中退出，使全行业的低利润率或负利润率的状态持续下去。鹤田俊正认为过度竞争指的是：在集中度低的产业中，尽管许多企业利润率很低或者陷入赤字状态，但生产要素（主要是劳动力）和企业却不能顺利地从这个行业中退出，使低或负的利润率长期继续。吕政等（2000）给出了类似的定义，认为过度竞争是"相对于有限市场需求的过度供给、设备过度投资、价格战、广告战等行为而使行业中绝大多数厂商陷入困境又不能顺利退出的一种现象。"归纳起来，过度竞争的显著特征包括三个：（1）存在数量过多的企业；（2）低效益或负效益的长期性和全面性；（3）存在退出障碍。

吕政等（2000）认为，至少从经济福利角度来看，确实存在竞争强度过大并造成经济效率和经济福利损失的过度竞争。在低进入壁垒和高退出壁垒的情况下，如果政府不能有效控制企业进入，很可能诱致企业之间强度过大的竞争，生产能力持续聚集在该产业而使利润长期低下。在现实经济的企业之间你死我活的对抗性竞争过程中，时间往往发挥着更加实质的作用。由于时间具有不可逆性，一旦在竞争中得手，将会在相当长的时期内给厂商带来利润。与此相反，企业一旦失去市场，不仅不能进行生产，造成技术落后，而且将来也很难进行新产品和生产技术开发，更谈不上增强企业的竞争能力。即使不存在规模经济效益，一旦在消费者中形成了企业形象和销售网络，也将成为后来者进入该市场的壁垒，从而在相当长的时期内获得超额利润。而后来者只有花费大量的投入与既存企业进行广告和销售网的争夺战，才有可能在市场上获得一席之地。因此，企业之间的竞争不仅仅是提供质优、价廉的商品，更重要的是围绕着尽早获得这种商品的市场而展开的竞争。但是，应严格区分"是否存在过度竞争"和"是否应该限制竞争"这两个论点，在此基础上找到消除过度竞争诱因的政策手段。

张东辉等（2001）把典型市场经济情况下的过度竞争转化为可进一步模型化分析的非对称成本伯川德竞争模型。然后分别放松该模型的三个强假设条件，即产品无差异、生产能力无约束以及静态一次性竞争，来论证在不受这些强假设条件约束的情况下，过度竞争存在的可能性以及相应的前提条件。文章证明，在放松三个强假设条件时，过度竞争依然可能存在。

曹建海（2002）从产业放松管制与行政垄断并存，财税体制与地方政府竞争，国有企业治理机制缺陷与过度投资，结构性冲击与产业过剩生产能力，来自政府、银行、企业职工的企业退出的制度障碍五个方面论证中国出现过度竞争的原因。

从以上研究看，对于过度竞争现象的存在以及表现已经在很大程度上达成共识，对过度竞争存在的原因却有分歧。吕政等将过度竞争的原因归结为特殊的市场结构（低进入壁垒和高退出壁垒伴生）、企业对先发优势的争夺、曹建海的文章则强调政府规制和中国市场机制的缺陷。相应地，对如何防止过度竞争的思路也就有所不同。

近年来，奶产业的过度竞争引起学者们的注意。何玉成等（2010）认为乳品企业间的奶源竞争与市场份额竞争表明乳业已经进入数量竞争（规模化发展）阶段，产销量成为乳品企业的重要决策变量，数据表明，中国乳品产业集中度与利润率之间的同方向变化关系。政府相关管理部门可以通过产业组织政策提高乳品产业集中度，进一步提升乳品企业经营绩效从而增加乳品企业研发能力以增强中国乳品企业的市场竞争力。同时，乳品加工产业的过度竞争也被认为是导致乳品质量安全的重要原因。对于这一问题的讨论将在后文反复出现。

二　研究方法

1. 基于生鲜乳收购价格和鲜牛奶销售价格的公开数据，利用 var（Vector Auoregressive Model）模型和误差修正模型，分析奶产业链上的纵向价格传递，了解中国奶产业链上利益分配格局的变化和影响因素。

2. 使用 DEA（Data Envelopmeny Analysis）模型，基于对养殖场的调研数据，考虑环境友好和生鲜乳质量，对当前中国各种养殖模式的效率进行评价。

3. 使用 Logistic 模型，分析农户的安全生产行为及其影响因素。

第四节　主要创新与不足

一　主要创新

（一）从产业链主体间关系的视角看，以邻为壑的竞争行为是"三聚氰胺事件"发生的重要成因，以推进养殖规模化和标准化以及乳品加工产业兼并重组为代表的产业链重构是中国政府开出的药方。本书将中国的奶产业链重塑的特征归纳为排挤小农和"大乳企 + 工商企业养牛"。这在短期内迅速恢复生产、整顿生鲜乳质量安全问题方面贡献突出，特别是实现了对非法添加的有效遏制，但是从长期看并不能奠定中国乳业健康发展的基础。以家庭农场为基础的合作社及合作社联社的发展目前还不能确定其最终能否实现对奶农的有效替代，并保证中国的乳制品供给。

（二）采用向量自回归模型和误差修正模型，验证中国奶产业链纵向关联市场间是否存在非对称价格传递，发现零售环节的价格上涨不能迅速、充分地传递到生鲜乳生产价格环节，反之，生鲜乳生产价格上涨则会引起鲜牛奶价格持久、更大幅度的上涨。从这个视角看，奶农在产业链的利益分配中的地位并无改善。

（三）采用 DEA 模型，在考虑质量和环境因素的条件下，对中国三种主要的奶牛养殖模式（家庭农场、养殖小区、规模牧场）的养殖效率进行评价，认为综合权衡各种效率，家庭牧场模式是一种较好的选择。

（四）以目前最为典型的养殖小区为例，采用 Logistic 模型分析了奶农的安全生产行为和影响因素，在养殖小区模式下，奶农扩大再生产的意愿较弱，一些生产行为隐患并未消除，奶农的受教育年限、养殖规模、生鲜乳价格水平，奶农对条例规范的了解程度都显著影响了奶农的安全生产行为。本书认为养殖小区的改造与奶农的教育非常重要，打破乳企对部分原料乳产区的区域垄断，通过合理的市场竞争提高原料乳的收购价格，并保持价格的稳定性，有利于实现"优质优价"。

（五）本书认为工商企业养牛的弊端在于劳动计量和监督困难使企业养牛效率降低、工商资本的逐利性造成产业发展潜在的不稳定、"资本剥削小农"，不利于缩小收入差距。以乳企为核心的纵向一体化不符合资源配置规律：由乳企完成养殖、加工一体化是不可能完成的任务；乳企自建奶源放弃了分工和专业化的高效率，且使养殖风险高度集中；实践证明，以乳企为中心的纵向一体化很难实现乳企和奶农之间更紧密的利益联结，而且乳企布局国际化，国外奶源对国内奶牛养殖业冲击巨大。从长远看，建立以家庭农场为基础的合作社与合作社联社，鼓励养殖业的议价联盟以及鼓励合作社进入加工领域是中国乳业健康发展的出路之一。

二 存在的不足

（一）数据获取的难度很大，调研主要集中在河北省和内蒙古自治区，特别是集中在河北省，因此数据的代表性可能受到影响。

（二）调研主要集中在奶牛养殖环节，以后应当增加对乳品加工企业的调研。

（三）国外的数据和资料主要来自文献和公开的数据，缺少第一手的调研资料，以后应当进行补充。

第二章

对"三聚氰胺事件"的再认识
——从产业链主体间关系的视角

第一节 以"三聚氰胺事件"为代表的中国乳品质量安全问题及其影响

一 "三聚氰胺事件"回顾

2008 年"三聚氰胺事件"爆发，起因是很多食用三鹿集团生产的奶粉的婴儿被发现患有肾结石，随后在其奶粉中被发现含化工原料三聚氰胺。三鹿牌婴幼儿奶粉事件发生后，截至 2008 年 12 月底，全国累计免费筛查 2240.1 万人，累计报告患儿 29.6 万人，住院治疗 52898 人，已治愈出院 52582 人。[①] 之后，中国国家质检总局对国内的乳制品厂家生产的婴幼儿奶粉的三聚氰胺检验报告显示，包括伊利、蒙牛、光明、圣元及雅士利在内的 22 家乳品加工企业的奶粉和液态奶受到三聚氰胺的污染。一时间，消费者信心受到严重打击，奶产品销量下降，多个国家和地区禁止了中国乳制品进口，"三聚氰胺事件"由个案发展成为整个行业的危机。直到 2011 年 3 月，中央电视台的《每周质量报告》调查发现，仍有七成消费者不敢购买国产奶粉。[②] 国内奶粉安全事故频频爆发，香港、澳门纷纷涌现内地居民的奶粉抢购潮，并曾出现内地旅客因买不到奶粉而鼓噪的情况，甚至影响了港澳居民的正常生活。2013 年 3 月 1 日，香港出台奶粉

---

① 数据来源：卫生部例行新闻发布会，http://www.china.com.cn/zhibo/2009 - 01/12/content_ 17083392. htm? show = t，2009 年 1 月 12 日。

② 数据来源：中央电视台每周质量报告，《奶粉危机》，http://news.cntv.cn/china/20110227/106808. shtml，2011 年 2 月 27 日。

限购令，规定每人限带 2 罐奶粉（900 克包装）离境，违例者一经定罪，可被罚款五十万元及监禁两年。香港奶粉限购令凸显中国奶产业质量安全以及消费者信任危机，曾经成为 2013 年两会的热点话题。中国海关总署的数据显示，"三聚氰胺事件"发生后，进口奶粉平均价格大幅上涨，但中国进口奶粉量仍然连年大幅增长。从 2011 年到 2014 年，我国奶粉的进口总量从 2011 年的 46 万吨增长到 2014 年的 92.34 万吨，年平均涨幅高达 32%。①

"三聚氰胺事件"并不是一起孤立事件，是中国奶产品质量安全问题的一次大规模爆发。新中国成立后，特别是改革开放以来，中国奶业发展取得了巨大的成就。从 1949 年到 2008 年的 60 年间，奶牛数量从 12 万头增长到 1230 多万头，年均增长 8.2%；奶类总产量从 21.7 万吨增长到 3781 万吨，年均增长 9.1%。经过 2008 年的行业危机后，2014 年全国奶牛存栏恢复到 1460 万头，奶类产量 3725 万吨。② 在这一过程中，伴随着居民收入的快速提高和消费观念的改变，乳制品已经从奢侈品变为与消费者生活质量紧密相关的必需品。然而，在奶业快速发展的同时，特别是 2000 年以后奶业的高速发展时期，奶产品的质量安全问题不断出现。2004 年爆发的安徽阜阳劣质奶粉造成的"大头娃娃"事件、2005 年 5 月黑龙江双城雀巢婴幼儿奶粉碘含量超标事件、2005 年 6 月光明乳业将变质牛奶回收处理再销售事件等均造成恶劣的影响，虽然当时是将这些事件看作个案，没有演变成行业危机，但是食品质量安全问题已经在逐步积累，并在 2008 年集中爆发。

二　消费者信心丧失使中国乳业在国内国际两个市场遭到重创

（一）国内市场崩塌，行业遭灭顶之灾

"三聚氰胺事件"直接造成"三鹿乳业"轰然倒下，其他国内乳企也受到巨大冲击。以国内乳业巨头伊利和蒙牛为例，2008 年度，伊利公司净亏损 16.87 亿元，蒙牛亏损额也高达 9.486 亿元。其中蒙牛仅就"三聚氰胺事件"造成的问题产品集中下架及支付患者医疗补偿两项支出，费

---

① 数据来源：《2015 中国奶业统计资料》，《荷斯坦杂志》，东方戴瑞咨询。

② 数据来源：根据《2015 中国奶业统计资料》（《荷斯坦杂志》，东方戴瑞咨询）和 2015 年度《中国乳制品工业协会公报》（中国乳制品工业协会）整理。

用就达 6.6 亿元。国内各大乳业均出现了大量的产品积压，并开始大规模回收受污染的产品，整个乳品市场陷入了前所未有的信任危机。

由于消费者对国产奶粉的极度不信任，外资奶粉的市场份额出现了急剧攀升。2007 年时，外资奶粉在国内市场的占有率还只有 35% 左右，但到 2012 年，其市场份额已经接近 60%，且市场占有率排名前三的均为外资奶粉。尽管部分国产奶粉的市场占有率较高，但这部分国产奶粉品牌多为进口奶粉，如果加上这部分，外资奶粉在中高端市场的占有率可能超过 80%。①

与国产乳品的销售市场出现断崖式下跌相对应，2009 年 7 月底，全国生鲜乳价格达到最低点，内蒙古、河北等全国 10 个奶牛主产省（区）生鲜乳平均价格为 2.30 元/公斤，黑龙江和宁夏生鲜乳价格甚至跌破 2 元/公斤。② 奶牛养殖效益下滑，直接挫伤了奶农积极性，卖牛杀牛现象严重，奶牛存栏量迅速下降。例如，"三聚氰胺事件"后，内蒙古两大乳品公司增加了检测项目，除以前的微生物指标外，增加了碘酸和抗生素两项，在提高收奶标准后，内蒙古又出现了倒奶杀牛。内蒙古土默特左旗作为内蒙古奶源的重要生产基地，2009 年前 4 个月，当地因收奶标准提高被两家企业拒收而被倒掉的牛奶就有约 2000 吨，并且农牧业局调查发现，在紧邻呼和浩特市区的金山屠宰场，每天宰杀的奶牛就有 50 头至 60 头。③

上述情况经过几年整顿才逐渐好转，一直到 2014 年，中国乳制品产量和生鲜乳产量逐步恢复到 2008 年水平，可以说，中国乳业在 2008 年以后告别了高速增长期，进入恢复及稳定增长阶段。

（二）国外优质奶源形成对国内奶源的强力替代

由于消费者对国内乳制品的信心难以恢复，无论是"走出去"还是"引进来"，国外的优质奶源正形成对国内奶源的强力替代。目前，中国乳制品的对外依存度逐渐加大，据乳业专家李胜利等人估计，2008 年乳品的对外依存度为 5.2%，2010 年达到 13.3%，2013 年达到 23%。2014

---

① 数据来源：《华夏时报》，《市场占有率下降45% 国产奶粉滑铁卢》2015 年 3 月 21 日。

② 数据来源：新华网，《从"奶荒牛贵"到"倒奶杀牛"——我国奶业近年屡陷市场怪圈》，新华网北京1月11日电（记者林晖、王宇）。

③ 资料来源：廊坊新闻网，《浅谈中国乳业陷入"倒奶杀牛"泥潭》，http://www.lfnews.cn/viewnews-4558300.html2015-1-22，2015 年 1 月 22 日。

年进口乳制品折合成液态奶，约合 1350 万吨。按照 2014 年国内生鲜乳产量 3725 万吨左右的水平，加之进口的 1350 万吨当量的液态奶，国内液态奶的供给总量在 5075 万吨左右。换言之，2014 年我国乳制品进口的依存度达到了 27%。可以预测，未来几年我国乳制品的进口依存度将有增无减。

从表 2.1 可以看到，2008 年以来，中国乳制品进口量暴涨，在"三聚氰胺事件"发生后的 2009 年，乳制品进口的增长速度达到 70.1%，其中，奶粉的增长速度达到惊人的 144.5%。在经历了 2010 年、2011 年、2012 年三年较稳定的快速增长后（年均 20% 以上），2013 年又上涨至 38.9%。2014 年中国进口奶粉量达到 92.34 万吨，同比增加 8.1%，进口额为 43.12 亿美元，同比增加 44.09%。在进口量同比上升的同时，奶粉的进口价格也比上年呈现上涨之势。2014 年奶粉进口平均价格为 4805.95 美元/吨，同比上涨 14.55%。进口的主要国家和地区分别为新西兰、美国、澳大利亚和欧盟。其中新西兰仍然是中国奶粉的重要进口国，占比达到 78.86%。

表 2.1　　　　　　　　2008 年以来中国乳制品进口量和增速　　　　　单位：万吨

品种		2008 年	2009 年	2010 年	2011 年	2012 年	2013 年	2014 年
乳制品		35.1	59.7	74.5	90.6	114.6	159.2	181.3
			70.1%	24.8%	21.6%	26.4%	38.9%	13.9%
其中	液态奶	0.8	1.4	1.71	4.3	10.2	19.5	32.9
			71.9%	19.7%	151.7%	136.0%	91.8%	68.7%
	干乳制品	34.3	58.3	78.2	86.3	104.4	139.7	148.4
			70.0%	34.2%	10.3%	21.0%	33.8%	6.2%
	奶粉	10.1	24.7	41.4	45.0	57.3	85.4	92.34
			144.5%	67.8%	8.6%	27.4%	49.1%	8.1%
	乳清	21.4	28.9	26.5	34.4	37.8	43.4	40.47
			35.2%	-8.4%	30.1%	9.9%	14.7%	-6.7%

资料来源：根据《2015 中国奶业统计资料》整理，《荷斯坦杂志》，东方戴瑞咨询。

除了传统的奶粉进口量保持快速增长外，液态奶（包括鲜奶和酸奶）进口速度涨势惊人，国外进口液态奶已经打破了国内乳企垄断的局面，开

始大量进入中国市场。2013 年中国进口液态奶 19.5 万吨，同比增加
91.8%；2014 年中国进口液态奶 32.9 万吨，同比增长 68.7%。在奶粉市
场，中国在价格上已经没有竞争优势，被国外产品占据了半壁江山，国内
乳制品企业主要靠液态奶，特别是高端液态奶的高额利润，维持行业的盈
利水平，价格低廉的国外液态奶大量进入中国市场，对中国乳业产业链的
冲击不可小觑。

与此同时，国内乳制品出口不振，与进口相比，可谓冰火两重天。

从表 2.2 可以看到，2007 年是中国乳制品出口量的最高峰，达到
13.46 万吨，在此之前，除 2003 年外，中国乳制品的出口量一直以较快
的速度正增长，特别是 2007 年，增速达到 79.7%。但良好的势头在 2008
年戛然而止，掉头向下，自 2008 年以来，已经出现 4 年的负增长，出口
绝对值从 2007 年的 13.46 万吨下降到 2014 年的 3.99 万吨，尽管与 2013
年相比略有回升，但相对于 182.7 万吨的进口量，几乎可以忽略不计。

表 2.2　　　　　　　　　　中国乳制品出口量及增长速度　　　　　　　　单位：万吨

年份	2001	2002	2003	2004	2005	2006	2007
出口量	4.27	5.1	4.89	6.01	6.98	7.49	13.46
增长速度	—	19.4%	-4.1%	22.9%	16.1%	7.3%	79.7%
年份	2008	2009	2010	2011	2012	2013	2014
出口量	12.06	3.68	3.37	4.33	4.49	3.56	3.99
增长速度	-10.4%	-69.5%	-8.4%	28.5%	3.7%	-20.7%	10.8%

资料来源：根据《2015 中国奶业统计资料》和《2009 中国奶业统计资料》整理，《荷斯坦
杂志》，东方戴瑞咨询。

中国乳制品贸易逆差出现的主要原因，一是由于国际消费者对中国乳
制品质量的不信任，这一问题导致中国乳制品出口在 2008 年和 2009 年呈
断崖式下跌，并且迄今难以恢复。二是中国奶牛养殖业成本上升很快，在
国际价格竞争中没有优势。目前，中国已进入了世界高奶价行列。农业部
定点监测内蒙古、河北等十个牛奶主产区生鲜乳平均价格，2013 年 11 月
份 4.03 元/千克，2014 年 1 月份 4.26/千克，同比上涨 24.9%。而 2013
年 11 月份，欧盟 28 国加权平均奶价 39.98 欧元/100 千克，按当月汇价折
合人民币为 3.35 元/千克；德国、法国、英国、荷兰、波兰五国加权平均
价为 39.75 欧元/100 千克，折合人民币 3.33 元/千克。企业对规模牧场
的优质奶收购价格更高。据协会对 26 家大型骨干企业 2013 年第三季度的

收奶情况调查，平均收购价格为 4.37 元/千克，同比上升 23.8%；平均收购价格 4.50 元/千克以上的企业有 11 家，占 44%；4.00—4.50 元/千克的 9 家，占 36%；4.0 元/千克以下的企业 4 家，占 20%。总体上说，中国生鲜乳收购价已经高出国际奶价的三分之一以上。高奶价已经成为制约中国乳制品消费增长的关键因素。

第二节 信息不对称条件下的逆选择是造成乳品质量安全问题的根源

一 信息不对称与乳品市场的逆选择

奶制品具有典型的"经验品"和"信任品"特征，如果不借助检测仪器，消费者即使在食用牛奶以后，仍然不能辨别乳制品的质量，严重的信息不对称使奶产品成为质量安全问题的高发区。

这里借用稍加改造的阿克罗夫（Akerlof）的旧车市场模型说明中国生鲜乳市场的逆选择问题。

假定有两类奶产品生产企业，一个生产高质量的牛奶，成本较高，为 C_H，消费者愿意为之付出价高的价格 P_H；另一个生产低质量的牛奶，成本较低，为 C_L（$C_H \geqslant C_L$），消费者愿意为之付出价低的价格 P_L（$P_H \geqslant P_L$）；假设生产高质量牛奶的企业在市场上所占的比例为 q，生产低质量牛奶的企业所占的比例为 $(1-q)$，其中，$0 < q < 1$；再假定，由于奶产品的"信任品"特征，消费者不能判断牛奶的质量，只能凭借平均销售质量来判断市场上牛奶的质量，如果市场上高质量的牛奶的比例是 q，则消费者对所有牛奶的支付意愿是 $P = qP_H + (1-q) P_L$。

在信息对称的情况下，若竞争充分，则 $P_H = C_H$，$P_L = C_L$，两个市场各自实现均衡；但在信息不对称时，由于 $0 < q < 1$，所以 $P_L \leqslant P = qP_H + (1-q) P_L \leqslant P_H$，一部分高质量的牛奶的销售价格不能弥补生产成本而退出市场，低质量的牛奶增加，q 进一步变小，$qP_H + (1-q) P_L$ 进一步降低，高质量的牛奶市场更加稀薄直至消失。

"三聚氰胺事件"和安徽阜阳的劣质奶粉造成的"大头娃娃"事件中，奶企销售的奶粉的重要特征就是"劣质+低价"，"三鹿乳业"是在用一种当时售价约 18 元的婴幼儿配方奶粉占领中西部和广大的农村市场。

同时我们看到,"三聚氰胺奶粉"不是个案,几乎是全行业集体爆发,充分体现了当时情况下,劣质牛奶驱逐优质牛奶的特点。

二　技术进步加重了食品安全的潜在威胁

现代科学技术的进步和工业化的发展,一方面为人类创造了极其丰富的物质生活,另一方面也使食品的生产和消费逐渐从自给自足的生产模式转变为规模化的工业化生产模式,食品生产技术和组成成分的复杂化使得食品越来越脱离人们原来已有的知识和经验范围,越来越难以把握食品的质量安全状况,消费者和企业之间严重的信息不对称也越来越严重。以"三聚氰胺事件"为例,由于"三聚氰胺"具有含氮量高的特点,在采用"凯氏定氮法"①检测牛奶中的蛋白质含量时,可以以假乱真,大大提高其蛋白含量,然而,该物质无法通过经验检测,即使消费者已经消费过该产品,仍然无法判定其是否安全。再如,当掺入含抗生素的奶导致牛奶检测不合格时,会应运而生出现所谓"解抗剂"。这些都使监管更加困难。

三　解决乳制品质量安全问题的三个视角

(一) 有效的信号传递

斯宾塞(Spence,1973)在研究劳动力市场时首先提出了信号传递模型,并研究了教育水平作为"信号传递"的手段在劳动力市场上的作用。许多经济学家进而将信号传递模型应用于存在信息不对称情况的不同研究领域。信号传递是指具有信息优势的一方(一般是指生产者)采取某种行动向信息劣势方(一般是消费者)发送相关信号,用以回避逆向选择,改进市场运行状况。在食品安全研究领域,由于食品具有典型的经验品和信任品特征(Caswell,1996),容易出现市场失灵。并且,如前所述,现代生产技术的日趋复杂加重了消费者和生产者之间的信息不对称程度,极度的信息不对称将导致消费者面临严重的健康风险。因此,建立贯穿整个奶产业链的有效信号传递机制是解决乳制品质量安全的第一个视角。以往文献多从增强信息供给或引入第三方的方式实现有效的信号传递。例如,Caswell(1996)认为解决食品安全的一个理想的方法就是通过加强信息

———————

① "凯氏定氮法"是测定化合物或混合物中总氮量的一种方法,由于蛋白质含氮量比较恒定,可由其含氮量计算蛋白质含量,故此法是经典的蛋白质定量方法。

的供给,如加贴食品安全标签的方式;Biglaiser G. 等(1993)则认为通过让第三方(中间人)介入市场,提供信号传递机制,可以解决食品质量信号的市场失灵问题。乳制品的质量特征,需要有让消费者信任的第三方介入市场,通过第三方的信息发布平台构建生产者和消费者信息传递的桥梁和途径,解决生产者和消费者之间的信息不对称问题。

(二) 强有力的政府管制

食品市场特别是乳制品市场具有不同于其他产品市场的重要特征,乳制品生产环节多,产业链长,不同生产主体的利益联结机制尚未建立。因此对乳制品质量安全的管理不同于一般食品的管理,仅仅依靠企业的自律行为远远不够,更要依靠建立强有力的政府管制体系来规范。首先,完善的管制体系为生产者提供一个行为框架,国家必须通过立法和法制管理,通过严格的质量检测、检验、市场准入、质量监督、质量评价以及质量认证、许可等一系列的科学管理措施,以强制的手段迫使生产经营者成为自觉的理性生产经营者,依靠法律和管理使生产质量和消费质量基本达到均衡。具体而言,周继红(2004)认为在管理手段上应强调制度手段与行政手段等多种手段的组合。制度手段包括:(1)制定完善食品安全标准,包括产品本身的标准,也包括对加工操作规程等标准。(2)建立检验检测体系。(3)实施市场准入制度。(4)规定严厉的法律责任。行政手段包括:(1)监督检查,如卫生抽查、罚款、查封、扣押和禁止销售、禁止移动等强制性措施。(2)食品安全教育宣传。(3)生产操作培训。(4)组织、支持和鼓励食品安全方面的科研和合作等。

其次,全面的管制体系不仅约束了生产者行为,也为消费者了解乳制品的整个产业链提供了必要的知识储备,一旦出现质量纠纷,政府的相关规定可以为第三方检测及消费者提供检测依据。因此,强有力的政府管制为乳制品的质量安全问题提供了坚实的质量保障,其本身也是一种有效的信号传递。

(三) 确保质量安全的正向激励

确保乳制品的质量安全主要体现为保证奶源的生产安全以及乳制品的加工安全。政府的管制体系从宏观环境的外部层面给予了相应的制度约束,但从内部层面上来讲,必须具有完善的正向激励保证乳制品的质量安全。一方面,从乳企的角度看,对于乳企管理者应当设计有效的激励契约,促使乳企在追求利润最大化的同时,重视产品的安全绩效,实现利润与质量安全并重。可以说，在既定的监管环境下，设计对管理者的激励机制，不仅为政府相关机构监管乳企提供有效的渠道，还能实现监管目标与管理者利益的协调，形成良好的食品企业治理机制。更为重要的是，目前奶产业链的利益联结机制尚未理顺，奶农承担了大部分养殖风险和奶价波动风险，乳企收购奶源时并未实现按质论价，确保奶农生产安全牛奶、高质量牛奶的正向激励尚未产生。因此，建立奶源生产环节的正向激励机制可以作为解决乳制品质量安全问题的第三个视角。

第三节　中国乳品质量安全机制的全面崩塌

一　中国乳制品安全监管体系不能有效控制安全隐患

市场失灵为食品安全政府管制提供了理论依据，尽管现代经济学认为，政府管制并非必然是市场的有效替代（韦默等，2003），然而，对于食品这种典型的后经验商品，解决市场失灵的根本措施是通过制定相关的食品安全卫生标准等管制手段，增加食品卫生等有关信息的透明度，尽可能降低消费者和企业之间的信息不对称程度。相对于市场来说，尽管可能受到政府失灵的制约（Law，2004），但政府提供食品安全管制的成本更低，是各国政府普遍的选择。然而，中国政府的食品安全监管体系由于各种原因并没有很好地发挥作用，乳业监管体系同样如此。

（一）监管机构缺乏独立性、专业性，权力的横向纵向配置不合理

食品安全监管由食品安全风险监测和评估、食品安全标准制定、食品生产经营许可制度、食品检验、食品进出口检验检疫、食品安全事故处理等一系列事务组成，由政府各监管部门协调配合，共同落实。中国的食品安全监管机构被认为缺乏独立性、专业性，权力的横向纵向配置不合理，从而导致食品安全事件频出，监管效率不高。

王耀忠（2005）认为，独立性、公正性、权威性和专业性是现代政府行政权力配置的基本原则。具体来说，在行政机构权力的横向配置上，要求监管机构与政府宏观政策和产业主管部门相对分开，在执行监管时相对独立而不受利益相关方的干扰，以保证监管的公正性；而在行政机构权力的纵向配置上，要求科学合理地配置中央监管机构与地方监管机构之间的监管权，以保证监管的有效性。与之相比较，中国乳业监管机构缺乏独

立性、专业性,权力的横向纵向配置均不合理。

1. 碎片化的监管制度造成各个监管部门(主要为农业、卫生、质监、工商和商务部门)之间信息沟通不顺畅,协调不力(即所谓"八个部门管不了一头猪"现象)。

在新的《食品安全法》生效以前,中国实行"分段监管为主、品种监管为辅"的食品安全监管模式,按照一个部门监管一个环节的原则,综合监管与具体监管相结合的多部门进行共同监管。中央政府一级的食品安全管理工作主要由农业部、卫生部、国家食品药品监督管理局、商务部、国家工商行政管理局、国家质检总局等共同负责,并向国务院食品安全委员会报告工作(见表2.3)。

表2.3 中国的食品安全监管主体及其职责

机构	环节	职责
农业部	初级农产品生产(种植养殖)	农产品卫生安全标准、动植物检疫
卫生部	餐饮业和食堂等消费环节	拟定食品卫生安全标准;牵头制定有关食品卫生安全监管的法律、法规制度,并对地方执法情况进行指导、检查、监督;负责对重大食品安全事故的查处、报告;研究建立食品卫生安全控制信息系统
国家食品药品监督管理局	综合监督、组织协调和依法组织查处重大事故	食品、保健品、化妆品安全管理的综合监督和组织协调以及重大食品安全事故的调查
商务部	餐饮、食堂等公共食品环境卫生	食品流通质量监管
国家工商行政管理局	食品流通环节	食品流通
国家质量监督检验检疫总局	食品生产加工环节	实施国内食品生产加工环节质量安全卫生监督管理。组织实施国内食品生产许可、强制检验等食品质量安全准入制度。负责调查处理国内食品生产加工环节的食品安全重大事故
质量技术监督局	食品生产加工环节	食品生产质量监管
出入境检验检疫局		进出口食品安全卫生质量检验、出入境动植物检疫

在乳业领域,农业部负责监管初级原奶生产环节,实施乳制品质量监督、认证和对饲料等投入品的质量监测、鉴定和执法监督管理,组织、监督对国内奶牛饲养的防疫、检疫工作,发布疫情并组织防控;质检局承担乳制品生产加工环节和进出口环节的监管;卫生部负责监管生产和消费环节,组织乳制品安全事故调查处理,并会同其他有关部门进行风险监测计

划的制定；工商局以保护消费者权益为目标，承担原奶及乳制品流通领域的安全监管；食品药品监督管理局（SFDA）负责乳制品餐饮服务环节监管，综合监督乳制品安全和依法组织查处重大事故；商务部负责健全统一、开放、竞争、有序的乳业市场体系，调节市场运行，对乳制品安全进行宏观掌控；环保局参与产地环境、养殖场和乳制品加工流通企业污染物排放的监测与控制工作；科技部负责乳制品质量安全工作，进行乳制品加工标准与全面质量控制体系研究与示范方面的研究。

王耀忠（2005）认为，这种多部门联合监管模式，一方面易于产生各监管机构间职能范围的交叉重复现象，另一方面还可能因监管机构间的协调沟通而出现监管的空白，因而影响监管效率。刘玉满（2009）认为，部门间的分工不清、不细，造成监管环节之间存在漏洞是"三聚氰胺事件"出现的主要原因。在这个事件中，问题集中爆发的奶站环节由于介于生产环节和流通环节之间，因此形成监管的盲区。郑风田等（2005）指出部门利益化①是造成协调差和监管效率低的主要原因，认为中国应顺应国际食品安全监管体制的发展趋势走合并重组之路，最终由一个部门负责食品安全的统一监管。崔卓兰等（2011）在郑风田等的基础上进一步阐述，认为在经济体制转轨过程中，出现监管权力渗透到市场竞争中参与资源分配的争夺，造成政府监管权力定位不准确，权力部门化、部门利益化、利益法律化的现象，不科学的地方绩效评价体系使一些地方政府以短期经济收益作为唯一指标，很多监管机构最终要依赖与企业的良好关系来维护自身利益。上述原因造成有利可图的事争着管，无利可图的事情没人管，监管真空由此产生。

基于以上认知，中央政府自2004年设立用于横向协调的食品药品监督管理局（《国务院关于进一步加强食品安全工作的决定》国发〔2004〕23号），以期协调各个监管部门之间的信息沟通与集体行动。它具有三项食品安全监管职能，即：食品安全的综合监督、组织协调和依法组织查处重大事故。然而，实践表明，这种制度安排效果并不明显。一方面食品药品监督管理局不能起到协调其他职能监管部门的作用：在中央层面，国家食品药品监督管理局是副部级，比它要协调的部门低半级，没有权力协调部级的职能监管部门；在地方层面，食品药品监督管理局与其他职能监管

---

① 通常的情况是，能够带来利益的环节各部门争着管，麻烦或无利益的环节谁都不管。

局至多是平级单位，也没有权力协调后者。崔卓兰等（2011）认为，这样的制度安排是各个监管部门之间利益相互妥协的结果，而不是基于食品生产的特性进行理性和专业考量的结果。因此，即使后来在 2008 年把协调职能划归卫生部仍然不能有效协调部门间的食品监管行为。

2009 年的《中华人民共和国食品安全法》（以下简称"《食品安全法》"）取代了自 1995 年 10 月开始实施的《中华人民共和国食品卫生法》，自 2009 年 6 月 1 日起正式施行，该法涵盖了"从农田到餐桌"的食品生产、加工、销售、消费整个产业链条，重新架构了食品安全监管体制——对食品安全风险监管、食品安全标准、食品安全信息、事故处置及安全许可等进行了全方位的重新定位和制度构建，规定非常细致。这一次，食品安全监管的协调职能划归了 2010 年 2 月成立的国务院食品安全协调委员会，该委员会作为食品安全工作的高层次议事协调机构，有 15 个部门参加，主要职责是：分析食品安全形势，研究部署、统筹指导食品安全工作；提出食品安全监管的重大政策措施；督促落实食品安全监管责任。但是，食品安全协调委员会的成立并没有从根本上改变多部门分段监管的格局，不能从根本上杜绝部门间的不协调问题。

2. 食品安全监管权力的纵向配置不尽合理。食品安全监管权力的纵向配置是指要科学合理地配置中央监管机构与地方监管机构之间的监管权，以保证监管的有效性。中央政府与地方政府行政事务的划分与政府所提供国家职能的溢出效应①有着密切关系。一般来说，如果一种国家职能的溢出效应是跨区域的，则应由中央政府负责提供；如果一种国家职能的溢出效应仅限于某一特定的地区，则应由地方政府负责提供；或者，虽然溢出效应更多地受益于某一特定的地区，但不限于该地区，由于经费或技术等原因，非地方政府所能承担，应由中央政府来承担。随着贸易全球化，食品安全的影响不再局限于一地、一国，中央政府承担监管责任成为趋势。在美国、加拿大、韩国等国家，食品安全监管的责任主要由中央政府来承担，地方政府只负责溢出效应相对较小的餐饮以及食品零售店等的监管，并实行由中央监管机构垂直一体化的监管模式。

综合来讲，中国的食品监管体系并未适应上述国际变化趋势，中国的食品监管机构的设置是条块结合。中央一级成立的各监管机构在省、市、

---

① 这里是指食品安全监管作为一种政府提供的公共产品，具有非排他性，即外部性。

县一级都分别设有相应的延伸机构，每个机构有自己相应的管理范围。然而，这些机构绝大多数又是分块管理的，隶属于地方政府，对地方政府负责。这种制度安排假定利益冲突只存在于横向部门之间，而没有意识到地方政府（指省级政府及其以下各级政府）与中央政府并不是一个整体，地方政府未必完全执行中央政府的政策；相反，地方政府在现有以地方经济发展为主导的考核模式下，很有可能以牺牲监管责任而促进经济发展。

在历次严重的食品安全事件中，都可以看到这种制度安排带来的问题：2004 年的阜阳奶粉事件，阜阳政府的第一反应是压制受害者家庭的声音，地方媒体面对此事件集体失语，这件事情最终由新华社驻安徽分社揭露出来，直达中央层面，阜阳市政府才开始解决。同样，2008 年三鹿事件中，石家庄政府力保三鹿集团，做出不公开召回奶粉的决定，并力图大事化小、小事化了。直到事件被新西兰政府告知中央政府，石家庄政府才不得不做出回应。直到现在，仍然有不少人为三鹿集团的破产、被整合而扼腕叹息。

从其他发达国家的发展经验看，纵向一体化监管是国际食品安全监管的改革趋势。郑风田等（2005）介绍了欧美国家的一系列食品监管改革：1997 年 3 月，加拿大决定将原来分属农业和农业食品部、渔业和海洋部、卫生部、工业部等多个部门的食品监管职能集中，在农业部之下设立一个专门的食品安全监督机构——加拿大食品监督署，统一负责食品安全、动物健康和植物保护的监督管理工作，真正实现了"从农田到餐桌"的全过程监管。丹麦的食品安全由农业部、渔业部、食品部三大部委共管，每个部门都拥有自己的领导和职员。从 1995 年到 1999 年，丹麦经过一系列的改革，将由三个部门共管的食品安全监管机制转变为一个独立的食品安全监管机构——食品与农业渔业部，统筹对全国的食品安全进行监管，由三个部门共管的食品安全监管机制转变为以一个独立的食品安全监管机构之后，改变了原来的政出多门、结构繁杂的状况，食品和药品管理局（FDA）、农业部（USDA）、国家环境保护机构（EPA）以及商业部（NMFS）。美国的食品安全监管体制和中国相似，部门职责之间也存在重叠和分割，而且没有一个独立的专门负责食品安全的部门。目前，美国有不少研究机构都高度重视这种监管体制带来的问题，可能的改革正在酝酿。

目前，一些国家的食品安全监管机构有与农业部门、卫生部门脱钩的趋势，因为卫生部门主要为本地区居民服务，不能适应食品安全的跨地区性趋势,所以在改革后的各国,卫生部门仅承担有限的监管责任,仅当发生因食物引致的疾病与疫情时才介入食品安全监管。

（二）食品安全法律和标准体系混乱

中国的乳品安全监管法律体系可分为四个层次:一是由全国人大及其常务委员会制定的法律,具有最高的法律效力。如《中华人民共和国农产品质量安全法》（2006 年 11 月起施行）,《中华人民共和国食品安全法》（2009 年 6 月起施行）,《中华人民共和国动物防疫法》（自 2008 年 1 月 1 日起施行）,《中华人民共和国农业法》（2013 年 3 月 1 日起执行）。二是由国务院根据宪法和法律制定的法规。包括《兽药管理条例》（自 2004 年 11 月 1 日起施行）,《乳品质量安全监督管理条例》（2008 年 10 月 6 日）,《饲料和饲料添加剂管理条例》（自 2012 年 5 月 1 日起施行）等。三是由国务院各部委及其他具有行政管理职能的机构根据法律和法规制定的规章。如《生鲜乳生产收购管理办法》（农业部,2008 年 11 月 4 日起施行）,《上海市生鲜牛乳质量管理暂行办法》（上海,2005 年 5 月）,《四川省收奶站管理规范》（四川,2008）,《进出口乳品检验检疫监督管理办法》（国家质检总局,2013 年 5 月 1 日起施行）等。四是由国务院各部委及其他具有行政管理职能的机构制定的国家、行业和企业标准。如卫生部发布的《生乳》（GB 19301—2010）等 66 项食品安全国家标准（卫通〔2010〕7 号）,《乳用动物健康标准》（农业部,2008 年 12 月 30 日）,《奶牛场卫生规范 GB 16568—2006》（2006 年 12 月 1 日实施）,《食品添加剂琼脂（琼胶）》（GB 1975—2010）等 97 项食品安全国家标准。从中国乳业协会网站上公布的各类标准看,包括了国家标准、行业标准、地方标准等;从执行力度看,又分为强制标准和推荐标准;上述标准共同构成了一个标准体系。

尽管中国食品安全的标准体系已经初步建立,但在其架构及执行力度上仍然存在着一系列问题。

首先,食品安全标准体系的架构有待进一步完善。焦志伦等（2010）认为,目前中国涉及食品安全的法律条文较为粗略,对于具体产品和生产、流通环节的细节规定较少涉及,或仅存在于地方性管理规范、管理办法中。在标准方面,中国现行食品安全相关标准在时效性、完整性和协调性方面有待提升。国家标准、行业标准、地方标准之间存在着交叉、矛盾或重复,重要标准短缺,标准的前期研究薄弱,部分企业标准低于相应的国家标准或行业标准，部分标准的实施状况较差，甚至强制标准也未得到很好的实施。据国务院新闻办公室 2007 年发布的《中国的食品质量安全状况》白皮书统计，中国已发布涉及食品安全的各类标准加上地方标准近两万项，但这些标准还没有真正充分发挥作用。原因在于一是标准分散于多个部门，使食品安全国家标准、行业标准、地方标准之间存在交叉、矛盾和重复。二是标准不配套，不仅表现在标准个体之间，更表现在从生产到流通过程中。三是标准技术含量低，特别是与国际现行标准之间存在不小的差距。国家标准只有 40% 等同或等效采用国际标准，行业标准更是只有 14.63%，对保障中国食品安全起不到应有的作用。

其次，正是由于中国食品安全标准的技术含量较低，相关标准在国内和国际的可信度普遍不高。尽管中国 1986 年就已正式成为 CAC（Code Alimentarius Commission）成员国，但中国的食品安全标准和发达国家及国际组织接轨程度不高，例如，2011 年 4 月，中国牛奶新国标正式颁布，按照新国标，生鲜乳中蛋白质含量由原标准中的每 100 克含 2.95 克，下降到了 2.8 克，远低于发达国家 3.0 克以上的标准；而每毫升生鲜乳中的菌落总数标准却由原来的 50 万上升到了 200 万，比美国、欧盟 10 万的标准高出 20 倍。广州市奶业协会理事长王丁棉将之称为全球最差牛奶标准，光明乳业总裁郭本恒也表示，中国生乳标准几乎是全世界最差，用一个相对比较低的标准不可能生产出一个非常高级的产品。CAC 标准都是以科学为基础制定出来的，如能在当前食品安全标准体系建设中选择适合中国国情的食品标准，通过参照遵循这些标准，将国内食品标准尽快与 CAC 标准接轨，既可避免重复性工作，又可节省大量财力。然而，中国将 CAC 的标准弃之不顾，另起炉灶，并不单纯是技术上的原因，而是企业间利益勾兑的结果。

另外，中国的食品安全标准还有一个饱受诟病的问题是对内、对外双重标准：把最好的东西出口到国外，剩下的才给国民。原国家质检总局局长李长江在"三鹿婴幼儿奶粉事件"爆发后还宣称：中国出口日本、美国和欧洲的食品质量合格率都在 99% 以上，其中对日、对美出口的食品质量合格率已经连续 3 年超过了 99.8%，比他们出口给中国的食品的合格率还要高。蒙牛发言人在蒙牛集团的奶粉和液态奶被检出三聚氰胺后，在面对香港媒体的新闻发布会上这样说：我们发到香港的产品和出口的产品是一样的，保证比内地（大陆）的产品质量更好、更安全。香港卫生署的发言人表示:"在供应本港的蒙牛牛奶中未发现三聚氰胺,经本署与内地相关机构沟通后证实,蒙牛供应不同地区的产品使用不同的生鲜乳。"如此声明,令国民寒心,令他国耻笑,也不能从根本上树立中国高质量食品的形象。

(三)食品监管措施与手段乏力,不能有效保障食品安全

中国各执法部门主要通过食品安全市场准入制度、行政检查和处罚制度来确保食品安全。

1. 食品安全市场准入制度

食品安全市场准入制度是一种政府强制力约束下的行政许可制度,往往采取认证认可①的形式,强制要求经营主体达到相关食品安全标准,达不到标准的不允许经营该产品。

在中国,与食品安全有关的认证活动主要有 ISO9000(是由国际标准化组织质量管理和质量保证技术委员会制定的国际标准)、ISO22000(Food Safety Management System,是食品安全管理体系)、HACCP(Hazard Analysis Critical Control Point,关键控制点危害分析,应用在从初级生产至最终消费过程中,通过对特定危害及其控制措施进行确定和评价,从而确保食品的安全)②、GMP(Good Manufacturing Practice,"良好作业规范",或是"优良制造标准",是对企业生产过程的合理性、生产设备的适用性和生产操作的精确性、规范性提出强制性要求。适用于制药、食品等行业的强制性标准)、GAP(Good Agricultural Practices"良好农业规范",主要针对初级农产品生产的种植业和养殖业,分别制定和执行各自的操作规范,鼓励减少农用化学品和药品的使用,关注动物福利,环境保护,工人的健康、安全和福利,保证初级农产品生产安全的一套规范体系)。奶牛场卫生规范(GB 16568—2006)是中国目前在奶牛养殖场推行的标准。

---

① 食品安全认证认可制度出现的原因在于,在现代市场环境下,公众意识到第一方(供方)的自我评价和第二方(需方)的验收,由于自身的不足与缺陷均变得不可靠,此时,独立于供需双方且不受供需双方经济利益支配的第三方,用公正、科学的方法对市场流通的商品(特别是涉及安全、健康的商品)进行评价、监督,以正确指导公众购买的制度应运而生,这就是食品安全认证认可制度。

② 根据中国质量认证中心网站的信息,截至 2012 年 8 月,我国共有 23 家乳制品企业通过 HACCP 认证,对于 HACCP 认证,我国依然采取非强制认证办法,对于肉类等食品安全隐患较大的产品也未做具体要求。

　　上述食品质量安全认证分为政府强制性认证体系和第三方认证体系两大部分，例如，中国使用 QS（Quality Safety）认证对食品、化妆品及其相关设备、材料作为质量安全认证标识，目前正在按照产品种类逐步推行强制认证。获得许可证的企业，可以在其生产的产品的最小单元上加贴"QS"标识，因而，食品生产许可也被称为"QS"认证。食品生产许可证一律由各省、自治区、直辖市技术监督局受理，各省、市、县质量技术监督机构，配合国家许可证工作的实施，负责本辖区无证产品的查处和获证产品的监督管理。

　　第三方认证体系是由国家或国际化组织制定标准，认证监管机构对认证机构进行认可和监督检查，认证机构按照相关标准为企业提供认证服务。中国食品企业通过比较多的认证有：ISO9000 质量管理体系认证、ISO14001 环境管理体系、基于 HACCP（危害分析与关键点控制）的食品质量安全管理体系认证等。其中 ISO9000 质量管理体系认证是这些体系之中开展得最早、影响最大的，对提高企业质量管理水平意义重大；ISO14001 环境管理体系是在 ISO9000 质量管理体系的基础发展起来的针对环境问题的通用型管理体系；HACCP 危害分析与关键控制点管理体系是食品行业特有的保障食品安全的管理体系。这些认证活动都是企业自愿参加的，自觉接受第三方的规制和监督。一般来说，具有质量管理体系认证经历的企业更容易通过相关的类似认证，这主要是学习成本降低和规模经济的作用（杨东宁、周长辉，2005；Grolleau et al.，2007）。

　　例如中国通行的绿色认证包括绿色管理体系认证和绿色产品认证。所谓的绿色管理体系认证，是由第三方认证机构依据管理体系标准，对组织的管理体系（管理制度）进行评定并颁发认证证书，证明其符合管理体系标准要求的技术活动（Deaton，2004；Hatanaka et al.，2005）。绿色产品是采用节能、节约原材料或清洁工艺生产的，从原材料的构成到产品生产、包装、使用整个过程对环境无污染或少污染，有益于人体健康的产品，如有中国环境标识产品、有机产品、绿色食品等。从制度上讲，外部认证改变了集体行动的逻辑，使企业更加认真地对待集体的责任（奥尔森，1995）。独立的第三方检查提高了企业绿色行为责任，减少机会主义行为，使企业能够更加积极地按照认证标准运营（Deaton，2004；Prakash，2000）。

　　但是，强制性的食品生产许可证制度没有发挥降低企业三聚氰胺污染的作用。这印证了一些学者的判断：食品市场准入标准偏低，重审批轻监管，监督管理制度落实缺位，难以真正保证食品质量安全（李满枝，2009；李强，2009）；市场准入和 QS 认证难以应对三聚氰胺污染（迟玉聚、许美艳，2008）。激励性的产品质量免检制度不仅不能降低反而在某种程度上提高了企业的三聚氰胺污染风险。2009 年新通过的《食品安全法》对建立食品监管问责制、食品安全全过程控制、食品安全国家标准等都进行了创新性的规定。食品生产市场准入制度实施 4 年来，仍然有相当的企业没有获得此证，这说明该制度的落实仍然有相当大的空间；依法全面实施食品市场准入制度是重塑人们食品质量安全信心的基础；更为重要的是，要改变重批准、轻监管的局面，使已经获得市场准入的企业按照标准运营生产。虽然该制度实施的边际效益递减，边际成本递增，但既然是强制性准入制度，就要依法实施到位，不应该打折扣。

另外，绿色管理体系认证在预防和控制三聚氰胺污染风险方面全面失灵，值得国家认证监管机构对绿色认证制度进行深刻的反思和改革。目前，中国认证机构发展很快，管理体系认证日益繁多，认证机构竞争激烈，普遍存在重认证收费、轻监督落实的现象，没有尽到客观认证、善意监督的责任。

食品安全事件一而再再而三地由记者及国外检测机构率先发现和揭露，而不是由质监机构检测出来直接警示消费者，这也在一定程度上说明了中国食品安全标准缺失、检验样品代表性不强、检测项目与食品安全相关性不足，即标准与食品安全脱节的问题。安全标准体系是食品安全保障体系的基石，没有完善的技术标准体系，检验检测体系的建设和运行则缺乏科学依据；没有有效的技术标准体系，认可认证工作将无从谈起。中国食品标准与食品安全问题脱节、检验机构技术水平较低、质检机构官方性质明显，第三方公正性不够等现实原因，导致当前地方监管机构在技术上存在与食品安全相关性不足的问题。

2. 行政检查和处罚制度

中国的食品安全监管中的行政检查和处罚制度主要是以政府监管为主体的。政府监管主体按照固定的制度进行周期性的、专业性的食品抽查，是食品安全监管的重要形式。一部分是委托检验和发证检验；另一部分是抽查，分为省抽和市抽。

中国行政检查和处罚制度还存在着一定的不足。首先，中国的行政检查和处罚受到了执法资源的局限，没有形成具体的食品安全检查计划和检查制度，突击检查形式较为常见，很难形成长效机制；在食品安全处罚上也存在标准不清的问题，这与中国法律法规和标准体系的不健全相关。

其次，中国食品安全监管目标和监管体系激励不相容问题。周应恒等（2013）指出，在食品监管手段和技术比较落后的客观现实下，食品安全监管对象的小而散导致监管成本过高，监管收益过小。在目前的行政体制下，地方监管机构一方面受上级机构的垂直领导，出于各种原因监管机构的监管效果难以被上级部门及时发现，导致奖惩效果激励失灵；另一方面，地方监管机构受地方政府的直接领导，容易被地方政府出于 GDP 或财政收入最大化目标左右，导致监管效果出现偏差。

另外，在中国监管制度安排下，监管部门让生产者守规守法，但对生产者守规守法的激励不足，甚至有时生产者违规违法收益更大。一方面，由于生产者生产安全的食品成本较高，且很有可能不为消费者广泛接受，而违规生产成本低廉的非安全食品能有效降低食品的终端价格，获得更大的市场份额；另一方面监管机构对生产者违法生产的惩罚力度过小，相对于违规收益而言，违规成本微不足道，进一步助长了生产者违规生产的机会主义行为。

（四）缺乏公众参与，政府顾此失彼，力不从心

除独立监管外，社会监管也是食品安全监管的主要趋势。曾祥华（2009）认为，在食品安全这一公共领域，政府作为社会公共利益的主要代表者，政府公权力是必须涉入的，而且在立法、执法、法律救济、法律监督等方面具有天然的成本优势。但是，政府对食品安全进行监管，不仅需要巨大的运行成本，而且也不可能独立完成监管任务；食品造假、质量低劣甚至有毒食品等不仅会损害消费者的利益，而且也会损害合法经营者的利益，为了捍卫自己的利益和避免这个行业受损，消费者和食品行业组织会利用投诉、诉讼或者行业规则来制止假冒伪劣及有毒食品，加大违法行为的机会成本。由于食品行业本身的专业性和技术优势以及消费者的利益相关度较高，因此，社会监管可以发挥政府监管所无法发挥的作用。

谭德凡（2011）认为，中国未来的食品安全监管应将政府、企业和社会资源有机整合，构建一种以企业自律为基础、以政府监管为引导、以社会监督为主体的崭新的综合性监管模式。赵同刚（2011）介绍了新西兰的乳业监管体系，其食品监管模式呈倒三角形，从上到下依次为消费者、企业、第三方实验室和监管者。以乳制品为例，监管者就是新西兰食

品安全局（NZFSA），通过设定相关标准来提供安全保证；南奥克兰独立实验室（SAITL）是经新西兰食品安全局认证的第三方实验室，通过独立对乳品企业（如恒天然和 Tatua 乳业）进行审计来保证相关标准的依从性；而乳品企业则通过实施新西兰食品安全局规定的风险管理措施（包括 HACCP、乳制品安全限量、溯源等），为消费者提供符合标准、标签真实可靠、安全健康的乳制品。可以看到，在这个监管体系中，政府规制机构的作用限定在制定标准和对第三方监管机构进行认证，企业、市场、消费者的力量均被发动起来，共同完成监管任务。

在社会力量参与的监管体系中，行业协会的参与一直被世界各国所重视。郭琛（2010）认为，在社会权力系统的架构中，行业协会不仅是一个自律性组织，还是政府行政权力的一个分权者或替代者，使这些组织与政府共同承担起社会公共事务管理的责任。行业协会通过自我管理、自我监督、自我服务的内部组织机构，以及一套有效而严谨的自律机制，获得来自成员内部以及社会公众的认可，其自治品格即化外部化为"权威"性，从而与政府权威形成制衡。

中国政府日益重视行业协会在食品监管中的作用。2004 年发布的《国务院关于进一步加强食品安全工作的决定》中明确提出，要进一步发挥行业协会和中介组织的作用。2009 年，《中华人民共和国食品安全法》出台，协会的自律监管作为整个食品安全监管体制的一个构成部分，正式以法律形式明确规定下来。

相对于政府监管部门，食品协会拥有更全面的信息优势，也拥有着比政府更广泛的监管范围，其可以不受地域、层次限制，不受流通环节限制，对于食品安全实行监管。然而，由于法律制度供给及政府赋权双重不足，再加上中国在政治和经济领域缺乏自治传统，导致中国的行业协会普遍缺乏自治，官方色彩浓厚，许多地方的行业协会秘书长由主管部门退休领导或畜牧局奶源处（办）的现任领导兼任，其职能定位于完成领导交办的任务，当好领导的助手和参谋。缺乏自治传统的协会缺乏社会对其的认同，不仅政府不会轻易将职能委托、转移给协会，而且连会员也会对协会产生不满甚至于排斥。因此，让协会自治，完善协会的服务功能是其发挥食品监管职能的前提条件。

除行业协会外，以媒体为核心的第三方监管力量是社会监管力量的一大组成部分。张曼等（2014）认为，第三方监管力量是一种自下而上的监管方式,是政府自上而下的监管方式的有利补充。以媒体为核心的第三方监管力量通过曝光企业不安全生产信息以及制造强大的舆论压力,在震慑生产企业的同时,也倒逼政府采取相应的治理措施。另外,从信息传递的角度,第三方对信息的披露,减少了生产者与消费者,食品供应链交易主体,政府与企业,以及政府监管体系中上下级之间的信息不对称性。

（五）新《食品安全法》的实施效果有待进一步观测和评估

《中华人民共和国食品安全法》已由全国人民代表大会常务委员会第十四次会议于 2015 年 4 月 24 日修订通过,于 2015 年 10 月 1 日起施行。新《食品安全法》专设一章健全食品安全风险监测和评估,完善了统一权威的食品安全监管机构,由分段监管变成食药监部门统一监管,并明确建立最严格的全过程的监管制度,对食品生产、流通、餐饮服务和食用农产品销售等各个环节,食品生产经营过程中涉及的食品添加剂、食品相关产品的监管、网络食品交易等新兴的业态,还有在生产经营过程中的一些过程控制的管理制度,都进行了细化和完善。

在婴幼儿配方食品方面,新食品安全法则明确规定,婴幼儿配方食品生产企业应当实施从原料进厂到成品出厂的全过程质量控制,对出厂的婴幼儿配方食品实施逐批检验,保证食品安全。生产婴幼儿配方食品使用的生鲜乳、辅料等食品原料、食品添加剂等,应当符合法律、行政法规的规定和食品安全国家标准,保证婴幼儿生长发育所需的营养成分。婴幼儿配方食品生产企业应当将食品原料、食品添加剂、产品配方及标签等事项向省、自治区、直辖市人民政府食品药品监督管理部门备案。

但是,新《食品安全法》依然具有事前审批过多,但事后监管手段有效缺乏的问题,政府监管部门与其他部门的协作,社会监督力量的作用并没有得到有效强调,其具体操作及存在的问题有必要通过其实施效果进行进一步观察。

二　没有有效的信号传递体系造成"劣币驱逐良币"

前文阿尔克罗夫的旧车市场模型给我们的启示是,有效的信号传递可以解决安全食品的市场缺失和市场稀薄问题,从而减轻"劣币驱逐良币"效应。然而,当前中国公众对政府、协会、媒体、企业的不信任之普遍令人吃惊。这在很大程度上是由于相关行为主体缺乏客观中立的立场有关。

以"三聚氰胺事件"为例,到 2008 年,三鹿奶粉连续 15 年实现产量、销量全国第一；液态奶进入全国前 4 名。三鹿奶粉、三鹿灭菌奶被确定为国家免检产品，并双双荣获"中国名牌产品"称号，三鹿婴幼儿奶粉被确定为国家第一批卫生安全食品。三鹿产品有 50 个品种被中国绿色食品发展中心认定为绿色食品。三鹿乳业在中央电视台做广告，号称"1100 道检测关，呵护宝宝健康，值得妈妈信赖！"，CCTV 每周质量报告特别节目《1100 道检测关的背后》，中央电视台记者进行了"深入、细致的暗访、调查"，印证了 1100 道检测的真实可靠。2008 年 5 月，国家质检总局发布了《婴幼儿配方乳粉产品质量国家监督抽查质量公告》，宣称"产品实物质量抽样合格率为 99.1%"，其中"市场占有率较高的大型生产企业在连续三次的国家监督抽查中，产品实物质量抽样合格率为 100%"，"16 种获国家免检产品和 8 种中国名牌产品"也全部合格。9 月 8 日，甘肃省兰州市的中国人民解放军第一医院泌尿科首次向社会披露了 14 名婴儿同患"肾结石"。9 月 10 日，三鹿集团向社会声称，委托甘肃权威质检部门对三鹿奶粉进行了检验，结果显示质量是合格的。（甘肃质检部门当时没有否认，过后几天三鹿奶粉确认有问题后，才否认他们当时授受委托检测）9 月 11 日，三鹿集团再次向社会声称，公司的产品经国家有关部门检测，均符合国家标准。11 日晚上 7 时，卫生部指出，高度怀疑石家庄三鹿集团股份有限公司生产的三鹿牌婴幼儿配方奶粉受到三聚氰胺污染。之后，三鹿称经公司自检发现 2008 年 8 月 6 日前出厂的部分批次三鹿婴幼儿奶粉受到三聚氰胺的污染，市场上大约有 700 吨，决定召回。至此，掀开震惊国际的"三聚氰胺事件"。在这个实践中，企业的虚假广告、推脱责任不自必说，中央电视台作为中国政府最高等级的媒体部门为其背书，政府认证的"免检产品""名牌产品"抽检合格率 100% 成了笑话，甘肃质检部门的"不否认"嘴脸麻木，所谓"第三方"认证的"绿色产品"不值一笑，相关的各方全部陷落，集体失去正义的声音，中国消费者的信心丧失实在情理之中。据称，是与三鹿乳业合作的恒天然率先发现三鹿添加三聚氰胺的问题并呈报给新西兰政府，从而让公众了解了这一事件，恒天然因此损失大约 2 亿美元。比较之下，高下立现。

最近出现的辉山乳业乌龙事件又是一个鲜活的例证。2015 年 9 月 24 日，河北省食品药品监督管理局官网发布公告称，河北省秦皇岛市食品和市场监管局在辽宁辉山乳业集团生产的高钙牛奶中检出硫氰酸钠，数值高达 15.2mg/kg（最高限定值≤10.0mg/kg）。河北省食品药品监督管理局进而对辉山高钙奶采取了停止销售措施，同时对在河北省销售的7种辉山产品进行了应急抽检并展开调查。9月28日，辉山乳业高级副总裁徐广义表示根据中国合格评定国家安全委员会CNAS实验室认可信息显示，秦皇岛公共检验检疫局、检疫检验技术中心虽然具备检测资质，但并不具备硫氰酸钠检测资格。辉山乳业表示，事发后公司3次将产品分别送往北京谱尼测试科技股份有限公司、沈阳食品检验所、国家食品质量安全监督检验中心，检测结果显示全部合格。此外，辽宁省食药监局也于27日对外公布了调查结果，称未发现硫氰酸钠。9月29日，河北省药监局在其官网刊发最新通告，称再次对辉山乳业其他7批次产品进行了应急抽样检验，并组织专家研判，认为此前发布的检出值对消费者的健康风险低，因此决定撤销24日发布的食品销售安全警示。9月30日，中国乳制品工业协会针对辉山乳业事件发布声明，认为河北省食药局违规执法，结果判定错误，误导消费者。要求河北省食药局收回发布的结果，公开道歉。随后，国家食药局发布声明表示，今年以来总局监测的乳制品样品批次共有4048个，其中包括辽宁辉山乳业集团有限公司生产的样品85个，但检测的结果显示为硫氰酸钠检测值均未超过参考值10.0mg/kg。中国乳业因为此前的一系列质量安全事件已经非常脆弱，而这类负面消息不仅会给企业带来恶劣影响，也直接影响行业声誉，此时，辨明是非的意义显而易见，然而，事件显然再次陷入"罗生门"，消费者谁也不信，就"宁可信其有"，无论谁出来为辉山背书，都难以消除消费者恐慌，辉山乳业的产品销量下跌明显。中国政府主管部门、行业协会、乳品企业再次为公信力的丧失付出代价。

在上面两个事件中，政府、企业、媒体、第三方机构全面失守，使信号传递机制受到破坏，无力扭转高品质乳品市场稀薄的状况，进而形成劣币驱逐良币。

三　产业链上以邻为壑的竞争行为诱发机会主义行为

在"三聚氰胺"事件爆发前，农户家庭散养模式在中国奶牛养殖模式中占主导地位，中国的奶产业链的典型组织方式是"乳品加工企业＋奶站＋奶农"。2008年，中国养殖奶牛规模在1—4头的农户197.08万户，5—19头的54.21万户，20—99头的6.56万户，100—500头的7104户，500头以上的1474户。养殖规模小于20头的农户占全部养殖单位的

97.1%，奶牛存栏数占全部存栏数的56%，牛奶产量占总产量的51%①。

养殖户的另一端，是实力雄厚，市场集中度不断提高的乳制品加工产业。进入21世纪，中国乳制品加工产业的市场集中度不断提高，企业规模不断扩大，垄断势力不断加强。2003—2011年，销售额超3亿元的大型企业从9个增加到15个，占全国的比例达到19.99。伊利和蒙牛在荷兰合作银行发布的2013年度全球乳业20强排名中，分列第12位和第15位，首次进阶15强。2014年，伊利更是进入前10名。从表2.4中可以看出，大型乳品企业数量在全国的比例只有2%，但其资产总额占到了全部资产总额的33.12%，而数量上绝对占优的小型企业（75.16%），其资产总额只占到了全部资产总额的28.06%。

表2.4　　全国不同规模乳品企业情况（2003—2011年）

		2003年	2005年	2010年	2011年	占全国的比例（%）
大型企业	企业数（个）	9	10	11	15	2.33
	销售总额（亿元）	188.06	302.99	318.00	462.84	19.99
	资产总额（亿元）	143.31	205.74	386.35	511.17	33.12
中型企业	企业数（个）	88	109	141	145	22.52
	销售总额（亿元）	183.38	342.81	899.27	1157.21	49.98
	资产总额（亿元）	166.62	243.93	486.67	598.95	38.81
小型企业	企业数（个）	487	579	676	484	75.16
	销售总额（亿元）	126.67	216.03	508.58	695.51	30.04
	资产总额（亿元）	141.02	194.85	376.08	433.03	28.06

资料来源：《2012中国奶业统计资料》，《荷斯坦杂志》与东方戴瑞咨询联合编辑。

注：大、中、小企业划分标准：

1. 大型企业：从业人员≥2000人，销售额≥3亿元，总产总额≥4亿元；

2. 中型企业：300人≤从业人员＜2000人，3000万元≤销售额＜3亿元，4000万元≤资产总额＜4亿元；

3. 小型企业：从业人员＜300人，销售额＜3000万元，资产总额＜4000万元；

4. 大、中型企业必须同时满足所列各项条件下的指标，否则划入下一档。

一方是寡头甚至是垄断的乳品加工企业，另一方是万千分散的、规模很小的奶农，奶站连接乳制品加工企业和奶农。奶产业链上各参与方之间

的力量悬殊，从而导致利益分配失衡。齐春宇（2009）认为，三鹿奶粉事件的发生有食品安全检测和防范不力方面的原因，但根源在于中国乳制品企业在原奶收购环节长期过分压榨奶农致使产业链各环节利益的分配失衡。乳制品企业制定原奶采购价格，通过奶站实施，奶农无议价能力，只能勉强维持生产，原奶质量无法提高，进而导致乳制品企业产品竞争力不强，反过来又进一步压低原奶收购价。在这种以邻为壑的循环博弈中，政府监管稍有不力，就会有人铤而走险。

　　赵勇等（2008）用鲁宾斯坦（Rubinstein）的"动态议价模型"来分析奶企和奶农之间的利益分配结果，在"奶业企业 + 奶农"的模式下，企业市场经济意识强、经济实力雄厚，拥有较强的决策能力、较严密的组织结构和较完善的市场营销体系，通晓政府的经济政策和法律法规、掌握充分的市场供求信息，使得其在谈判与交易中处于绝对优势地位；而奶农生产规模小、居住分散，资金、技术力量薄弱，市场经济意识淡薄，准确、充分、及时地捕捉市场信息的能力差，评估和辨别信息的能力低。更为重要的是，奶农缺乏代表自身利益的组织依托，这些导致在"奶业企业 + 奶农"的组织模式中，奶农在与企业的谈判时处于不利的地位。柴文静（2009）指出，一直以来，中国乳业收奶单位利用单方检测权，随意盘剥奶农利益，对收到的原奶定级计价上有很多的随意性，也让乳业巨头们能够在整个行业成本普遍上涨的情况下，还能够维持原奶价格不变，这无疑激发了中间环节弄虚作假的动机。刘玉满（2009）认为，三鹿问题奶粉事件暴露出这一产业化经营模式存在的主要缺陷是：龙头企业、奶站、奶农三个不同经营主体间没有形成利益共同体，存在着龙头企业压制奶站、奶站压制奶农的问题，广大奶农一直是弱势群体。三方不能形成合力，无法形成三方共同培育、开发、维护和爱惜乳品市场的有效激励，最终导致一些缺乏职业道德和社会公德的利益方，在一夜之间毁坏了业界和政府经过长期努力才培育出来的乳品市场。

　　利益分配失衡首先是因为中国的奶产品链是断裂的，产业链上各主体之间存在严重的利益冲突，以邻为壑的竞争行为导致食品质量安全的机会主义行为。李静（2011）认为，中国的奶农、奶站和乳品企业相互之间不是利益共同体，反而是一个上游吃下游的状态（乳品企业比奶站强势，奶站比奶农强势）。奶农无路可走，只能消极对待乳品质量安全；奶站不积极监控生鲜乳质量，反而有动机通过掺杂使假谋利。其次是由于近年来中国乳制品行业脱离奶源基地建设的实际迅速扩张，导致奶源短缺和竞争激烈。这里，蒙牛的野蛮生长模式堪称典型。1999 年，蒙牛以 1000 万元起家，其发展的核心思路是"先打市场，再建工厂"，有了市场，蒙牛靠价格战争抢奶源。在奶产业链上，销售环节的投入产出比最高，生产环节居其次，而唯有上游奶牛养殖环节的投入产出比最低。类似蒙牛这样的乳企，不仅甩掉养殖包袱，而且通过自己的市场地位转嫁风险，要么忽视质量标准四处争抢奶源，要么罔顾奶农利益提高标准拒收原奶。特别是，一些企业靠"低成本＋价格战"争抢终端市场，倒逼假冒伪劣生产行为。市场上"奶比水贱"，但企业却视而不见。片面地追求低成本扩张，其结果必然是牺牲产品质量，甚至可能是违背企业良知和责任的犯罪。

第四节　重塑中国乳品质量形象的两条道路

一　健全乳品质量监管体系

（一）改革政府管制体系，提高管制效率

"三聚氰胺事件"以后，中国政府连续出台了一系列法规、条例，包括《乳品质量安全监督管理条例》（2008.10）、《生鲜乳生产收购管理办法》（2008.11）、《奶业整顿和振兴规划纲要》（2008.11）、《中华人民共和国食品安全法》（2009.2）等，对中国食品安全乃至乳品安全监督管理体系进行进一步明确。

《乳品质量安全监督管理条例》规定，县级以上人民政府畜牧兽医主管部门负责奶畜饲养以及生鲜乳生产环节、收购环节的监督管理，质量监督检验检疫部门负责乳制品生产环节和乳品进出口环节的监督管理，工商行政管理部门负责乳制品销售环节的监督管理，食品药品监督部门负责乳制品餐饮服务环节的监督管理，卫生主管部门依照职权负责乳品质量安全监督管理的综合协调、组织查处食品安全重大事故。《中华人民共和国食品安全法》则进一步明确了各部门的工作内容和监管责任，同时确定各级卫生行政部门承担综合协调职责，国务院设立食品安全委员会，负责食品安全的协调工作。

与以往相比，《食品安全法》将各部门的监管责任明确、细化，兼顾从农田到餐桌的全过程。然而，按照监管独立原则，在行政机构权力的横向配置上，要求监管机构与政府宏观政策和产业主管部门相对分开，在执行监管时相对独立而不受利益相关方的干扰，以保证监管的公正性；而在行政机构权力的纵向配置上，要求科学合理地配置中央监管机构与地方监管机构之间的监管权，以保证监管的有效性。从这个角度看，中国的食品安全监管体系与以往相比并没有质的改变。还应在重视中国既有体系和监管实践的基础上，重视发达国家和地区的监管经验，进一步探索未来食品安全监管体系的改革方向。

（二）完善和落实监管制度，从程序上消除隐患

仅有监督主体和监管责任还不能保障食品安全工作，还应当把监督工作落到实处，通过设置合理的监督程序最大限度保障乳品质量安全。农业部发布的《生鲜乳生产收购管理办法》（2008.11）、河北省石家庄市发布的《关于进一步加强生鲜乳生产收购监管工作实施意见》（2008.10），从生鲜乳生产、收购、运输的具体特点出发，在企业资质、规模化和标准化养殖、养殖场与乳企的利益联结、可追溯制度、检测手段和内容等方面都有详细规定，石家庄在实际工作中总结了"散养人区、挤奶进厅，站企挂钩，全程监管"，投入资金建立奶牛场实时监控系统，对打击非法添加以及抗生素奶都起了很大作用。

（三）推进第三方检测制度

生鲜乳的质量检测不仅关系其安全性，还通过测定的营养指标影响生鲜乳的收购价格。在中国，由于生鲜乳检测都由乳品加工企业执行，乳企因此在一定程度上单方面掌握生鲜乳的定价权，这经常造成奶农和乳企之间的矛盾冲突。课题组在调研中不断遇到这样的例子，但是奶农一方面由于生鲜乳的易腐性带来的资本专用性增强被套牢，另一方面屈服于乳企的垄断势力，只能被动接受乳企单方面定价。

济南伊利乳业有限责任公司（以下简称"济南伊利"）压级压价收购生鲜乳的案例就是一个非常生动的例子。济南伊利与200多家奶站的众多奶农签订5年收购合同，经常调低乳品分析仪测量指数，以低于基准价的每公斤2.85元，且折重6%—7%收购"不达标奶"，导致奶农一吨奶损失近500元。按照济南伊利的计价表体系，当时基准的含脂率3.4%、含蛋白率2.95%，基准价每公斤2.90元。蛋白指标每高一个点收购价就加四分六，脂肪指标每高一个点加四分，低于指标则相应减少。奶农介绍，济南伊利每年都有一段低于基准价位的收购期，这与生鲜乳的供求有关，

他们怀疑济南伊利是有意调低检测指标。①

　　缺乏第三方检测制度不仅导致乳企和奶农之间关系紧张，同时也为生鲜乳质量安全监督留下漏洞。调查发现，当原料紧缺时，乳企之间争抢奶源，这种时期一般很少出现生鲜乳因质量问题而拒收的现象，可以怀疑，部分质量不合格的生鲜乳也被收购了，但是没有任何第三方可以监督。

　　由于奶业发达的国家和地区大部分都有非常健全的第三方监测制度。在德国，对生鲜乳的质量检测工作由一个独立的第三方机构来完成，他们会对每一次从牛奶加工厂收到的原奶进行检验，评测质量，根据国家规定的原奶级别来进行定级。监测站得出的最终数据，将成为加工厂向奶农付款的凭据。荷兰、美国、澳大利亚、新西兰莫不如此。健全的第三方检测制度是完善质量监督、调和乳企和奶农矛盾的润滑剂。

　　中国的第三方检测制度很早就提出来了，在官方正式的文件中也有多处表述。《奶业整顿和振兴规划纲要》提出，"要依托现有机构和设施，逐步发展第三方检测体系，维护奶农利益"等。然而，中国的第三方检测制度迟迟不能落实，已经建成的第三方检测机构往往只是企业检测的补充，只有在双方发生矛盾时成为仲裁机构。这对于奶农来讲，一是牛奶易腐，等不起；二是成本很高，望而却步；三是影响其与乳企的合作关系，担心在今后的交易中增加困难。因此，往往发挥的作用有限。建设的阻力不是资金、技术问题，主要源自乳企的阻力。为达到政府规定的检测项目和检测要求，各大乳企纷纷花费巨资建设了独立的检测力量，接受第三方检测，不仅意味着以前的投入失去意义，还得向第三方检测机构付费，同时失去了质量检测标准和定价上的话语权。而且，政府出于对税收的考虑，往往对乳企特别优待，奶业协会则依赖乳企提供的会费，他们很难成为推动第三方检测的力量。

　　因此，落实第三方检测制度需要高层的统筹决策，设计合理的第三方检测机构建设方案。例如，对于企业投入的检测设备，政府可以采取赎买制度避免重复投资。也可以为企业提供免费的检测，只收取必要的可变投入，以减轻企业的负担等。同时，第三方检测机构的资质、独立性如何保证等都需要顶层设计。

---

　　① 济南日报：《济南伊利被指垄断奶源低价收购》，http：//www.ayrbs.com/news/2012 - 04/18/content_ 448893. htm。

二　强化经济主体间利益联结，使自律成为质量保障的坚实基础

前文提到，断裂的奶产业链内含质量安全风险，化解其风险的思路是将外部问题内部化，通过产业链的纵向一体化来保证产品质量安全。在一体化的产业链中，各利益主体的利益一致性增强，会激励各行为主体主动采取有利于实现集体目标的行为。在这样的一体化的链条中，可靠的乳品质量不仅为乳企，而且也为养殖者带来更高的收益，因此，奶农会主动关注生鲜乳和质量安全，采取更安全的生产行为，在保障生鲜乳质量安全的同时降低了质量检测的成本。例如，假定奶农出于共同的利益目标绝对不会添加"三聚氰胺"，那么企业在检测生鲜乳质量时就可以去掉这个检测项目，从而节约检测成本。再如，由于养殖场对乳品企业的检测指标不能完全信任，所以养殖场每天都会投入一定的成本对主要的生鲜乳指标进行自检，以此与乳企的检测指标对照，如果双方的利益一致，则至少可以减少一个检测环节。又如，安全的、高品质的牛奶不是"生产"出来的，而是"养"出来的。如果没有供应链上所有成员的共同参与尤其是农户的主动参与和紧密协作，中国很难彻底解决乳品的质量安全问题。外部的技术、法律、行政等层面的监控是第二位的，而互惠共生关系的建立、供应链的协同才是第一位的。由此可见，生产行为尤其是由企业与农户共生关系优化引致的供应链协同行为，才是解决农产品质量安全问题的治本之策。

实际上，中国政学两界都充分认识到了这一点，因此，产业链纵向一体化和改善产业链各主体间的利益分配被当作奶产业链的重构方向。主要的措施包括：（1）只有取得工商登记的乳制品生产企业、奶畜养殖场、奶农专业生产合作社，才有资格开办奶站，推进奶站与养殖小区、合作社、乳企一体化；（2）积极扶持奶农专业生产合作社、奶牛协会等奶农专业合作组织发展，使其在维护奶农利益、协商生鲜乳收购价格、为奶农提供服务等方面充分发挥作用；（3）鼓励乳制品生产企业通过订单收购、建立风险基金、返还利润、参股入股等多种形式，与奶农结成稳定的产销关系、形成紧密的利益联结机制；（4）支持乳制品加工企业加强自有奶源基地建设，鼓励自建、参股建设规模化奶牛场、奶牛养殖小区；（5）建立由政府有关部门、行业协会、乳制品生产企业、生鲜乳收购者、奶畜养殖者代表等参加的生鲜乳价格协调机制，协商确定生鲜乳交易参考价格并

定期公布，作为生鲜乳购销双方签订合同时的参考。①

理论上讲，在奶产业链条上，一端是奶农，一端是乳企，二者纵向的联结方式有很多种，最极端的方式是奶牛的养殖者联合起来控制加工企业自己搞加工，或者加工企业向上游控制养殖环节自己养牛。中间则有很多的过渡模式，例如"乳企 + 奶站 + 合作社 + 奶农"，环节可多可少，联结方式可松可紧。从前述产业政策可以看到，中国目前正在大力倡导有乳品加工企业主导的纵向一体化，其终极目标是乳企要自建、自控奶源。然而，这一产业链纵向一体化的模式与世界其他国家和地区有根本不同。在大多数的国家和地区，奶农通过合作社控制加工企业是通行的奶产业链构成模式。那么，在中国的奶产业链结构重构中，奶农的利益分配能否得到改善？奶农的安全生产行为是否有明显改进，又是哪些因素在影响其行为？最终，中国的奶产业链重构能够从根本上解决中国的乳品质量安全和有效供给吗？对上述问题的回答将构成本书的主要内容。

① 以上内容均引自《奶业整顿和振兴规划纲要》和《乳制品加工业产业政策》（2009）等文件。

第三章

中国奶业发展和产业链
重构——背景和现实

第一节　中国奶牛养殖业发展特征

一　奶牛存栏量和牛奶产量快速增长

1978 年以前中国奶牛养殖业发展速度缓慢，但改革开放以来，中国奶牛养殖业发展非常迅速，取得了巨大成就。1979 年中国奶牛存栏量还只有 56 万头，牛奶产量 107 万吨，到 2014 年，奶牛存栏量已经达到 1499 万头，牛奶产量 3725 万吨，[①] 年均增长速度分别为 10.52% 和 11.66%。[②]

从行业增长的速度看，改革开放后中国奶牛养殖业的发展历程大概可以分为三个阶段：1979—1999 年奶牛存栏量以及牛奶产量长期快速增长，年均增长速度达 11.16% 和 10.51%；2000—2005 年，中国的奶牛存栏量和牛奶产量在较大基数的基础上年均增长 18.33% 和 25.11%，处于行业爆发阶段；以 2005 年的乳制品价格下跌、2008 年的"三聚氰胺事件"导致大规模的倒奶杀牛为标志，中国奶牛存栏量和牛奶产量一度不稳定，2008 年以后，中国乳业从单纯注重量的增长转向数量和质量并重，中国奶业进入波动、调整和缓慢增长期。

图 3.1 是中国奶牛存栏量和牛奶产量变化，图 3.2 是其增长率变化，能更直观地看到其增长趋势和波动情况。可以看到，2008 年以前，除

---

① 数据来源：《2015 中国奶业统计资料》，《荷斯坦杂志》和东方戴瑞咨询编辑。

② 平均增长速度的计算方法：平均增长速度 = $\sqrt[n]{\text{环比增长速度的连乘积}}$。

2006 年外，中国奶牛存栏量和牛奶产量均处于高速增长阶段。

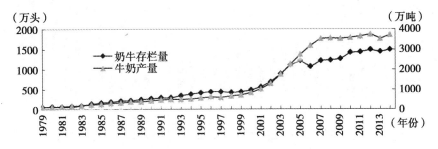

图 3.1　中国奶牛存栏量和牛奶产量变化（1979—2014 年）

资料来源：《2015 中国奶业统计资料》。

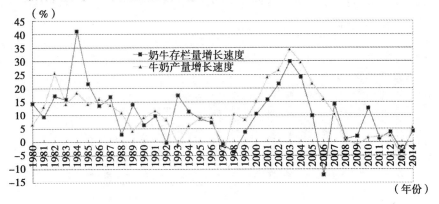

图 3.2　中国奶牛存栏量和牛奶产量增长率变化（1979—2014 年）

资料来源：《2015 中国奶业统计资料》。

二　奶牛单产逐步提高，但仍有上升空间

1979 年，中国的奶牛单产仅有 2942 公斤，与新中国成立初期没有很大差别，1979—2000 年，中国的奶牛单产一直在两千多公斤徘徊（平均2503 公斤），2000 年后，奶牛单产开始稳步上升，到 2014 年，奶牛单产达到 5500 公斤。

从图 3.3 可以看到，以 1980 年为基数，中国奶牛单产从 1980 年至2000 年的 20 年间处于徘徊状态，2000 年后稳步提高，十多年间提高了0.92 倍。值得注意的是，即使是在大力推进养殖规模化和标准化的 2008年以前，中国的奶牛单产也一直迅速提升，改进明显。尽管如此，中国奶牛单产与畜牧业发达国家仍有差距。以中国 2010 年的单产为 1，一些主要的产奶国奶牛单产与中国的比较如图 3.4 所示。以中国奶牛主要进口国

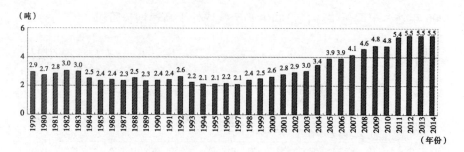

图 3.3　中国奶牛单产变化（1978—2014 年）

资料来源：中国奶业统计资料。

澳大利亚和新西兰为例，这两个国家奶牛单产分别是中国奶牛单产的
2.02 倍和 1.26 倍。

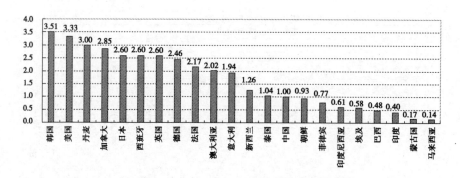

图 3.4　2010 年各国奶牛单产比较

资料来源：中国畜牧业信息网。

三　人均乳品消费数量缓步上升，未来市场空间巨大

（一）人均乳品消费数量仍处于较低水平，且城乡分布不均衡

近年来，中国人均乳品消费数量经历了一个增高后回落的过程。以占
乳制品数量比重最高的鲜奶为例（见表 3.1）①，从 2001 年到 2012 年，中
国城镇居民家庭人均全年鲜奶购买量由 11.9 千克/人增长到 13.95 千克/
人，但在 2003—2007 年间，中国城镇居民家庭人均全年鲜奶购买量一直
在 17.75—18.83 千克/人的高位波动，只是经过"三聚氰胺事件"后才
明显回落，至今未恢复到 2003 年的水平。

_____

① 中国城镇居民家庭消费的乳制品主要包括鲜奶、奶粉、酸奶，由于质性不同，不宜直接
加总，本处以占比最大的鲜奶为例。

表 3.1 中国 2001—2012 年城镇居民家庭人均全年鲜奶购买量及增长率

年份	2001	2002	2003	2004	2005	2006	2007	2008	2009	2010	2011	2012
人均鲜奶消费量	11.9	15.72	18.62	18.83	17.92	18.32	17.75	15.19	14.91	13.98	13.70	13.95
增长率%	19.7	32.1	18.5	1.1	-4.8	2.2	-3.1	-14.4	-1.8	-6.2	-2.0	1.8

资料来源：根据《2014 中国奶业统计年鉴》整理。

同中国特有的城乡二元结构相对应，人均乳品消费数量也呈现出二元结构，人均消费量城乡差距较大（见表 3.2）。城镇居民人均乳品消费数量明显大于农村居民的消费数量。2002 年城镇居民人均乳品消费数量是农村居民的 13.1 倍，是差距最大的一年，2003 年以后这一差距逐渐缩小，2012 年为 2.6 倍。

表 3.2 中国 2001—2012 年城镇农村居民人均乳制品消费比较 单位：kg/人

年份	城镇居民	农村居民	比例
2001	11.9	1.20	9.9
2002	15.72	1.19	13.1
2003	18.62	1.71	10.9
2004	18.83	1.98	9.5
2005	17.92	2.86	6.3
2006	18.32	3.15	5.8
2007	17.75	3.52	5.0
2008	15.19	3.43	4.4
2009	14.91	3.6	4.1
2010	13.98	3.55	3.9
2011	13.70	5.16	2.7
2012	13.95	5.29	2.6

资料来源：《2014 中国奶业统计年鉴》，中国农业出版社 2015 年版。城镇农村居民使用"人均全年鲜奶购买量"，农村居民使用"农村居民家庭平均每人奶及制品消费量"。

与奶业发达国家相比，中国人均乳品消费数量处于较低水平，在世界上属于低水平国家。2012 年 12 月 13 日，中国奶业协会副会长谷继承分析称，目前，中国人均奶类消费量 32.4 公斤，与世界平均 100 公斤左右的水平相比，仍有较大的差距。[1] 2013 年 9 月 28 日，中国奶业协会会长

① 数据来源：http://www.dac.org.cn/html/search-20121217095850042348.jhtm。

高鸿宾指出中国人均奶类消费量不足世界平均水平的三分之一。[①] 就液体奶来说，从 2008 年数据看，荷兰、挪威、澳大利亚、德国、加拿大等国家和地区的液体奶消费量位于世界前列，分别为 119.4kg/人、116.2kg/人、107.2kg/人、94kg/人、92.1kg/人。即便是与中国膳食结构更相似的韩国和日本，液体奶消费量也达到 33.5 kg/人和 33.1 kg/人，而中国 2012 年城镇居民液体奶人均消费量仅为 15.19kg/人，农村更是远远低于这一数据。与发达国家水平想去甚远（见表 3.3）。

表 3.3　　　　　　　2003—2013 年世界主要国家液体奶人均消费量　　　单位：kg/人

国家	2003年	2004年	2005年	2006年	2007年	2008年	2009年	2010年	2011年	2012年	2013年
德国	93.9	93.1	92.8	94.4	95	94	—	53.5	54.7	54.7	53.8
法国	92.9	91.7	92	89.4	89.7	86.8	—	55.6	54.4	54.2	54.0
意大利	56.8	63.1	65.5	65.7	63.4	64.1	—	56.8	55.9	55.7	53.8
荷兰	127.7	127.1	126.5	123.6	123.3	119.4	—	50.0	49.0	49.0	49.0
英国	111.6	108.9	103.9	104.6	105.1	—	—	108.0	107.4	106.3	105.4
挪威	115.2	115.6	114.8	116.7	118	116.2	—	84.5	81.8	86.6	85.1
加拿大	95	95.8	94.7	92.8	92.5	92.1	—	80.2	80.3	79.5	77.3
韩国	48.7	48.4	45	45.2	44.9	44.3	—	33.6	32.6	33.7	33.5
日本	—	—	36.7				—	31.8	31.6	31.1	31.1
澳大利亚	105.5	106.2	113.3	116.8	107.2	107.2	—	106.5	108.4	109.8	110.0
美国	84.9	84.2	83.7	83.3	83	82.6	—	80.1	78.2	76.4	73.9
阿根廷	62.1	40.4	42.4	44.2	43.9	43.9	—	40.7	42.7	45.9	44.5

资料来源：《2013 中国奶业统计年鉴》，中国农业出版社 2014 年版。《2015 中国奶业统计资料》，《荷斯坦杂志》和东方戴瑞咨询编辑。

（二）乳品消费结构比较单一

乳品分为干乳制品和液态奶两大类，其中干乳制品又分为奶粉、乳清制品、炼乳、奶油和干酪；液态奶又分为鲜奶和酸奶。

经过 20 多年的发展，中国乳制品消费品种已经从以前单一的以奶粉为主向奶粉、鲜奶、酸奶、乳酸饮料及奶食品等多元化方向发展，其中奶粉中婴儿配方奶粉、助长奶粉、中老年奶粉、孕妇奶粉、高钙奶粉等多功能系列奶粉已成为货架上的主导；液态奶也花样繁多，瞬时超高温灭菌

---

①　数据来源：http://www.dac.org.cn/html/search-13092910012311913101.jhtm。

奶、酸奶等受到不同层次消费者的青睐。

总体上说，鲜奶的消费比例呈轻微下降趋势，而酸奶的消费比例轻微上升，但大致保持了稳定（见表3.4）。而对于乳清制品、炼乳、奶油和干酪，受消费需求和原材料制约等因素影响，年生产量较少，人均消费也极小，只是在收入水平较高的群体中存在一定的市场。当然，液态奶市场还远远没有达到饱和的程度，在城镇市场有很大的潜力，在广大农村市场还有更大的空间。

表3.4　　　　2001—2012年中国城镇居民人均乳制品消费结构　　　单位:%

种类	2001年	2002年	2003年	2004年	2005年	2006年	2007年	2008年	2009年	2010年	2011年	2012年
鲜奶	86.5	86.9	85.8	84.8	82.7	81.3	80.1	78.7	77.3	77.2	76.5	77.9
酸奶	9.9	10	11.6	12.9	14.9	16.5	17.9	18.3	20.1	20.3	20.5	19.3
奶粉	3.6	3.1	2.6	2.3	2.4	2.2	2.0	3.0	2.6	2.5	3.0	2.8

资料来源：根据《2013乳业统计年鉴》整理，中国农业出版社2014年版。

从总体上来说，根据张磊等（2010）对乳品消费结构阶段的分类，目前中国乳品消费结构正处于液态奶向发酵乳转变的发展阶段，乳品消费结构比较单一，主要消费品种为鲜奶、酸奶和奶粉，对于乳清制品、炼乳、奶油和干酪的消费量很少。

四　以"奶农＋奶站＋乳企"为代表的专业化分工与合作模式占主导地位

改革开放前，奶牛被定为生产资料，以国营和集体生产为主，并实行生产、加工、销售一条龙的体制，即统一生产、收购生鲜奶，集中消毒、装瓶，统一销售。到1978年，全国奶牛存栏47.5万头，其中国营奶牛场饲养37万头（农垦系统27万头），占总存栏数的77.18%；集体饲养8万头，占总存栏数的16.67%；个体饲养3万头，仅占6.25%。可谓生产、加工、销售一条龙，是典型的纵向一体化模式。

改革开放以后，居民对乳制品的需求迅速上升，之前的生产模式不能满足迅速上升的消费者需求。1986年，石家庄冀中乳业联合总公司（即之后的石家庄三鹿乳业集团）成立，提出"奶牛下乡，牛奶进城"的发展思路，即奶牛卖给农民，农民再把奶卖给三鹿。农民没有资本买牛，三鹿就把牛"送"给农民，让农民喂牛后用奶来还债；或者，农民可分期付款。这一模式有效利用了农村剩余劳动力和农田秸秆喂牛，同时将占用资本最多的奶牛养殖环节丢给农民，企业轻装上阵，专注于加工、销售。

农民在当时养牛利润远高于种地的诱惑下，养牛的越来越多，三鹿的产能也迅速扩大。这是典型的"公司＋农户"养殖模式。该模式充分利用专业化分工带来的高效率，既分散了乳企的养殖投入和风险，又充分利用了农村的剩余劳动力和秸秆饲料，为企业扩张带来充足奶源，为农民增收提供了机会。

同时，三鹿与各县、乡、村政府合作，由政府供地、三鹿提供技术规范、农民个人提供资金建设收奶站（政府帮助贷款，三鹿和政府起初都有补贴），各散户奶农的奶都通过奶站最终被集中至三鹿各家工厂。奶站的出现，解决了传统的乳企流动奶车收购，以及指定地点等待奶农交售中高昂的信息搜索成本、交易不确定性和价格不稳定等因素带来交易双方巨大的机会主义行为，生鲜乳的交易效率得以提升。

该战略使得三鹿集团生产规模迅速扩张，各地乳企纷纷取经，"奶农＋奶站＋乳品加工企业"模式逐步形成。这一时期，中国奶牛存栏量增长迅速，从1978年的47.5万头上升到2008年的1233万头，原奶总产量从88万吨上升到3556万吨，实现工业销售产值1411.48亿元。①

（一）"乳企＋奶农"组织模式

奶农分散养殖奶牛，自己挤奶，通过市场同乳企交易。市场交易形式主要有两种：一是乳企以流动奶车到奶农家中收奶，二是乳企到指定地点等待奶农交售。此时，奶农和乳企都是分散和小规模的。该模式是奶业供应链组织模式中最为松散的一种，没有任何提高紧密化程度的措施，不仅要付出高昂的信息搜索成本，还具有交易不确定性和价格不稳定等缺点，双方都有较强的机会主义行为倾向。

（二）"乳企＋奶站＋奶农"组织模式

该模式一度是中国奶业的主流产业组织模式。这种模式中，私人投资建立奶站，收购附近奶农的牛奶，然后交售给乳企，企业则根据牛奶的质量确定牛奶价格，支付给奶站相应的奶款，奶站收取"管理费"后，将奶款发放给奶农。早期的奶站条件比较简陋，后期比较规范的奶站，挤奶全程机械化，有配套的降温、冷藏和运输设施，奶农、奶站和奶企之间签订长期的合同，奶农、奶站有交奶责任，乳企则有收购牛奶的义务。与"乳企＋奶农"模式相比较，该模式将收奶环节专业化了，可以提高交易

---

① 数据来源：《2015中国奶业统计资料》，由《荷斯坦杂志》和东方戴瑞咨询编辑。

效率，稳定交易规模。然而，该模式各主体之间仍然是相对独立的，各自的利益目标不统一，如果监控手段不健全，就很难控制生鲜乳质量。"三聚氰胺事件"中，出现质量问题的一个关键环节就是奶站环节，说明这种交易模式的确存在严重的质量隐患。

第二节　"三聚氰胺事件"与中国奶产业链的结构缺陷

一　农户散养模式不能满足质量控制和技术引进的需要

改革开放 30 年，中国奶业取得的巨大成就与奶牛散养户的贡献是分不开的。一直到 2008 年以前，中国奶牛养殖业的快速扩张都是建立在农户散养的基础上。以 2008 年为例，奶牛存栏在 19 头及以下的农户总计 257.39 万户，占全部养牛户的 97.39%；99 头及以下的养牛户 263.428 万户，占全部养牛户的 99.67%。[①] 张永根等（2009）认为，奶牛散养对中国奶业发展所起的作用可以归纳为以下几点：（1）改变农村单一种植模式，种草养畜，农牧结合，增肥了地力，促进了粮食生产；（2）扩大了农村剩余劳动力的就业渠道，增加了农民的收入；（3）充分利用当地的秸秆饲料资源和粮食加工副产品，养殖的成本较低，养殖风险小，效益可观，对低质粗饲料资源的利用好于规模化奶牛饲养；（4）初步形成了"乳企 + 奶农"的奶业产业化雏形，保证了乳品企业生鲜乳的供应。

然而，奶牛散养的弊端逐渐暴露出来，主要体现在饲养环境差、养殖规模小、生产水平低、疫病难以防控、环境污染严重。特别是难以引入和推广先进的技术，牛奶质量难以监控，不能适应消费者日益觉醒的质量意识，同时小规模、无组织的奶农没有谈判和议价能力，在奶产业链条中处于被盘剥的地位，养牛收益日渐微薄，处于尴尬境地。

业内普遍认为，规模化养殖有利于技术改进，提高养殖水平、保障原奶质量，并且使生鲜乳质量变得容易监控，因此，2000 年以后，中国开始走向奶牛养殖标准化、规模化的道路。

二　重市场、轻奶源，乳企的野蛮生长以忽视质量为代价

以蒙牛集团为代表的"营销至上、先市场后建场（牧场）"模式是多

---

① 数据来源：《中国奶业年鉴 2012》。

数中国乳企发展模式。蒙牛集团建立于 1999 年，办公室是位于民宅底层 53 平方米的两居室，当年销售收入仅 0.37 亿元，仅仅 5 年以后，蒙牛已成为行业老大。2004 年 6 月，蒙牛在香港主板成功挂牌上市。2007 年，蒙牛年报显示其实现营业收入 213.181 亿元，位于国内行业第一。蒙牛的成长历程一直以大手笔广告投入、出色的营销策略等著称，企业首先重视的是营销渠道，然后根据市场需求确定加工规模，本厂规模不足的部分寻找代工或贴牌生产，加工企业的设立基本不考虑是否有可控的奶源基地，没有奶源就去市场与其他企业争抢。在这种环境下，"抢奶大战"时有发生，对奶源质量的忽视也不可避免。

企业争抢奶源，却缺乏政府监管。在诸侯经济竞争中，各地政府为了发展奶产业，促进农民增收，增加当地税收，在引进大型乳品企业中处于无序竞争的状态，这导致了政府在与乳品企业的博弈过程中处于弱势地位。由于政府机构不能有效执行相关法律法规，导致不良乳品企业受到惩罚的成本很低，不良乳品企业可以向消费者提供劣质的乳制品，获得更大的收益，乳品市场的"劣币驱逐良币"的情况，致使乳品市场的逆向选择。

"蒙牛模式"打破了先有奶源，然后才有加工企业的发展道路，创造了企业成长的奇迹。诸多企业都效仿蒙牛的发展模式，致力于市场扩张，争当行业老大，忽视奶源基地建设，容忍生鲜乳质量降低，最终造成系列食品安全事件的爆发。

三　以邻为壑的竞争模式导致产业链上各主体的机会主义行为

在以"奶农＋奶站＋乳企"为代表的供应链中，各经济主体间没有稳定的利益联结，没有共同的利益目标，各自为战，具有明显的机会主义行为倾向。

乳企的风险转嫁是乳品质量安全问题深层次的根源。根据微笑曲线，奶产业链各环节中绝大部分利润集中在加工和零售环节，原奶生产和加工生产环节是成本利润比例不均衡的环节。前文提到，在市场为王的指导思想下，为获取更大的市场份额，企业采取低价促销的方法，摊薄了利润，甚至利润为负，下一步，企业只有压低生鲜乳的收购价格，而这又导致原奶收购价严重偏离成本价和市场平均利润。乳制品价格的增长明显低于生产资料和劳动力成本的增长幅度，在饲料价格上升的 2005—2007 年甚至出现了奶农杀牛现象，奶源问题更加突出。

在上述情况下，奶农没有动机改善奶牛的喂养方式，也没有动力增加高品质的饲草饲料，生鲜乳的品质难以提高，更有甚者，奶农对饲养过程中出现问题的奶牛，例如使用抗生素、患乳房炎导致的体细胞超标等，也不会尽到应有的注意义务，只要能卖掉，奶农并不关心乳品的质量和品质。在乳企使用流动奶车收购牛奶，或者设固定站点等候奶农自己交售牛奶的阶段，生鲜乳的掺杂使假问题（主要是加水）非常普遍。

作为把奶农的生鲜乳集中起来销售给加工企业的中间环节，建立奶站目的之一是为了降低交易成本，避免奶农掺杂使假。通过集中挤奶，生鲜乳就直接进入集奶罐，排除了奶农掺假的机会。然而，为了降低运营成本，乳企很少直接投资经营奶站，大部分奶站由投资者个人经营，使得奶站与奶农、乳制品加工企业成为相对独立的利益主体。奶站一方面赚取由乳企支付的佣金，另一方面通过压低生鲜乳等级以降低向奶农支付的收购价格，还通过掺杂使假扩大利润空间。为确保达到乳制品加工企业的供货数量赚取更高利润，部分奶站就在生鲜乳中掺入水和含有三聚氰胺的蛋白粉，目的就是避免加水以后牛奶中蛋白率不达标。在"三聚氰胺事件"爆发之前，掺杂使假已经成为行业行为，由于三聚氰胺需求量大，已经形成了三聚氰胺供应链。供应链的源头是地下工厂，把三聚氰胺和麦芽糊精按一定比例配制"蛋白粉"，通过地下的流通网络出售给牧场、奶牛养殖小区和奶站（奶厅）。①

乳品的质量由产业链上各经济主体的行为共同决定，任何一个环节出现问题都会导致质量安全问题。由于产业链主体间利益分配不协调，以邻为壑的竞争行为导致质量安全问题防不胜防，因此，"三聚氰胺事件"既是偶然，也是必然。不是"三聚氰胺"也会是其他问题出现。

四　"三聚氰胺事件"出现的制度背景

农户散养，质量不易控制；企业争抢市场，轻视奶源基地建设，容忍生鲜乳质量降低；以邻为壑的竞争导致普遍的机会主义行为。以上三点是

---

①　后来媒体曝出的"皮革奶"问题，是将"皮革水解蛋白粉"加入到乳制品中的目的是提高产品蛋白含量。这是一种类似于三聚氰胺的物质，是利用皮革下脚料甚至动物毛发等物质，经水解而生成的一种粉状物，因其氨基酸、明胶或者说蛋白含量较高，故人们称之为"皮革水解蛋白粉"。

中国奶产业链的结构缺陷，也是出现质量安全的隐患，但不是出现问题的重要条件，上述结构缺陷加上信息不对称以及政府监管不力，最终导致问题出现。

第一，在诸侯经济中，地方政府对乳企的监管功能相对较弱。各地政府为了发展奶产业，促进农民增收，增加税收，在引进大型乳品企业中处于无序竞争的状态，对引来的企业往往呵护多于监管，监管者往往被要监管者俘获。

第二，由于政府机构不能有效执行相关法律法规，导致不良乳品企业受到惩罚的成本很低，不良乳品企业可以向消费者提供劣质的乳制品，获得更大的收益，乳品市场的"劣币驱逐良币"的情况，使乳品市场出现逆向选择。

第三，对于消费者来说，由于难以获得乳制品的有效信息，消费者只能凭经验对市场上的乳品支付较低的价格，致使优质的乳制品难以生存，质优价高的乳企加速被淘汰。"三聚氰胺事件"前，一系列国际知名的大乳企进入中国市场的计划纷纷搁浅，原因被归结为不能适应中国"国情"，这个国情是什么不言而喻。

第四，由于生鲜乳的易腐性，交易的不确定性对奶农构成巨大威胁，奶农对乳企的依赖性很大，而生鲜乳的质量标准和价格由乳品企业来确定，即乳品企业确定游戏规则，乳企的机会主义行为可能性大大提升。乳企有能力向奶农转嫁风险。

产业链缺陷与制度环境的不完善交织，最终出现一系列的食品安全问题。

第三节　养殖规模化和以乳企为核心的纵向一体化
——当前中国奶产业链重构方向

2007 年发布的《国务院关于促进奶业持续健康发展的意见》，将当时中国奶业发展中存在的问题归结为以下几个方面：奶牛良种覆盖率和单产水平低，养殖方式较为落后；乳品加工企业与奶农的利益关系不顺，原料奶定价机制不合理；加工企业恶性竞争，市场秩序不规范；质量保障体系不健全，液态奶标识制度不落实；消费群体培育滞后，市场开拓不力。类似的表述在农业部发布的《全国奶业发展规划（2009—2013 年）》也有体现①。除最后两条外，全与产业链的建设有关。"三聚氰胺事件"爆发，将隐含的问题凸显出来，促使中国政府痛下决心，整顿和振兴奶业。

奶牛养殖规模化和以乳企为核心的产业链纵向一体化是中国政府开出的药方。规模化要解决的是奶牛养殖方式落后问题，通过规模化促进标准化，通过技术改良解决奶牛品种不佳、单产低、生鲜乳品质不高问题，推进科学防疫以及解决奶牛饲养给农村带来的环境问题，同时改善挤奶和运输环境，解决卫生条件不达标造成的生鲜乳污染和人为添加等问题，从源头上改善生鲜乳的安全和品质。纵向一体化则是解决奶农与乳企的利益冲突以及由此造成的生鲜乳质量安全隐患。以乳企为核心则是希望乳企能负起责任，从奶源开始，全程负责乳制品质量安全。为此，政府希望乳企能够加强与养殖企业的联系，实行全程的质量控制，甚至是通过自建奶源，重新实现"产加销"一条龙。

正是基于以上认识，中国的奶业整顿和振兴计划以奶产业链的解构与重建为核心。从利益协调视角看，主要是：（1）致力于产业链各主体间的利益协调，建立有第三方参与的价格形成机制，以保证较为合理的利益分配；（2）鼓励奶业协会的发展，使其在维护奶农利益、协商生鲜乳收购价格、为奶农提供服务方面发挥更大作用②；（3）鼓励奶农合作社的发展，期望其能在维护奶农权益方面发挥作用。从产业链重构视角看，主要是加强奶产业链各经济主体间的纵向联系，建立各经济主体之间风险共担和利益共享机制，通过强化的利益一致性，解决信息不对称条件下各主体的机会主义行为倾向，从而更好地保证乳制品质量安全。在这方面，目前来看主要有以下措施：（1）取缔流动和个体奶站，直接减少奶产业链条中间环节。国务院办公厅2008年11月转发《奶业整顿和振兴规划纲

---

① 该规划将中国奶业发展中的问题概括为五个方面：一是养殖方式落后。小规模散养户仍是生鲜乳生产的主体。二是乳品质量安全监管依然薄弱。三是乳制品市场秩序不规范。一些乳制品企业缺乏稳定的奶源基地，淡季压价、旺季争抢奶源的现象时有发生；部分乳制品企业为抢市场打价格战和广告战，炒作概念，不落实复原乳标识制度，误导消费者。四是原料奶定价机制不合理。奶农组织化程度低，乳制品企业单方面决定生鲜乳价格，奶农利益难以保证。五是消费市场培育滞后。

② 例如，2014年，内蒙古自治区发布《关于加强生鲜乳收购价格管理的指导意见》，提出成立由政府相关部门、奶牛养殖者、乳制品加工企业、行业协会、奶站等相关主体组成的生鲜乳价格协调委员会，制定生鲜乳收购交易参考价，定期发布。从中央到地方，中国奶业协会成立了四级纵向管理体系，积极开展业务活动。

要》，规定只有取得工商登记的乳制品生产企业、奶畜养殖场、奶农专业生产合作社，才有资格开办奶站，奶站应当依法取得生鲜乳收购许可证。(2) 鼓励散养奶农进入养殖小区，推进养殖规模化和标准化。(3) 积极扶持奶农专业生产合作社的发展，鼓励养殖小区注册为合作社，增强奶农与养殖小区间的利益一致性。(4) 鼓励乳制品加工企业与养殖小区、牧场等建立更加稳定的关系。鼓励乳制品生产企业通过订单收购、建立风险基金、返还利润、参股入股等多种形式，与奶农结成稳定的产销关系、形成紧密的利益联结机制①。(5) 鼓励乳品加工企业建设自有奶源。2009年修订的《乳制品工业产业政策》将拥有稳定的奶源作为准入条件，支持乳制品加工企业加强自有奶源基地建设，鼓励自建、参股建设规模化奶牛场、奶牛养殖小区②。(6) 提高乳品加工环节市场集中度，一方面淘汰不合格和落后产能，限制"过度竞争"和争抢奶源现象，另一方面加速培育大型乳业集团，希望其在产业链重构、保障产品质量和应对国际竞争方面发挥重要作用。

在中国开出的药方中，养殖规模化的主要形式包括"养殖小区""规模牧场"和"超大规模牧场"，家庭牧场被边缘化，在纵向一体化战略中，以乳品加工企业为核心的乳业产业链进一步巩固。具体讲，中国的奶产业链的结构和重塑体现在以下三个方面。

一　奶牛养殖规模化和养殖业产业结构变化

（一）政府全力推进奶牛养殖规模化和标准化，"大规模偏向"明显

以"奶牛下乡、牛奶进城"为代表的专业化分工和合作模式下，以农户散养为基础的养殖模式虽然能够充分利用专业化分工带来的高效率（既分散了乳企的养殖投入和风险，又充分利用了农村的剩余劳动力和秸秆饲料，虽然产量低，但从投入产出角度看，养殖效率并不低），然而，

---

① 例如河北省促使乳企与养殖小区和牧场之间建立长期的购销合同，期限一般为1—5年，为加强乳企与牧场的联系，乳企向养殖小区或牧场派遣驻站员，加强养殖技术指导，除非原料奶质量不合格，承诺收奶义务，牧场则承诺不向其他企业交售原料奶。

② 中国乳制品工业协会理事长宋昆冈（2012）提供的数据表明，近三年来，各企业自有奶源的比例大幅度提升，达到30%左右，有的已经超过了50%。"十二五"期间，各乳制品加工企业自有奶源比例争取超过50%，可控奶源比例达到100%，规模化牧场（百头以上）的奶牛比例达到70%以上。

散养模式无法克服的疫病风险、质量控制和环境污染问题，因此，差不多从 2000 年以后，中国就已经开始倡导养殖规模化和标准化，"三聚氰胺事件"暴露的质量安全隐患则大大加速了这一进程。从另一角度看，在奶牛养殖各主体中，无论是经营能力还是政策影响力，散户奶农都要弱于规模养殖场。自"三聚氰胺事件"发生后，主流声音把奶牛散养看作是乳品生产的不稳定环节，成为首要的治理对象。以下各项政策体现了政府推进规模养殖和标准化的努力。

（1）2007 年 9 月，《国务院关于促进奶业持续健康发展的意见》（国发〔2007〕31 号），文件指出："通过发展规模养殖小区（场）等方式，加快推进养殖环节的规模化、集约化、标准化，逐步解决奶牛养殖规模小而散问题。"（2）2008 年 11 月发布的《奶业整顿和振兴规划纲要》，要求推进规模化、标准化养殖："中央在现有奶牛规模化养殖建设投资规模的基础上，进一步加大中央预算内投资支持力度，支持奶牛主产区加快现有养殖场（小区）标准化改造和新建标准化规模养殖场（小区）。"要求"到 2011 年 10 月底前，在推进养殖规模化、100 头以上规模化养殖场（小区）奶牛比重由目前的不足 20% 提高到 30% 左右。"（3）从 2008 年起，从中央预算内安排专项资金用于支持奶牛标准化规模养殖小区（场）改扩建。（4）《全国奶业发展规划（2009—2013 年）》提出，重点扶持的五大奶业产区包括东北内蒙古产区、华北产区、西部产区、南方产区和大城市周边产区。使这五大奶业产区以加快奶牛品种改良，加强优质饲草料生产，提高奶牛单产水平，发展适度规模标准化养殖为重点，不断提高奶牛生产水平和养殖效益。（5）2010 年中央一号文件提出："加快园艺作物生产设施化、畜禽水产养殖规模化。支持建设生猪、奶牛规模养殖场（小区）。"此外，各地普遍对规模化养殖实行税收优惠，并针对牧场用地及建设提供政府补贴。

相应地，各级地方政府也出台很多政策措施。河北省是婴幼儿奶粉事件的发生地，也是奶牛养殖受影响最为严重的地区。为了振兴奶业生产，河北省政府除了落实国家对每个养殖场的建设补贴外，还出台了牛位补贴和退耕还林后续补贴以及奶牛保险等配套政策，对养殖场占地实行免费或优惠收费政策。河北省石家庄市自 2008 年 9 月以来，市政府先后出台了《关于扶持奶农的八条政策措施》《关于进一步加强生鲜乳生产收购监管工作实施意见的通知》，把奶牛进小区集中养殖作为提高生鲜乳质量、振兴奶业经济的首要工程，加大标准化奶牛小区和奶站一体化建设力度，推进奶牛养殖小区（场）建设步伐。从 2008 年到 2009 年，各级财政共补助资金1.15 亿元，吸引社会投资 4.6 亿多元，在全市新建成奶牛小区（场）241个，扩建奶牛小区（场）157 个，新上和改造管道式挤奶设备 380 套。到2009 年 6 月，在全省率先实现了"散养入区、挤奶进厅、站企挂钩、全程监管"目标，到 2009 年 6 月，全市原有近 10 万头散养奶牛全部实现了入区饲养，使全市集约化奶源基地和奶站建设取得了突破性进展。①

值得注意的是，当前，政府执行的很多奶牛产业政策都存在明显的对大规模甚至超大规模养殖的偏好。例如，国家发改委和农业部发布的《奶牛标准化规模养殖小区（场）建设项目》，补贴标准一直与养殖规模挂钩，并且起点从一开始的存栏量 200 头以上提高到 300 头以上；农业部颁布的《畜禽养殖标准化示范创建活动工作方案》，一开始就将扶持标准定在存栏量 200 头以上；河北省人民政府 2013 年发布的《关于加快全省乳粉业发展的意见》，更是将扶持标准定在存栏泌乳牛 400 头以上。政府对超大规模的现代化牧场的优惠政策力度更大：如现代牧业集团在马鞍山牧场总投资 2.5 亿元，其中马鞍山市农发行贷款 1.5 亿元，马鞍山市财政配套补贴和项目资金 6000 万元，现代牧场的直接投资仅 4000 万元。现代牧业公布的截至 2011 年 6 月的财年业绩显示，公司在报告期间获得政府补贴收入达到 8870 万元，同比增加 50%，大部分补贴为无条件政府津贴，用作购入小母牛，在其全部净利润 2.25 亿元中的占比达 39.49%。而截至 2011 年 12 月底的半年中也获得了 3430 万元政府补贴。此外，一些乳品加工企业通过限定生鲜乳最低交售量排挤小型牧场（例如在石家庄市某些乳企规定每个奶站最低日交奶量为两吨，之后又提高到 3 吨，这意味着综合奶牛存栏量要达到 240 头以上②，超出了当前家庭农场的经营能力），这种行为被政府无视或默许。

根据《中国奶业年鉴》的数据，2008 年，中国奶牛存栏 100 头以上的规模养殖场奶牛存栏量比重为 19.5%，80% 以上的奶牛以散养为主。"三聚氰胺事件"促使我国规模奶牛场建设步伐大大加快，到 2014 年，

---

① 资料来源：石家庄市畜牧局工作总结《放心奶是这样炼成的——石家庄市生鲜乳质量安全监管工作纪实》，2011 年。

② 以奶牛产奶量 25 公斤/天，泌乳牛占牛群的约 50% 估算。

奶牛存栏100头以上的规模养殖场奶牛存栏量比重上升为45%。目前全国规模奶牛场约5000个，其中300头以上的约3000个，500头以上的约2000个，1000头以上的约1500个，10000头以上已建或在建奶牛场约60个。中国的养殖规模化正如火如荼。

（二）奶牛养殖规模化的几种形式

李胜利等（2013）将中国奶牛养殖规模化的路径归纳为以下几种：（1）公司制集团牧场模式。采用公司制经营，由若干奶牛场组成的牧业集团。现代牧业、天津嘉立荷牧业有限公司、上海光明荷斯坦牧业有限公司都属于这种模式。这种模式下，牛场与公司的所有权属于同一法人，能实行集中统一的生产管理制度，生产效率和生产水平提升较快。（2）股份制经营管理模式。奶农以奶牛和现金入股，实行股份制公司化管理，奶牛经营权和所有权实行分离。（3）养殖小区模式。散养奶农的奶牛进入小区饲养，奶农只饲养自己的奶牛，获取养殖利润。（4）内蒙古奶联社模式。奶联社是散养户或养殖小区奶农以奶牛入社，作为股份，养牛户从奶牛拥有者成为产业工人，奶农获得股份收入和劳动收入。（5）乳品企业自建大型牧场模式。乳品企业自建大型规模牧场，奶牛场自建饲料加工车间，加工配制奶牛精饲料，集奶牛养殖、乳品加工为一体的全产业链养殖模式。（6）承包草原大户发展规模牧场模式。（7）家庭牧场模式。农民以家庭经营为基础，从事奶牛养殖；家庭牧场与个体散养的区别在于其奶牛存栏量较高（20—200头），具有两个明显特征：一是种养结合的养殖方式；二是劳动力以家庭成员为主（允许雇用1—2名帮工）。住宅区应该与养殖区天然分开，具备一定的现代化养殖设施和设备。[①]

在上述各种模式中，"公司制集团牧场模式"和"乳品企业自建大型牧场模式"在养殖模式上没有本质区别，均是现代化超大型牧场，以工商资本投入、职业经理人管理和雇工经营为特征，其区别在于所有权归属不同。前者是独立的牧业集团，后者是由乳品加工企业建设的自有奶源。本书均称之为"超大型现代牧场模式"。"股份制经营管理模式"与"内蒙古奶联社模式"在所有权结构上亦非常相似，均是奶农以奶牛和现金入股，奶农按股份有部分剩余索取权。但前者所有权和经营权分离，后者

---

① 本文在李胜利等（2013）的文章的基础上，根据自己的经验和理解进行了简化、归纳和整理。

有部分奶农由独立的养殖户转变为雇工。这类养殖场一般由中小规模的工商资本介入，其主要投资者可能是某个中介的奶站、某个养殖大户等，最初主要是集中了原有散养农户的奶牛，牧场规模中等（存栏量从四五百头到千头左右的居多），采用入股或租赁（也可叫托管）的方式取得牛奶，主要采用雇工经营。本书称之为"规模牧场模式"。"养殖小区模式"为目前中国从散养转为集中饲养的主要模式，是小工商资本（很多是之前的奶站）或养殖大户在政府的扶持下，由众多相对独立经营的养殖户所组成的，为专门从事奶牛养殖而按照规范统一建设的适度规模的养殖场所，通过集中建设房舍把分散的奶牛养殖户集中起来进行管理。一般养殖小区的业主负责租地和基础设施建设，奶农免费使用场地和设施，但负有向小区交售牛奶的义务（小区统一挤奶），小区业主赚取牛奶交售价格和向奶农发放的奶价之间的差价以弥补场地租金、资本折旧和经营管理费用。它最显著的特点是由庭院经济走向规模化经营。"承包草原大户发展规模牧场模式"不具代表性，本书不予讨论。实际上，除以上三种规模养殖模式外，还有一类是家庭牧场。这类养殖场是原来的散养农户经过多年的积累，逐步扩大投资和规模发展而来。一般存栏量在 50—200 头，以家庭劳动力为主，所有权和经营权高度统一。

（三）中国奶牛养殖规模化水平迅速提升

在前述政策的推进下，中国奶牛养殖规模化水平迅速提升。

表 3.5   中国养殖规模化水平变化   单位:%

养殖规模	2002年	2003年	2004年	2005年	2006年	2007年	2008年	2009年	2010年	2011年	2012年	2013年
年存栏 1—4 头	44.79	46.68	47.05	45.64	42.76	39.73	32.42	28.11	26.42	23.99	22.54	21.83
年存栏 5 头以上	55.21	53.32	52.95	54.36	57.24	60.27	67.67	71.89	73.58	76.01	77.46	78.17
年存栏 20 头以上	25.89	27.37	25.24	27.73	28.84	26.09	36.05	42.58	46.69	51.12	55.68	56.98
年存栏 100 头以上	11.9	12.49	11.22	11.16	13.13	16.35	19.54	26.82	30.63	32.87	37.25	41.07
年存栏 200 头以上	8.32	8.82	7.74	7.91	9.33	12.11	15.51	22.86	26.52	28.38	32.27	35.26
年存栏 500 头以上	5.47	5.55	4.9	4.76	5.6	7.45	10.05	16.04	19.43	20.79	25.02	27.71
年存栏 1000 头以上	2.92	2.73	2.72	2.34	3.04	3.92	5.54	8.31	10.45	12.06	15.39	17.79

注：2008 年以前以存栏 5 头以上为规模化标准，之后调整为 20 头以上。

从表 3.5 可以看到，奶牛存栏 1—4 头的养殖场的存栏量占比已经从 2002 年的 44.79% 下降到 2014 年的 21.83%；年存栏在 100 头以上的养殖场则从 2002 年的 11.9% 上升到 41.07%。中国不同省份奶牛养殖多样化明显，不能一概而论①，尽管目前小规模养殖户的数量仍然占养殖场数量的绝大多数，但就奶牛养殖规模看，规模化养殖已经成为奶牛养殖的主导力量。

（四）政府的大规模偏好吸引工商资本涉足奶牛养殖业

在中国政府支配大量资源的条件下，不平衡的补贴政策扭曲了要素价格，政府的政策偏好成为投资的风向标，吸引工商资本大量投资奶牛养殖业，包括由原来的奶站资本投资的养殖小区、规模牧场、乳品加工企业自建牧场以及现代化的专门从事奶牛养殖的牧场等，工商资本均成为主导，企业（工商资本投资的企业）养牛正在成为中国奶牛养殖中的重要力量。与此同时，大量散养奶农由于风险大、成本高、卖奶困难等，退出奶牛养殖的步伐正在加快。2009 年、2010 年散户退出比例约 3%，2011 年为6%，2012 年为 7%，2013 年超过 10%。受散养退出加快的影响，近 5 年中国牛奶产量并没有明显增加，尤其是 2013 年牛奶产量下降了 5.7%，奶源紧张比往年突出（2014 年才有所好转，但紧接着又遇到倒奶杀牛问题）。②

内蒙古土默特左旗是超大规模现代化养牛模式的代表。"三聚氰胺事件"后，内蒙古加快奶牛规模化、标准化养殖进程。除养殖小区、家庭牧场外，由工商资本投资的超大规模牧场的发展受到政府鼓励。从 2008年起，土左旗政府陆续出台了《实施奶牛集约化养殖工程的奖励补贴办法》《政府企业联手打造敕勒川精品奶源基地建设标准化牧场实施方案》《土默特左旗国家级敕勒川精品奶源基地建设项目实施方案》等优惠政策。政府对这类牧场无偿提供牧场建设用地，无偿提供"三通一平"工

---

①　中国农大的李胜利教授认为"（散养）这种模式的存在是与中国很多地方特定的社会背景相适应的，例如自然环境、经济发展现状及养牛的历史等。像新疆、西藏和云南大理有很多边远的少数民族地区，养牛、养鱼是当地农民一项重要的生产资料。例如大理白族地区主要是山地，人均耕地面积很少，养奶牛对于农民来说是非常重要的经济来源。而且奶牛养殖业是当地的传统，已有 600 多年的历史。大理地区总共有 6 万头奶牛，3 万户农户，平均每家养两头牛，而且 90% 以上都是手工挤奶，但是养奶牛的收入基本上是占农民年收入的 60% 以上。"因此，至少未来的 5—10 年，中国的奶牛散养还会存在。资料来源：淘牛网，《专家观点：散养奶农将何去何从?》，2010 年 1 月 26 日，http：//cul. sohu. com/20151116/n426642637. shtml。

②　数据来源：中国工业新闻网，解读《推动婴幼儿配方乳粉企业兼并重组工作方案》特别报道（下）。2014 年 6 月 24 日，http：//www. cinn. cn/xfp/318724. shtml。

程（指水、电、路通和土地平整），负责水、电、路等基础设施建设，牧场建成后，企业实行优质优价收购鲜奶。由于各项优惠政策的实施，全旗牧场园区建设全面加速。旗信用联社对于符合信贷条件的千头奶牛牧场，每处给予 100 万—300 万元贷款，旗政府贴息一年；从外地购进奶牛确需贷款的，对符合贷款条件的牧场，信用社给予每头奶牛 3500—4000 元的购牛贷款；购进外地奶牛，政府每头补贴 2000 元，2014 年提高到 3000 元。

目前，土默特左旗养殖场的建设模式有六种：（1）乳品加工企业投资的精品示范牧场模式。如建成的伊利万头示范牧场。（2）奶联社模式，由内蒙古奶联公司自建或与伊利公司合资建设、经营标准化千头奶牛牧场。（3）托牛模式，奶户与牧场主签订合同，将健康奶牛直接托入小区或牧场饲养，奶牛的所有权仍归奶户所有。（4）奶农专业合作社模式，按照"入社自愿、退社自由、民主管理、自主经营、利益共享、风险共担"的原则，动员村内奶户组建专业合作社。（5）家庭牧场模式，鼓励有条件、有实力的养殖大户发展建设家庭牧场。（6）企业投资模式，由企业投资兴建、管理奶牛牧场园区。如内蒙古圣牧高科牧业有限公司，于 2009 年投资 3.5 亿元新建了一处 5000 头规模牧场和 3 处 2600 头规模牧场。在土默特左旗，（1）、（2）、（6）模式占主体地位。

土左旗的工作计划提出，要"加大企业反哺奶农力度，优先雇佣有养殖奶牛经验的农民进入牧场工作，使农民转化为产业工人，增加劳务收入。通过规模化牧场的发展带动农民提高种植收入。探索建立利益联结机制。推广奶联社先进养殖模式，吸纳奶农以入股分红、保本分红等方式入社，获取固定回报。同时，协助个体奶站业主申报成立奶农专业合作组织，鼓励奶农专业合作社充分利用现有条件发展规模化牧场，促进奶农与奶站形成共同的利益链条，增加奶农收入。"① 该文指出，土左旗将力争到 2012 年新建标准化千头牧场园区 150 个，提前实现 70% 以上的奶牛入区饲养。② 除最后一条外，政策扶持的主线是大规模养殖，散养奶农或转

① 引自呼和浩特政府网《土左旗打造国家级敕勒川精品奶源基地的基本情况和做法》，2010 年 5 月 17 日，http：//tjj.haibowan.gov.cn/n16/n3115148/n3115166/n3115211/n3115467/4427847.html。

② 资料来源：《呼和浩特日报》，《呼和浩特市着力打造国家级敕勒川精品奶源基地！》，2010 年 5 月 14 日。

化为产业工人，或退出奶牛养殖。

2014 年，土默特左旗有 5 家超大型现代化牧场集团，分别是内蒙古奶联科技有限公司、内蒙古北方联牛股份有限公司、内蒙古犇腾牧业有限公司、伊利公司和内蒙古圣牧高科牧业有限公司。这五大公司牧场的奶牛存栏量占到土左旗全部存栏量的 75%—80%，共 15 万—16 万头。[①]

尤其引人注目的是超大规模牧场在中国迅速成长。目前，1000 头以上的牧场约有 1500 家，但奶牛存栏占全部存栏量的 17.19%（见表 3.2）。2008 年以前，全国万头牧场不到 5 个；截至 2014 年 12 月，全国进入运营的万头牧场已有 38 个，加上在建的 16 个，总计将达 54 个。例如，现代牧业是我国超大型万头牧场模式的倡导者，其一共拥有 27 个牧场，奶牛存栏量达到了 22 万头。以现代牧业的马鞍山牧场和肥东牧场为例，马鞍山蒙牛现代牧场位于安徽省马鞍山当涂县丹阳镇，占地面积为 904 亩，设计存栏 1 万头奶牛，总投资 2.6 亿元；肥东牧场始建于 2009 年，项目总投资 6.5 亿元，总占地 2383 亩，设计存栏量为 2 万头，截至 2012 年 9 月，肥东牧场的奶牛存栏量达到了 1.79 万头。[②]

二　乳品加工产业市场集中度不断提高

为了解决所谓产业布局不合理、重复建设严重、加工能力过剩，以及市场竞争失序、产品质量安全保证体系不健全等问题，促进乳制品加工与生鲜乳生产协调发展，控制乳制品加工项目的盲目投资和重复建设，整合加工资源，提升产业水平，合理利用外资，提高乳制品工业竞争力等，中国政府出台一系列政策和措施，促进乳品加工企业的兼并、重组，扶持大型企业发展。

（一）以兼并重组为核心的乳品加工产业重组政策

2009 年，国家发改委出台《乳制品工业产业政策》（修订），严格乳制品加工企业准入条件，通过项目核准制、提高乳制品加工企业资产条件、提高项目加工生鲜乳能力，以及在奶源基地建设、空间布局要求方面设置门槛等，提高进入壁垒，促进企业间的兼并和重组，力图将加工产能

---

① 资料来源：课题组对土默特左旗的调研。

② 数据来源：殷丽娟：《现代牧业 "万头牧场" 模式遭热议 专家称应理性看待》，新华网，http://www.ce.cn/cysc/sp/info/201412/08/t20141208_ 4072187. shtml，2014 年 12 月 8 日。

控制在合理范围之内。

2011 年 3 月，国家质检总局根据《乳制品生产许可审查细则》和《婴幼儿配方乳粉生产许可审查细则》对乳品企业重新进行生产许可审核，全国 1176 家乳品企业中仅有 643 家公司通过重新审核，107 家停业整改，426 家未通过审核。业界估计约 20% 的市场被让出，被现有企业瓜分。①

2013 年 8 月，由工信部牵头制定上报了《推动婴幼儿配方乳粉行业企业兼并重组工作方案》，2014 年 6 月获得国务院办公厅批复。方案提出，要提高乳粉产业的规范化、规模化、现代化发展水平，培育具有自主品牌和较强国际竞争力的大型婴幼儿配方乳粉企业集团。要在未来 5 年内将乳粉企业总数整合到 50 家左右，逐渐培育形成 3—5 家年收入过 50 亿元的大型企业集团，前 10 家国产品牌企业的行业集中度超过 80%。当时，全国有 127 家生产婴幼儿配方乳粉的企业，行业排名前 10 的企业所占市场份额达到 42%，而一旦企业数目被整合到 50 家，意味着六成左右乳企将被兼并。

（二）中国乳品加工产业市场集中度不断提高

在乳制品的销售方面，大型乳品企业以雄厚的资金实力为基础，通过控制奶源、高频广告、完善的销售网络等最大限度地影响消费者偏好，以争取最大利润。从表 3.6 可以看出，大型企业的数目并不多，2011 年仅仅 15 个，但是，数量上占比仅有 2.33% 的大型乳企却占据了 40.4% 的总产值和 18.85% 的总利润。考虑到伊利、蒙牛、光明等大型乳企近年来不断兴建规模化牧场以及进军海外，在其完成全产业链和国际化布局后，可以预测，大型乳企的利润占比将有显著的提高。

2014 年，进入统计范围的规模以上乳品企业 631 家，其中排名前 3 的伊利、蒙牛、光明完成销售收入 1248.7 亿元，约占全行业销售收入的 37.9%，国内乳品行业的集中度显然在急速提升。②

（三）大型乳品加工企业垄断势力不断提高

政治和经济的双重考虑使中国乳品加工产业的市场集中度不断提高。

---

① 数据来源：《2013 年我国乳品行业发展前景探讨分析》，中国行业研究网，http://www.chinairn.com/news/20130408/091106218.html。

② 数据来源：根据《2015 中国奶业统计资料》整理，《荷斯坦杂志》和东方戴瑞咨询编辑。

为数不多的大型乳品加工企业在原料乳市场的买方垄断势力不断提高，特别是在局部地区，一家垄断或两三家寡占的情况进一步加强。

表3.6 大型乳制品企业数目、产值和利润及占比

年份	数目（个）	占比（%）	产值（亿元）	占比（%）	利润（亿元）	占比（%）
2007	12	1.6	389.67	30	28.8	36.94
2008	9	1.1	281.7	18.9	−3.96	—
2009	13	1.62	338.73	20.3	15.85	15.16
2010	13	1.66	349.05	17.9	44.26	25
2011	15	2.33	954.56	40.4	28.07	18.85
2012						
2013						
2014	47	7.4	1380.6	38.4	96.3	42.8

资料来源：《中国奶业年鉴2014》，中国农业出版社2014年版。

以中国生鲜乳的主要产区内蒙古自治区为例。内蒙古是伊利、蒙牛两大乳品企业的原料乳供应地，基本垄断着内蒙古区域的原料乳市场。两大企业的买方垄断势力主要体现在以下三个方面：第一，原料乳的定价权。由于没有其他乳品企业展开原料乳收购业务，在伊利和蒙牛划定的势力范围内，养殖户没有其他选择，只能将原料乳售与伊利或者是蒙牛，且售价由乳企据乳制品终端市场的需求状况及其他因素（例如自然灾害、进口贸易、季节变动等）综合确定，养殖户缺乏讨价还价能力。在2013年奶荒期间，在全国上演抢奶大战，生鲜乳价格飞速上涨时，由于伊利和蒙牛对生鲜乳市场的价格控制，呼和浩特市生鲜乳价格维持稳定不变（当时引致大量养殖户从内蒙古转战河北等地的情形，部分其他地区的乳企来内蒙古偷偷收奶，当然，其他地区来内蒙古争抢奶源是不受鼓励的，呼和浩特市在2013年11月还专门开展加强监管活动，严把收奶关口，强调生鲜乳收购站和运输要100%的列入监管范围），一直到2014年春季，全国市场上生鲜乳的价格已经显示出下跌趋势，呼和浩特市才在政府的协调下每公斤牛奶的协议收购价从3.15元上涨到3.45元，达到养殖户的盈亏平衡点。① 第二，配套产品的售卖。为加强管理，保证质量，乳企不仅全面监控挤奶过程，售卖挤奶耗材，还要求养殖户统一购进饲料、兽药，并将此费用从养殖户的奶款里直接扣除。部分养殖户反映从乳企购买的商品价格

---

① 资料来源：课题组调研当时农户获得。

不占优势，而且有时候效果不好，但只要卖奶给乳企，这些交易就得进行。第三，争议的处理。一旦养殖户和乳企就原料乳的质量监测结果发生争议，尽管养殖户可以要求第三方监测中心介入，但在第三方监测机制很不健全的客观情况下，养殖户为了保持和乳企的良好合作关系，一般接受乳企的惩罚措施（拒收、罚款）等，特别是在奶价低迷的时候更是如此。

（四）"引进来、走出去"，大型乳企在国际商场重新布局

在开放的经济条件下，国内外乳企在全球市场范围内展开竞争与合作。中国的奶产业在尚未发展成熟的时候，就已经被迫参与国际竞争，在全球的奶产业链分工中寻找自己的定位。国外乳企看到中国的市场潜力，以乳制品进口、投资建厂以及建立牧场的方式进入中国，同时，国内的优质乳企也以购买牧场，建立海外生产线等方式进行国际化的布局。

1. 国外乳企的"走进来"

从 20 世纪 80 年代中期开始，国外乳企看好中国乳制品市场的巨大潜力，陆续以各种方式进入中国，与中国国内乳企开展了深层次的竞争与合作。具体而言，国外乳企进入中国有五种方式：

（1）直接入资参股，或兴办乳品加工厂

20 世纪 80 年代中后期至 20 世纪末，法国达能，意大利帕玛拉特，荷兰菲仕兰，瑞士雀巢，美国卡夫、多美兹、美赞臣、惠氏，日本森永、明治，英国与荷兰联合利华，等等十余家外资公司以直接投资参股、直接投资办厂的形式进入中国乳品市场，在中国建立乳品生产基地和营销网络。但在当时国内各大乳品企业为争夺乳品市场纷纷开展价格战，外资企业不能很好地把握牛奶的销售渠道、消费者的消费习惯，产品定位产生错误，在争夺奶源方面也处于劣势，加之成本高昂，使得这些外资乳品企业淡出中国乳品市场。世界排名第四的乳业巨头达能集团于 1994 年与光明乳业合资建立上海酸奶及保鲜乳两个项目，达能占 45.2% 的股份，由于对中国乳品市场缺乏了解，几年后达能集团将乳业管理权与品牌使用权交予光明乳业。2002 年 4 月，雀巢集团出资 3900 万元拥有云南蝶泉乳品公司 80% 以上的股权，收购蝶泉公司净资产 4900 万元，欲占领西南奶源基地，但终以职工就业安置、标的太少等原因失败。同样，位于世界十大乳企之列的美国卡夫集团最终将股权卖给三元集团，这个品牌在中国市场彻底消失。总投资为 1500 万美元的意大利与南京奶业集团合资新建的帕玛拉特（南京）乳品有限公司成立仅一年半即陷入进退两难境地，而帕玛拉特设在中国黑龙

江的乳品厂也以五年期约租赁给伊利。2000—2004年，国际乳业巨头卡夫、帕玛拉特、菲仕兰及联合利华先后宣布投资经营失败，决定退出中国市场。

（2）利用金融资本参股国内乳企

2005年7月，完达山乳业公司与Rach keen公司及统一中国投资公司签署合作协议，两家公司共认购"完达山"50%的股权，认购总金额达10亿元人民币。美国乳业巨头Land O'Lake则通过参股的方式与黑龙江北亚乳业合资建成年生产能力达3000吨的奶酪项目。2005年8月，蒙牛集团和世界第二大乳业巨头丹麦阿拉·福兹公司签署合资协议，组建一家婴幼儿奶粉生产企业。2006年12月，蒙牛又与达能组建合资公司，达能持股49%，总投资8亿元人民币，这是中国酸奶行业最大的国际合作项目。同时，蒙牛与澳大利亚养殖企业合资将澳大利亚的奶牛、牧场设备、养殖技术直接引进中国，在呼和浩特建设了万头奶牛养殖示范牧场，投资达到5000万美元。2005年12月1日，石家庄三鹿集团与新西兰恒天然集团联合宣布双方关于成立一家合资企业达成协议，恒天然集团认购石家庄三鹿集团43%的股份，注资额为8.64亿元人民币（约合1.07亿美元），并考虑在中国参与建设高标准的原料奶基地。外资乳企为避免与中国乳品企业直接对抗，不再直接建厂，选择了与中国本土企业合作，从产业经营转变为资本经营，利用自己雄厚的资本控制、兼并、整合中国乳品企业，充分发挥了中国本土企业熟悉国情和外资乳企资本雄厚的联合优势。[①]

但是，中国乳品市场的复杂性远远超出了国外乳企的想象，以这种进入方式进入的国外乳企对中国乳品市场的影响也十分有限。例如，蒙牛阿拉奶粉的市场份额远远不能与伊利、飞鹤等国产品牌相比，多美滋、美赞臣等进口品牌更是望尘莫及；"三聚氰胺事件"发生后，恒天然在三鹿近9亿元人民币的投资几乎化为乌有。

（3）建立专注于婴幼儿奶粉生产的乳品加工厂

从1993年起，为了争夺国内巨大的婴幼儿奶粉的销售市场，美赞臣、

①　该规划将中国奶业发展中的问题概括为五个方面：一是养殖方式落后。小规模散养户仍是生鲜乳生产的主体。二是乳品质量安全监管依然薄弱。三是乳制品市场秩序不规范。一些乳制品企业缺乏稳定的奶源基地，淡季压价、旺季争抢奶源的现象时有发生；部分乳制品企业为抢市场打价格战和广告战，炒作概念，不落实复原乳标识制度，误导消费者。四是原料奶定价机制不合理。奶农组织化程度低，乳制品企业单方面决定生鲜乳价格，奶农利益难以保证。五是消费市场培育滞后。

多美滋等国际品牌纷纷在国内设立营养品工厂，专注于婴幼儿奶粉的生产。例如，1993 年，美赞臣就在广州建厂。同一时期，雀巢在双城、天津分别建厂，多美滋也在上海建厂。惠氏投资 20 亿元人民币在江苏省苏州工业园区建造一个具有国际先进水平的营养品工厂，并于 2010 年底投入生产。雅培 2009 年在广州开发区耗资 2 亿元投建了一间营养品工厂，并宣布投资 2.3 亿美元用于位于浙江嘉兴的新建现代化营养品制造厂，该厂已于 2013 年底投入生产。

与前述两种进入方式的惨淡效果不同，"三聚氰胺事件"使消费者对于国产奶粉的消费者信心大幅度下挫，以"进口奶源"为特色的国外乳企在中国婴幼儿奶粉市场中大获成功。由表 3.7 可以看出，2012 年，美赞臣、多美滋、惠氏和雅培四家国外乳企占据了婴幼儿奶粉 41.9% 左右的市场份额；2013 年，尽管经历了恒天然的"肉毒杆菌"事件及发改委对乳企的反垄断调查，四大乳企依然占据了 38.6% 的市场份额。可以预期，在婴幼儿奶粉未来的市场竞争中，国外乳企将继续保持较高的市场份额。

表 3.7　　　　　　　　　　　国外婴幼儿奶粉品牌市场份额

	2012 年			2013 年	
品牌	市场份额（%）	名次	品牌	市场份额（%）	名次
美赞臣	12.2	1	美赞臣	12.1	2
多美滋	11.5	2	多美滋	7.5	4
惠氏	10.8	3	惠氏	12.2	1
雅培	7.4	5	雅培	6.8	6
合计	41.9			38.6	

资料来源：A. C. 尼尔森：《中国婴幼儿奶粉市场报告》，2012 年，2013 年。

（4）通过乳制品贸易进入中国市场

在婴幼儿奶粉的市场竞争中，一部分国外乳企根据消费者对国外奶源及生产工艺的青睐，采取"原装进口"的方式将产品推向中国国内市场。相对于进口奶源，国内加工，"原装进口"方式杜绝了国内加工可能存在的二次污染，产品质量安全程度更高。因此，部分乳企通过在国内建立代理商的方式进入中国，例如 2009 年初，荷兰皇家菲仕兰坎皮纳乳品有限公司在中国成立了分公司，推广"美素佳儿"品牌；新西兰 Nutricia 旗下的可瑞康也通过代理商在国内进行网络销售。得益于"原装进口"的金字招牌，以此方式进入中国市场的乳企也取得了较高的市场份额。

（5）建立规模化牧场，兴建国内奶源

新西兰恒天然集团另辟蹊径，从 2007 年开始在中国设立规模化牧场，旨在进军中国的液态奶市场。恒天然计划到 2020 年，在中国拥有 30 个自有牧场，完成在中国的一个整合的乳业供应链。但是，由于国内养殖环节的劳动力、土地、饲料成本不断上涨，而恒天然国内牧场在原料乳质量、销售渠道方面并不占据绝对优势，因此，其兴建规模化牧场决策的成效有待进一步观察。

2. 国内乳企的"走出去"

国内乳企在"三聚氰胺事件"后，丢失了大部分婴幼儿奶粉的市场份额。同时，在国内"奶荒"频发，饲料、劳动力、检测成本不断提高，国内的低价奶源已经不复存在。为了重塑消费者信心，也为了降低生产成本，大约从 2010 年开始，国内乳业开始进行国际化布局。

2010 年 7 月，光明乳业以 3.82 亿元人民币收购新西兰 Synlait Milk 51％的股权，成为中国乳业首桩海外并购案。2011 年 9 月，澳优乳业与荷兰乳业投资公司 DDI 签订协议，全资收购荷兰海普诺凯（Hyproca）全部股份，并将公司改名为澳优海普诺凯乳业集团。圣元国际集团 2012 年 9 月在法国布列塔尼区投资约 7 亿元人民币，建立一座年产能达 10 万吨的现代化婴儿奶粉工厂。2013 年 11 月 13 日，伊利集团与意大利最大的乳品生产商斯嘉达公司（Sterilgarda Alimenti S. p. A.）在上海宣布正式达成战略合作。据悉合作内容将涉及奶源、生产及技术等多个方面。这不仅是目前为止中意乳业最大的一单合作，同时，这次合作也被视为中国乳企全面进军欧洲的重要标志。伊利 2014 年 11 月与美国 DFA 公司（Dairy Farmers of America Inc）正式签约，将在美国堪萨斯州合资建设年产 8 万吨奶粉的全球样板工厂，2014 年 11 月 25 日，伊利股份在新西兰工厂（大洋洲乳业）一期年产 4.7 万吨奶粉原料粉产品线正式投产。加上其新公布的 20 亿元投资计划，伊利股份在新西兰的投资额已超过 30 亿元，至此完成了在大洋洲、欧洲、美国三大顶尖级奶源地的战略化布局。雅士利在新西兰的工厂预计在 2014 年下半年落成投产，年产能约为 5.2 万吨，主要生产婴幼儿配方奶粉成品及半成品。

由于国内乳企的国际化布局时间较短，且大部分海外公司的项目还在建设中或刚投入生产，对国内乳制品市场特别是对婴幼儿奶粉市场的影响才初步显现。但可以预期，以"原装进口"形式推向市场的婴幼儿奶粉将更多地涌现国内品牌的身影，婴幼儿奶粉市场的竞争将更加剧烈。

三　奶产业链组织纵向一体化

"三聚氰胺事件"以后，中国的奶产业链组织模式发生了明显的变化，归纳起来分为三步，首先是"奶站内部化模式"，其次是养殖、加工纵向一体化，最后是乳品加工企业成为乳业产业链重组的核心。

（一）奶站内部化

"三聚氰胺事件"中，机会主义行为的多发区在奶站。因此，随后的治理整顿中，政府首先清理和整顿奶站和流动奶贩。2008 年发布的《奶业整顿和振兴规划纲要》，提出"只有取得工商登记的乳制品生产企业、奶畜养殖场、奶农专业生产合作社，才有资格开办奶站，奶站应当依法取得生鲜乳收购许可证。"其实质是推进"奶农、奶站""乳企、奶站"的一体化，试图通过减少环节来更好地保障生鲜乳质量。2008 年 11 月，农业部颁布的《生鲜乳生产收购管理办法》，进一步确认只有乳制品生产企业、奶畜养殖场、奶农专业生产合作社才可以开办奶站，这样，实质上排除了纯中介性质的奶站，将奶站环节一体化到养殖或加工企业。具体又分为以下两种模式：

1. "乳企 + 自建奶站 + 奶农"模式

一些乳企为了稳定和控制奶源，在散养比较普遍的地区（例如内蒙古、新疆等地）建立了一批公司自己的奶站，用来收购奶牛的生鲜乳。课题组在内蒙古土默特左旗调研了一个这种性质的奶站。该地有奶牛散养传统，由于散养对环境的影响很大，在当地政府的主导下，当地的散养奶牛集中搬迁到一起圈养。采取的是前院养牛、后面的生活用房供人居住的养殖方式。这仍然是一种集中散养模式，除了不再影响不养牛邻居的生活环境外，其余并没有发生变化，甚至家庭养牛的规模也被庭院的大小限制住了。伊利公司在此地设立了奶站，负责每日收购奶农的牛奶。奶农按时将奶牛赶到挤奶厅，集中机械化挤奶、冷藏、运输，通过分户留样制度对奶农的牛奶质量进行追溯。在这种模式中，一般乳企与奶农签订收购合同，规定生鲜乳的质量标准和最低保护价格，奶农按合同生产，乳企按合同收购，并提供一定的技术服务和资金支持。乳企在整个供应链中处于优势和支配地位，为了降低在市场购买原料乳的市场交易成本和规避原料乳供应风险，通过规范化的购销合同的约束，与奶农建立利益相对稳定的购销关系，奶农和乳企形成了一定的利润共享和风险共担机制。但是，奶农和乳企之间的利益目标仍然是有冲突的，同时，乳企还面临与自建奶站的员工之间的委托代理问题和员工激励问题以及其他的经营成本问题。

2. "乳企+养殖小区（合作社）+奶农"模式

奶农和养殖小区、乳企和养殖小区之间是长期的合同关系，养殖小区与奶农和乳企之间分别签订购销合同。根据经营模式的不同，养殖小区模式可以细分为以下六种：（1）乳企投资建设养殖小区模式，即乳品企业单方投资于养殖小区的基础设施及挤奶厅建设，并由其专门派设机构经营管理养殖小区。（2）完全由政府投资建设，并租给奶农使用的养殖小区，投入资金大，管理较为困难，此类养殖小区的数量较少。例如村集体投资建设养殖小区模式，即村集体投资于养殖小区的基础设施，并且委派村干部管理本村养殖小区，通过收取相关服务费用来维持小区的正常运转。（3）政府提供建设资金和场地，奶农自行建设，即政府扶持建设养殖小区模式。（4）政府、奶农和乳企共同投资建设的，即由政府出土地和基础设施，奶农自建牛舍和住房，乳企在养殖小区内自建奶站，此类养殖小区的数量也较少，多出现在城郊的村中，目的是将散养户集中在一起，避免村落环境的污染，黑龙江和内蒙古的一些养殖小区采取的都是这种运行模式。（5）奶业合作社投资兴建的养殖小区模式，即农民专业合作社通过内部协调，会员共同按比例出资兴办养殖小区，建成后，合作社农户将奶牛牵至养殖小区内集中喂养、挤奶，并以合作社整体与乳品企业签订牛奶收购合同，共同定价，统产统销。（6）农村能人（包括私人奶站负责人）/养殖大户投资兴建养殖小区模式。

在上述模式中，第六种模式最为普遍。小区业主进行基础设施投资，购买挤奶设备和运输设施，奶农免费使用小区的养殖设施，同时养殖小区向奶农提供必要的服务，例如，统一提供饲料、兽药、配种、防疫、挤奶、运输等，奶农有向小区交售牛奶的义务。多数小区不收奶农租金，小区的运转费用以及小区业主的利润来自牛奶交售差价。一般情况下，生鲜乳价格上涨，业主所拿的差价就会提高，反之则会减少。在这种模式中，奶农、小区和乳企是互相需要的，一些乳企派遣驻站员对生鲜乳质量进行监督，督促小区改善生产环境，改进生产流程。乳企还会通过提供贷款担保的形式帮助养殖小区融资，指导养殖小区改进养殖技术，改善生鲜乳品质。然而，三者之间的利益仍然是对立的，三者之间经常因为价格和质量问题关系紧张。

值得注意的是，目前，大多数号称合作社建立的养殖小区和私人建立的养殖小区没有本质差别。散养的奶农规模小、实力弱，再加上"集体行动的困难"，奶农在所谓的"合作社"不入股，不分红，不参与管理，并不是真正的合作社，多数自称"合作社"的养殖小区与其他的养殖小区没有差别。

（二）养殖、加工纵向一体化

从《奶业整顿和振兴纲要》开始，中国政府就开始鼓励乳制品生产企业通过订单收购、建立风险基金、返还利润、参股入股等多种形式，与奶农结成稳定的产销关系、形成紧密的利益联结机制。《纲要》要求，2011 年底，乳制品生产企业基地自产生鲜乳与加工能力的比例要达到70％以上。从这个角度看，奶站内部化也是养殖、加工纵向一体化的前奏。之后的《乳制品工业产业政策（2009 年修订）》中国乳制品工业协会把自有奶源基地建设，列入行业升级改造的主要内容。提出"支持乳制品加工企业加强自有奶源基地建设，鼓励自建、参股建设规模化奶牛场、奶牛养殖小区"。要求"新建乳制品加工项目的奶源基地自产生鲜乳数量不低于加工能力的 40％，改（扩）建项目不低于原有加工能力的75％"。2013 年，国务院发布《推动婴幼儿配方乳粉企业兼并重组工作方案》，规定："以生鲜乳为主要原料生产婴幼儿配方乳粉，且所用奶源全部来自企业自建自控奶源基地"，并逐步做到生牛乳来自企业全资或控股建设的养殖场①。显然将产业链纵向一体化当作解决乳制品质量安全问题的主要思路之一。

从实践看，乳企"自有奶源"可以分为两种：一是通过长期合约与现有的养殖场建立稳定的长期关系，可以概括为"乳企＋各类非乳企投资的养殖场"；二是直接投资建设自己的奶牛养殖场，可以概括为"乳企＋直接投资牧场"。

在治理整顿初期，乳企直接投资的牧场尚在起步阶段，自控奶源主要来自"乳企＋各类非乳企投资的养殖场"。乳企和这类养殖场的关系一般依靠较长期的合约维系，对于建立长期关系的牧场，乳企通过以下几种方

---

① 自"自有奶源"概念提出以来，业界对其没有明确定义，实践中，自建奶源和合同控制的奶源似乎都被看作自有奶源，《推动婴幼儿配方乳粉企业兼并重组工作方案》进一步将其明确为"自建自控奶源""自建奶源"没有异议，但"自控奶源"仍不明确，可以肯定的是，自控应当是比单纯的合同买卖更紧密的关系，但在紧密和松散之间弹性很大。

式维系与其较紧密的关系：（1）长期合约，一般三到五年。乳企为保证合约执行，一般会滞留养殖场的交奶款一到两个月。（2）派遣驻站员监督挤奶、运输以及指导生产。①（3）为合作较好的养殖场提供融资担保，促进养殖场采用更先进的设备和养殖技术。（4）对采用先进养殖技术的养殖场的生鲜乳给予较高的收购价。例如，在行唐县，采用分群饲喂和TMR全日粮技术的奶牛场的生鲜乳会比市价高0.2元/公斤。（5）如无特殊情况（如质量不合格、市场价格波动幅度过大等），优先收购这些养殖场的生鲜乳。但是，"建立风险基金、返还利润、参股入股"等形式并不多见。

　　"乳企＋直接投资牧场"是完全一体化，紧密化程度最高。乳企与"基地"不再是合同关系，而是科层管理关系。"基地"成为乳企的生产车间，仅仅负责按照乳企的要求饲养奶牛，产品在企业内部调拨，不用考虑其他问题。乳企的自建奶源基地的规模一般较大，为1000—5000头，也有5000—10000头，甚至10000头以上的。由于养殖规模大，起点高，乳企自建的奶源基地一般按照牛群生产性能进行分群分区饲养，从牛场设计规划、饲喂、挤奶、防疫、配种等统一进行科学化管理，实行"统一饲料、统一配种、统一防疫、统一挤奶"。由于这种组织模式对资金实力、土地资源有很高的要求，在2008年"三聚氰胺事件"发生前，中国2000多家乳企中拥有自有奶源的乳企还不足总数的10%。但之后乳企自建牧场成为流行的趋势，特别是"万头牧场"的建设热潮成为中国一大特色。蒙牛、现代牧业、伊利、三元、辉山、飞鹤、完达山等这些大企业都是万头牧场的追捧者和实施者。2013年5月，蒙牛乳业公告称，以每股2.45港币收购现代牧业26.92%股份，总价约31.78亿港币，成为现代牧业单一最大股东及主要股东。2012年12月21日，伊利股份发布公告，截至2012年12月31日，公司投资了10个"现代牧业"项目，其中奶牛数在3000头的项目有4个，5000头的项目有5个，其中"黑龙江肇东一期9000头现代农业科技示范园区项目"规模最大，总规划将达到1.2万头，项目总投资高达3.31亿元。辉山牧业号称是国内唯一一家实现奶源全部来自规模化自营牧场的大型乳制品企业，到2015年，有超过18万

---

　　①　在"三聚氰胺事件"发生初期，驻站员是各奶站标配，由于费用高昂以及实际发挥的作用不显著，近几年逐步减少。

头纯种进口奶牛、69 座规模化自营牧场。① 可以说辉山乳业是中国"全产业链发展模式"的代表。

（三）乳品加工企业成为乳业产业链重组的核心

早在 2007 年发布的《国务院关于促进奶业持续健康发展的意见》就提出："大力发展以奶农为基础、基地为依托、企业为龙头的奶业产业化经营方式，形成奶业产业链各个环节相互促进、共同发展的格局。鼓励乳品加工企业通过订单收购、建立风险基金、返还利润、参股入股等多种形式，与奶农结成稳定的产销关系和紧密的利益联结机制，更好地发挥企业的龙头带动作用。积极扶持奶农合作社、奶牛协会等农民专业合作组织的发展，使其在维护奶农利益、协商原料奶收购价格、为奶农提供服务等方面充分发挥作用。"可以看到，虽然奶农是基础，基地是依托，但是企业才是龙头；鼓励企业与奶农结成稳定的产销关系和紧密的利益联结机制，但是"订单收购、建立风险基金、返还利润、参股入股"都是由企业发动的，是从企业到农户的单向传递；奶农合作社、奶牛协会等农民组织也仅仅是在协商原料奶收购价格、为奶农提供服务等方面发挥作用，未提及向产业链的其他环节延伸。

2009 年发布的《乳制品工业产业政策（2009 年修订）》，除第三十条再次强调"鼓励乳制品加工企业通过订单收购、建立风险基金、返还利润、参股入股等多种形式，与奶农结成稳定的产销关系和紧密的利益联结机制"外，第三十一条提出，"支持乳制品加工企业加强自有奶源基地建设，鼓励自建、参股建设规模化奶牛场、奶牛养殖小区。鼓励乳制品加工企业按照区划布局，自行建设生鲜乳收购站或者收购原有生鲜乳收购站。鼓励乳制品加工企业和其他相关生产经营者为奶畜养殖者提供所需的服务"。以乳制品加工企业为核心构建奶产业链的意图非常明显。

同时，《乳制品工业产业政策（2009 年修订）》制定了非常严格的乳品加工市场准入条件，包括：进入乳制品工业的出资人必须具有稳定可控的奶源基地，经济实力和抗风险能力强，现有净资产不得低于拟建乳制品项目所需资本金的 2 倍，总资产不得低于拟建项目所需总投资的 3 倍，资产负债率不得高于 70%，连续 3 年盈利；省级或省级以上金融机构评定的贷款信用等级须达到 AA 级以上；强调乳制品工业的起始规模，在大部

---

① 资料来源：辉山乳业官网，http：//www.huishandairy.com/CN/Web/AboutHS/？Class=1。

分牛奶产区，新建和改（扩）建乳粉项目日处理生鲜乳能力（两班）须达到 300 吨及以上；新建液态乳项目日处理生鲜乳能力（两班）须达到 500 吨及以上，改（扩）建液态乳项目日处理生鲜乳能力（两班）须达到 300 吨及以上。新建乳制品加工项目与周围已有乳制品加工企业距离北方地区在 100 公里以上，南方地区在 60 公里以上。同时，对工艺与装备、产品质量、能耗及水耗、环境卫生与保护、安全和社会责任进行要求。严格的市场准入条件限制了新企业进入该行业的可能性，巩固了在位企业的市场势力，使奶业合作社进入加工领域的难度加大。

2010 年国家质检总局正式公布《企业生产婴幼儿配方乳粉许可条件审查细则（2010 版）》和《企业生产乳制品许可条件审查细则（2010 版）》，要求目前所有已获乳制品及婴幼儿配方乳粉生产许可的企业，2010 年底前须重新申请生产许可，许可机关要重新进行审查。截止到 2011 年 3 月 31 日，全国 1176 家奶业企业中，有 643 家企业通过了生产许可重新审核，将近一半的乳品加工企业因没有拿到乳制品生产许可证而被淘汰出市场。新的政策对于大型乳企来说，是一个规模扩张的好时机。《乳制品工业产业政策》鼓励国内企业通过资产重组、兼并收购、强强联合等方式，加快集团化、集约化进程。随着中国大型奶业乳业集团实力的不断增强，行业专家普遍预计未来 10 年将有 30% 到 40% 的中小奶业企业被兼并，行业资本将会得到重组，行业集中度将有一个大的提高。

上述政策不仅将资源配置向乳品加工企业倾斜，而且提高了市场进入门槛，将奶农自产自销的途径堵死，进一步成就了乳品加工企业在产业链条上的绝对话语权。

以大型乳品加工企业为核心主要有政治和经济两方面的原因。首先，在政治上，维持乳制品的基本安全，防止出现大的质量安全事故是政府管理部门的行动目标。如果养殖户组建小型乳品加工企业和消费者直接对接，乳制品的质量安全风险将大幅提高，政府监管的工作量无疑会大大增加，甚至有可能导致质量安全管理全面失控。在"三聚氰胺事件"的阴影下，政府不能再承受大规模的乳品质量安全事故带来的政治成本。由此，在养殖户和消费者中间增加乳品加工企业这个中间方，由其对养殖户的原料乳质量进行把关，对其销售的乳品负责，带来的好处是显而易见的。特殊的发展背景导致了政府对于大型乳品加工企业的特殊偏好。其次，在经济上，由于奶牛养殖的特殊性，养殖户的生产经营极其分散，如果对养殖户进行直接管理，需要相关政府管理部门付出可观的管理成本；考虑到各养殖户均与乳企有着密切联系，由乳企承担对养殖户的大部分管理职能，实现政府管理乳企，乳企管理养殖户的管理链条对于政府而言，不失为一种成本较低的理想选择。

第四节　中国奶产业链的专业化分工和纵向一体化——争论和共识

"三聚氰胺事件"后，专家学者对于中国奶产业链组织模式的特点、弊端及改进方法进行了广泛和深入的研究。大部分学者对于目前中国奶产业链组织模式的特点及弊端分析得较为透彻，也存在着一定的共识。但是，在如何改进中国奶产业链组织模式以保障食品安全方面，依然存在着较大的争议。

一　共识——扭曲的产业链利益联结机制是乳品质量安全事故频发的重要原因

张利庠（2010）指出，中国乳业诸多深层次问题的原因在于奶产业链利益联结机制存在环节和主体上的双重扭曲。首先，从环节上看，消费环节过度竞争，价格战和广告战诱导非理性消费；生产环节设备落后、产能过剩、产品同质化严重；奶牛养殖环节分散养殖、原料奶质量堪忧；奶站环节唯利是图、变相压价。其次，从主体上看，超市和物流占据不合理的大部分利润，店大欺客；乳品企业追求规模效应和品牌溢价；奶站通过信息不对称谋取非法利润；奶农总是处于奶价高时缺牛、奶价低时杀牛的恶性循环中；消费者的非理性消费促使奶业存在浮夸风气。侯茂章（2010）也陈述了相同的观点，乳品加工环节与奶源环节之间还没有真正建立起风险共担、利益共享的产业一体化机制，奶农利益缺乏保证。因此。这种没有兼顾产业链上下游利益的松散型合作机制很容易造成原料奶生产的周期性波动，进而增大了质量安全风险。杨伟民、胡定寰（2010）进一步强调，加工企业与奶农之间没有一体化关系，只是市场买卖关系。由于目标方向不同，供应链上的企业往往会从自身利益出发来考虑问题，形成所谓的目标的不相容性。这种关系导致企业与奶农相互争夺利益，且随着规模扩大，集中程度愈高的企业愈拥有谈判力量。同时，他们也指出，流通渠道压价销售，企业无法反哺奶农也是奶农机会主义行为产生的原因。

综上所述，在以"散养奶农＋奶站＋乳品加工企业"为代表的产业链条中，各个经济主体缺乏内在的利益联结，各自为政，以邻为壑。一方面，乳品加工企业依靠自身在奶产业链上的垄断势力向奶农转嫁市场风险（体现为在市场需求旺盛时不顾原料奶质量发动奶源大战，在淡季则对奶农压级压价）；另一方面，只要产品能够销售出去，奶农和奶站并不介意自己生鲜乳的安全和品质，在信息不对称和监管不力的条件下，必然导致逆选择和道德风险问题。

二　争论——什么样的奶产业链模式最能保证乳制品的质量安全？

尽管学者对于中国现行的奶产业链模式的特点及弊端有一定的共识，但中国是否应进行奶产业链组织模式的根本性变革？如果需要变革，未来应该发展何种模式的奶产业链以保障乳制品的质量安全？国内学者对此展开了激烈的争论。

（一）奶农散养是技术落后和质量隐患的根源吗？

主流观点认为，奶牛散养饲养环境差、养殖规模小、生产水平低、疫病难以防控、环境污染严重。特别是难以引入和推广先进的技术，牛奶质量难以监控，不能适应消费者日益觉醒的质量意识，导致生鲜乳质量实际上不可控。因此，未来散养逐步退出中国的养殖业是必然。

然而，奶农散养也并非一无是处。（1）三鹿首创的"奶牛下乡，牛奶进城"推进了养殖业的分工和专业化，在此基础上，中国乳业实现了20多年的快速增长。（2）奶农散养可以扩大农村剩余劳动力的就业渠道，增加了农民的收入；充分利用当地的秸秆饲料资源和粮食加工副产品，养殖的成本较低，养殖风险小，效益可观，对低质粗饲料资源的利用好于规模化奶牛饲养（张永根等，2009）。（3）养殖模式要与自然环境、经济发展现状及养牛的历史等相适应。中国疆域广阔，新疆、西藏和云南大理有很多边远的少数民族地区，养牛、养鱼是当地农民一项重要的生产资料。大理白族地区主要是山地，人均耕地面积很小，养奶牛对于农民来说是非常重要的经济来源，而且奶牛养殖业是当地的传统，已有600多年的历史。大理地区总共有6万头奶牛，3万户农户，平均每家养两头牛，而且90%以上都是手工挤奶，但是养奶牛的收入基本上是占农民年收入的

60%以上（李胜利，2010）。（4）散养奶牛产的奶不一定就是质量不好、不安全的奶，关键还在于管理控制。集中挤奶和有效的社会化服务都是解决牛奶质量安全的好办法。例如雀巢公司在双城的奶源大部分是散户奶农，但是牛奶的质量却很有保证，原因在于雀巢公司的质量安全意识很强，服务到位。钟真等（2010）的经验研究发现，家庭式散养模式反而提高了生鲜乳安全水平，只是不利于生鲜乳品质的改善，盲目地排挤甚至取消小规模散养可能会得不偿失。

尽管理论上讲，奶牛散养并非一无是处，但从实践看，"三聚氰胺事件"后，在国际、国内的双重夹击下，散养奶农加速退出。根据《2015中国奶业统计资料》，从2009年到2013年，中国1—4头的散养户从179.61万户下降到了142.56万户，5—19头的散养户从50.64万户下降到了38.68万户。其奶牛存栏量的占比从57.42%下降到43.02%。今后，奶牛散养的处境将非常艰难。

（二）规模养殖的主导模式是什么？——学界和实践的分歧

前文提到，当前中国主要的规模养殖模式有四种，即养殖小区、规模牧场、超大型现代牧场和家庭牧场。

1. 养殖小区。奶牛养殖小区是当前主流的规模养殖模式，在"三聚氰胺事件"后，各地政府加速推进"散养入区"行动，兴建养殖小区。养殖小区的主要投资者包括原中介性质的奶站、养殖大户和部分新进入的工商资本，是统一建设的适度规模的集约化养殖场所，通过集中建设房舍把分散的奶牛养殖户集中起来进行管理，以赚取场地费用或管理费用为立足点，投资者与经营者主体不完全相同，是中国特有的奶牛养殖模式，奶牛养殖小区的组织特色可概括为"四统一分"：一是统一规划，对小区的布局、选址、规模和设施等进行统筹规划和建设，为养殖户提供牛舍和运动场，为奶牛饲养创造较好的环境；二是统一挤奶，就是在"小区"内建立公共机械挤奶厅，实行集中挤奶，变手工挤奶为机械化挤奶；三是统一售奶，由小区的管理者代表奶农将生鲜乳集中售给乳企，价格相对较高且稳定，通过契约的方式，与乳企建立稳定的购销关系；四是统一服务，对小区的科学饲养、奶牛品种改良（冻精配种技术）、疫病防治、饲料配制、饲料选购、饲料供给、饲养管理技术和担保贷款等方面提供系列化服务；"一分"，是养殖户独立出资购买奶牛，分户单独饲养，独立经营。

赞成者如李易方（2003）认为养殖小区是由庭院经济走向规模化经营的一个历史性转变，有利于科技含量提升，提高奶农的收入水平，等等。王树贵（2005）持类似的观点。然而，反对的声音也不绝于耳。刘国民（2005）提出养殖小区可能的缺陷，包括防疫方面风险太大；小区内养殖户之间差异大，小区很难持续发展；忽视了农户生产和经营的独立性；等等。并将奶牛养殖小区称为"形象工程、害农工程"。

经过十多年的实践发现，刘国民（2005）提出的问题不同程度存在：由于进入小区奶农较多，思想难以统一，利益协调困难，绝大多数养殖小区奶牛还是分户饲养，不能实现奶牛集中分群饲喂，养殖小区追求的"四统一"，除了统一挤奶，其他的难以实现。养殖小区虽然较好地解决了兽药残留以及生鲜乳中的非法添加问题，但是分散投入、联合产出易产生"搭便车"问题，导致养殖小区与奶农均不愿为基础设施建设和技术引进投资，一些先进的饲喂技术——例如品种改良、生产性能测定、统一防疫、治病、分群饲喂和 TMR 全日粮饲喂技术等——难以引进；另外，没有激励兼容机制，无论是养殖小区还是奶农都不愿意单方面为养殖小区的基础建设投资，小区只能因陋就简，日渐凋敝，环境问题依然突出。由于奶农各自为政，再加上许多养殖小区中，奶农和小区业主关系紧张，奶农进入或退出小区的情况时有发生，造成养殖规模不稳定。由于集中养殖的预期目标并未实现，有专家称之为"集中散养"。

2. 规模牧场。鉴于养殖小区的缺陷是根本性的，因此，政府鼓励奶牛养殖小区通过买断、托管、控股、入股等方式向规模牧场模式转变。[①]规模牧场是由工商资本主导的以雇工为主要劳动力的养殖模式，由奶牛统一管理代替分户饲养模式，奶牛存栏量较大（例如河北省石家庄市多数规模牧场存栏量在 500—1000 头），是一种更加现代化的生产模式。由养殖小区改制后的规模牧场产权清晰，利益与责任更加统一，有利于规模牧场的基础设施投资、技术引进和统一管理，生鲜乳的质量和品质得以改善，奶牛产奶量上升。

---

① 例如石家庄市畜牧水产部门在 2013 年就提出鼓励奶牛养殖小区通过买断、控股、入股等方式向规模养殖场转型，力争三年内实现 40％的奶牛养殖小区过渡到牧场模式（五个奶站以下的县市区不少于一个），当年实现 15％。暂不具备转型条件的小区采取"四统二分"的养殖模式（统一配种、统一防疫、统一饲养、统一挤奶、分牛计量、分户核算），变各持产权"集中式散养"为各持产权"集中式统一饲养"。

　　调研发现，规模牧场的基础设施投资改善明显，科学饲养方面也有明显改进。然而，现有的规模牧场以工商资本控制为基本特征，很多场主没有养牛经验，多为雇工经营，原有的养殖者或者退出养殖业，或者成为养殖场工人。由于养牛是精细化劳动，需要特别的爱心与责任心，但对养牛工人的劳动监督非常困难，导致牧场管理出现一些问题。

　　3. 超大规模现代化牧场。在鼓励乳企自建奶源以及政府大规模偏好的引导下，中国兴起超大规模现代化牧场建设热潮，甚至出现不少万头牧场。超大规模牧场建设投资大、起点高，设施先进、奶牛品种好、科学饲喂，聘用专业的管理人员，牛奶品质有较为明显的提升。然而，与业界对超大型牧场的追捧相对照，专家对超大型牧场特别是万头牧场的建设一直持保留态度。理由包括：饲料运输半径大，成本高；人才匮乏，难以找到合适的管理者和劳动者；疫病风险隐患很大；粪肥难以消纳，环境污染问题严重；等等。一些专家认为，单纯的"大"规模并不能与食品安全画等号，一旦出现问题，反而可能影响更大。此外，金融资本和社会资源盲目发展"万头牧场"集中，既造成了特大型奶牛牧场的规模不经济，又导致了广大中小奶农因为得不到应有的扶持和组织，纷纷放弃饲养奶牛导致"奶荒"。

　　4. 家庭牧场。目前中国还没有严格的家庭牧场的定义，李胜利等（2013）认为农民以家庭经营为基础，从事奶牛养殖；奶牛存栏量较高，应该有一定规模，全群存栏在20—200头奶牛，具有两个明显特征：一是种养结合的养殖方式；二是劳动力以家庭成员为主（允许雇用1—2名帮工）。住宅区应该与养殖区天然分开，具备一定的现代化养殖设施和设备，如牛舍、挤奶机、粪污堆放设施、青贮窖和饲喂设备，同时与周边的种植户有青贮饲料种植协议，保证粗饲料的供给和粪污的消纳。

　　家庭牧场与农户散养的区别在于其奶牛存栏量较高，农场主专业经营牧场，主要收入来自牧场；与规模牧场的区别在于是否雇用大量劳动力，规模牧场是以雇工为主要劳动力的牧场，家庭牧场是以家庭成员为主要劳动力的牧场。

　　"家庭牧场"经营模式在国外早已流行。例如，美国、荷兰、日本、加拿大、澳大利亚、新西兰包括拉美国家都以家庭牧场为主流的养殖模式。在中国，学术界对家庭牧场的优点赞赏有加，相当部分的学者都提出过要鼓励家庭牧场的发展（如肖知兴，2013；李胜利，2015；等等），这与各级政府和企业对家庭牧场的漠视形成了鲜明对比。

上述四种模式各有优缺点，哪一种或哪几种模式会成为未来中国奶牛养殖的主流模式，业界和学术界均存在很多争议。

（三）一体化是解决乳品质量安全的唯一方法吗？

大量研究成果认为，通过产业链的纵向一体化可以促进产业链各主体间的利益协调，进而更好地保证产品安全和促进产品品质的提高。然而，纵向一体化虽然可以更好地解决不同生产环节间主体的利益协调问题，可能有利于质量控制，但是，也会损失专业化分工的效率。实际上，在世界范围内，纵向一体化和纵向分离两个现象同时存在，根据传统定义，纵向一体化指企业将纵向链条中的业务活动从市场转为企业内部进行，纵向分离指企业将纵向链条中的业务活动从企业内部转为市场进行。纵向一体化和纵向分离的决定因素一直是学术界关心的热点问题。

郑方（2010）认为"小分工、大整合"是经济组织发展过程中分工与整合的趋势。分工之小表现在从产业分工到产品分工，再到产业链分工，甚至产业链某个环节的再分工，不断细化和深化。整合之大表现在从企业内整合到企业间整合，从产业内整合到产业间整合，从纵向整合到横向整合与混合整合，从实体整合到虚拟整合，从产权整合到契约整合，从国内整合到国际整合，范围更大、形式更多样、地域更广。与产业分工、整合的发展相对应，生产组织形式从纵向一体化向纵向分离以及准一体化、横向一体化转变，并通过全球范围产业链的构建，形成跨越国界的生产体系。随着企业之间联系的加强，"中间性组织"出现，市场、科层制企业、组织间协调的三分法代替了两分法的分析框架（Larsson，1993），企业边界逐渐模糊，实体边界和虚拟边界开始分离，虚拟边界大于实体边界，其程度取决于企业所处价值网络的大小和企业融入网络中的程度。郑方（2010）认为，企业的内外部存在着四种关系：行政关系、产权关系、契约关系、市场关系，行政关系和产权关系是在企业的所有权之下形成的，存在于企业的实体边界内，契约关系和市场关系是在企业的使用权之下形成的，"不求为我所有，但求为我所用"，不受企业内部资源的限制。用加法把企业做大是通过行政关系、产权关系形成母子公司体制，用减法把企业做大是通过契约关系、市场关系构建价值网络体系替代母子公司体制（李海舰，2009）。

产业外部环境（如产业政策、产业所处国家的文化氛围、发达程度等）、产业中的企业状况（如企业规模、战略导向、企业发展阶段等）、产业类别与特征均是影响产业纵向一体化（或产业分离）的重要影响因素，其中，产业类别与特征的影响最为明显，具体地，纵向一体化（或纵向分离）会受到产业生命周期、产业链条技术上的可分性、产业链附加值分布差异、产业进入壁垒、产业集聚程度等因素的影响。

与上述理论相对照，很难说纵向一体化（这里指传统的纵向一体化）是解决中国乳品质量的唯一途径。首先，纵向一体化并不是解决交易伙伴之间"敲竹杠"问题的唯一途径，设计良好的契约也可以较好地解决这一问题；其次，纵向一体化使企业丧失了原材料或零部件的竞争性供应者，加上产出的不可分割性导致对企业成员贡献进行有效度量的不可能性，使企业特别容易受到另一种机会主义——偷懒的伤害，要减少偷懒，一体化企业就必须付出更多的监督成本；最后，当企业的实体边界和虚拟边界逐渐分离，中间性组织在企业间整合中占据重要地位。"小分工、大整合"成为发展方向。

然而，乳业可能与其他产业不同，在全世界范围内，奶产业链的纵向一体化程度都是很高的。这可能是由于生鲜乳的易腐性导致交易的不确定性带来的机会主义行为损失巨大，以及乳制品的质量严格依赖于生鲜乳的质量有关。

何安华（2012）认为，传统的治理思路是从原料开始抓质量，沿着整条产业链从上往下进行监管，环环相扣，层层把关，但这种做法有可能导致整条产业链造成监管成本过高，使得某些中间环节监管薄弱；再者即使上游各环节奉公守法生产出合格的中间品，但下游企业财迷心窍，生产不安全的最终消费品，那么消费者的利益还是不能得到保障，食品质量监管同样有漏洞。如果从产业链的最后环节着手，通过对政府监管部门给予额外收益，加强它的严格监管力度，极力杜绝不健康食品流入消费市场，一方面保证消费者购买到放心的食品，另一方面迫使最终消费品生产者加强在购买中间环节时的质量检测力度。在产业链中，风险的逆向传递是存在的。因此下游企业对上游企业进行施压，迫使上游企业增加产品、原料质量检测的资金投入，可以实现良好的质量管控效果。钟真、孔祥智（2012）利用中国乳业的基层样本数据证明了乳业产业组织模式对质量安全有着显著影响，但与以往观点不同的是，他们发现生产模式更为显著地影响了品质，而交易模式更为显著地影响了安全。因此，治理农产品质量安全问题从调整产业组织模式入手是有一定道理的，但要实现有针对性的治理，则必须要认真审视以"规模化""一体化"等取代"小农生产模式"和"中间商交易模式"的治理思路。否则，结果只能是治标不治本，甚至得不偿失。

综上所述，并非只有完全的纵向一体化才是解决问题的唯一出路，"一种可执行的长期契约"（杨伟民、胡定寰，2010）也是解决问题的途径。因此，培养和发展合作社，使其成为可以跟乳企谈判的力量是非常重要的。

（四）以合作社为基础的纵向一体化还是以乳企为核心的纵向一体化？

如果把纵向一体化当作解决生鲜乳质量问题的重要途径之一，接下来的问题是，奶产业链上谁是一体化的核心？是以合作社为基础的纵向一体化还是以乳企为核心的纵向一体化？张利庠（2010）从信息传递的角度认为奶业链的纵向一体化由乳业的龙头企业来主导，可以显著降低信息不对称情况下带来的交易成本的大幅度提升。发现信息不对称使得产业链整合过程中的协调成本大为增加，交易费用大大提高。各市场主体在每个阶段都加上自己的价格——边际成本，导致整个产业链的利润大大降低。因此，应以龙头企业为主体，通过纵向一体化来建设完整的产业链条，从而实现责任明确，利益清楚，交易成本降低。

亦有另一部分学者认为，其他乳业大国的发展经验表明实现以家庭牧场为基础，以合作社为主导的纵向一体化战略优于以大规模乳企为主导的纵向一体化。潘斌（2009）探讨了合作社组织形式的运作过程：在荷兰，乳业合作社是乳品加工、销售的主体，而家庭牧场经营者既是原奶的提供者，又是合作社的股东，由此家庭牧场经营者在保持家庭经营独立性的基础上，不仅可以享受乳业行会组织和乳品公司提供的"市场"和"技术"服务，而且农户以合作组织为载体，有效进入了乳业产业链的其他环节，从制度上保证了农户分享加工和销售环节的利润；奶农和乳制品公司在合作社框架下实现了整体利益的一致性，为荷兰乳业的健康发展起到了非凡的作用。冯艳秋（2011）也对美国的乳业合作社的运行进行了评析：美国乳品加工厂则由"奶农合作社"负责经营和管理，即由多个家庭式养殖场联合组成"奶农合作社"，原料乳被送到该区域内不同奶农合作社组建的乳品厂进行统一深加工。奶牛养殖者这种"加工企业董事+奶农"

的双重身份，从源头上保障了乳品的质量，在牛奶价格和乳制品价格的利益分享上也易于达成共识，同时还使奶牛养殖者的市场地位得到提升和保障。

　　然而，中国的实践显然是在推行以乳企为中心的纵向一体化，理论与现实撕裂背后的原因是什么？这是中国奶产业链重构需要思考的问题。

第四章

产业链重构与纵向关联市场价格传递
——奶产业链利益分配改善了吗?

第一节 问题的提出

2008 年爆发的"三聚氰胺事件"引起业界对乳品质量安全问题的深刻反思。除重新审视乳品质量监控体系的缺陷外,更多的目光投向中国奶产业链的结构缺陷。一方面,小农经济的产业基础(奶牛散养模式)带来疫病难以防控、个体奶站掺杂使假等安全隐患(孔祥智等,2010;李胜利等,2010;牛建明,2010);另一方面,奶农与加工环节间的合理利益分配机制尚未形成,加工企业长期过分压榨奶农,转嫁产业链风险,在监管不力的条件下,必然会出现信息不对称条件下的逆选择和道德风险问题(齐春宇,2009;张利庠,2010;钱贵霞等,2010)。

为从根本上改善生鲜乳品质,中国政府除了大力加强监管外,还试图通过改变奶牛养殖模式、抑制乳品加工企业之间的过度竞争、完善养殖场和乳品加工企业间的利益分配机制来奠定中国奶产业持续健康发展的基础。包括:(1)促进奶牛养殖规模化、标准化。通过发展奶牛养殖小区、奶农合作社、家庭牧场、乳品企业自建牧场等形式推进养殖规模化。2013 年全国奶牛存栏 1441 万头,牛奶产量 3531 万吨,全国 100 头以上奶牛规模养殖比重达到 41.07%,比 2008 年提高 21.53 个百分点。[①] (2)支持奶农专业生产合作组织的发展,使其在维护奶农利益、协商生鲜乳价格、为奶农提供服务等方面充分发挥作用(《奶业整顿和振兴规划纲要》,2008)。(3)促进乳制品加工产业市场结构调整,缓解过度竞争。国家发

---

① 数据来源:《2015 中国奶业统计资料》,《荷斯坦杂志》和东方戴瑞咨询编辑。

改委出台《乳制品工业产业政策（2009 修订）》，严格乳制品加工企业准入条件，通过项目核准制、提高乳制品加工企业资产条件、提高项目加工生鲜乳能力，以及在奶源基地建设、空间布局要求方面设置门槛等，提高进入壁垒，促进企业间的兼并和重组，力图将加工产能控制在合理范围之内。2011 年 3 月，国家质检总局根据《乳制品生产许可审查细则》和《婴幼儿配方乳粉生产许可审查细则》对乳品企业重新进行生产许可审核，全国 1176 家乳品企业中仅有 643 家公司通过重新审核，107 家停业整改，426 家未通过审核。业界估计约 20% 的市场被让出，被现有企业瓜分。[1] 2014 年，进入统计范围的规模以上乳品企业 631 家，其中排名前 3 的伊利、蒙牛、光明完成销售收入 1248.7 亿元，约占全行业销售收入的 37.9%，国内乳品行业的集中度显然在急速提升。[2]（4）促进奶农与乳企间的利益联结模式的改善。《奶业整顿和振兴规划纲要》（2008）规定只有取得工商登记的乳制品生产企业、奶畜养殖场、奶农专业生产合作社，才有资格开办奶站，促进养殖场和乳企直接交易；政府鼓励奶农与乳企之间通过签订较长期契约稳定交易；[3] 鼓励乳企向养殖场派出驻站员，直接提供服务和进行监督；鼓励乳制品生产企业通过订单收购、建立风险基金、返还利润、参股入股等多种形式，与奶农结成稳定的产销关系。鼓励形成有第三方参与的生鲜乳定价机制，建立由政府有关部门、行业协会、乳制品生产企业、生鲜乳收购者、奶畜养殖者代表等参加的生鲜乳价格协调机制，协商确定生鲜乳交易参考价格等。[4]

　　利益分配最终体现在奶产业链各环节的价格形成上。对奶农来说，如果乳制品零售价格上涨的好处能够较迅速、充分地传递到生鲜乳的收购价格，零售价格下降时生鲜乳价格的下降不会更快、更深，那么，市场势力对生鲜乳价格的形成的影响可能较小，奶农的利益在一定程度上得到保

---

[1]　数据来源：《2013 年我国乳品行业发展前景探讨分析》，中国行业研究网，http：//www.chinairn.com/news/20130408/091106218.html。

[2]　数据来源：根据《2015 中国奶业统计资料》整理，《荷斯坦杂志》和东方戴瑞咨询编辑。

[3]　以石家庄市为例，契约一般为 1—5 年。

[4]　如黑龙江省由省畜牧兽医局、省物价监督管理局通过成本测算，在征求乳品加工企业和奶农意见的基础上确定生鲜乳收购中准价，并规定浮动区间。上海市由市发展改革委（物价局）会同市农委，根据市场供求和成本变化等情况，在听取奶农代表、加工企业和行业协会意见的基础上制定生鲜乳收购基本价格及其上浮幅度，实行第三方检测制度。

护，反之则反。从前文可以看到，在近几年中国奶产业的变迁中，既存在有利于改善生鲜乳价格（养殖场的牛奶出售价格）的力量，也存在使其进一步恶化的力量。理论上讲，奶牛养殖规模化以及奶农组织化程度提高可以提高奶农的议价力量，有利于提升生鲜乳价格；然而，乳制品加工产业市场集中度提高，则进一步提高了乳企的买方垄断势力，不利于提升生鲜乳价格；取缔私人奶站、促进乳企与奶农的直接交易理论上将更多的利润空间留给了乳企和奶农，但最终生鲜乳价格的形成仍然取决于双方的谈判力量；乳企和养殖场签订长期的契约有利于强化乳企对养殖企业的控制，特别是在市场需求不够旺盛时，可能会对奶价产生不利影响，但也可能为了稳定长期的交易伙伴，而给予其更优惠的价格；有第三方参与的定价机制对价格的影响不明，取决于参与方的影响力和政府的政策导向。以上影响奶产业链上利益分配的因素可以归纳为表4.1。

表4.1　　　　　　　奶业结构调整与变迁对生鲜乳价格的影响

奶产业链的调整与变动	对生鲜乳价格的影响方向
奶牛养殖规模化及奶农组织化程度提高	+
乳制品加工产业市场集中度提高	－
乳企与奶农的直接交易	不确定
乳企和养殖场签订长期的契约	不确定
有第三方参与的定价机制	不确定

那么，中国奶产业链重塑究竟有没有使利益分配发生有益于奶农的变化？本书研究中国奶产业链的纵向价格传递，试图对上述问题做出回答。

第二节　文献综述

农产品产业链上合理的利益分配有利于建立节点成员间的合作和信任，对食品质量安全有正向影响（杨金海、刘纯阳等，2007）。目前，国内学者主要使用博弈分析、沙普利（Shapley）值法、成本收益追踪法对于奶产业链利益分配进行实证研究。

博弈分析主要是建立包含产业链各利益主体的占优策略模型，对产业链各方的行为选择进行选择策略分析。宝音都仍等（2006）运用博弈主体分析法、新制度经济学等理论深入地研究展示了乳企与奶农之间的利益分配问题，并得到了"合同制的产业化经营制度中，企业与奶农之间容易产生非合作博弈"的结论，进而提出构建"奶业合作组织与乳企入股奶牛养殖场"的政策建议。何亮等（2009）研究了奶产业链上乳企和奶农两者之间在单次博弈、反复博弈中的不同抉择，指出若乳企与奶农是单次博弈，则双方的理想抉择为毁约；若双方开展有限次重复博弈，则结果仍可预见为毁约；但若是博弈参与者进行相同内容的无限次的博弈，则双方遵守合同的行为选择会成为它们达到帕累托最优均衡的最好抉择，同时由于双方并不知道这种相同内容的博弈何时终止，所以都会为下一次合作的顺利开展而选择遵守承诺，在这种情况下，交易主体将形成良性循环，建立友好的合作伙伴关系。何玉成、郑娜、曾南燕（2010）通过构建古诺模型，论述了乳品行业的产业集中度和利润率之间呈现着同向变化关系，并以实际的数据作为支持，提出政府可出台一系列奶业法规政策，加大对乳品产业的整顿和规范，提高乳品产业的市场集中度。王威等（2010）通过构建无限次反复的博弈均衡，比较了长期的契约模式与短期合作模式下的奶产业链的利益主体关系情况，认为长期契约模式下的利润分配机制对乳企会产生更大的财富效应。

成本收益追踪即跟踪某产品从农业生产到运输、加工、交易等各环节的成本和收益，观察成本和收益在各环节的分布情况，进而讨论其收益分配的合理性，这一方法被广泛应用。如许世卫等（2008）按生产环节→收购环节→运输环节→批发环节→零售环节顺序全程追踪典型地区西红柿产品流和价格流，发现2008年西红柿价格上涨主要源自成本上升，在整个过程中，农民的实际利润在下降，只有一级批发商以及超市零售商的利润在上涨。翟雪玲等（2008）调查了肉鸡生产、加工、流通、销售等各环节，发现加工、流通和销售环节的利润远远高出养殖环节，在整个产业链条中养殖户承担的成本最多，占总成本的80%—94%，但其所获得利润仅占11%—30%。在乳业领域，李志强等（2008）对黑龙江省哈尔滨市和双城市的调查发现，在奶产业链中，奶农养殖成本占总成本的53.7%，而利润仅占34.0%，即奶农投入一半以上的成本仅获得三分之一的利益，而其他环节利润占了66.0%。李志强等（2008）在当时黑龙江奶价持续走高的背景下，分析了牛奶价格形成与利润分配情况，指出奶价上涨对于奶农、乳企与超市的利润均有贡献，但相对于奶农高投入、高风险，其获取涨价的收益却比较低。钱贵霞等（2011）将李志强等（2008）在黑龙江的实地考察数据加以整理分析，测算了黑龙江省奶产业链各环节的成本与收益，包括奶农养殖、生鲜乳收购、乳企加工和超市售卖四个环节,结果显示奶产业链上绝大部分利润集中在超市售卖环节,其次是乳企加工环节,再次是生鲜乳收购环节,而奶农养殖的成本高、利润率低,但风险却是最高的。这样的分配模式说明奶产业链的利益分配处于扭曲状态。

沙普利(Shapley,1953)值法是一种用于解决多人合作对策问题的数学方法,可以用来计算某产品供应链中合作伙伴合理的利益分配,该方法基于企业边际贡献分配原则,并充分考虑到成员在供应链联盟中的重要程度来进行利益分配,Shapley 值即局中人 i 所做贡献的期望值。学者们不断对该方法进行改进,使利益分配方案更加合理。马士华等(2006)引入技术创新激励指数,戴建华等(2004)引入风险因子来修正基于 Shapley 值法的分配额,孙世民等(2008)以 Shapley 值法为基础,采用多因素综合修正以及理想点原理确定修正系数。

目前用 Shapley 值法对奶产业链上利润分配进行测算的文献还不是很多。张一品(2013)以产业链不同环节主体对于最终乳制品产出所做贡献程度为衡量指标,得到了呼市奶产业链中奶农、乳企和超市三方利益主体的利润分配情况,并提出了修正的方案。罗兴武(2012)先从博弈论的角度出发,分析了农户的合作行为,并提出对合作产生的剩余分配采用 Shapley 法既具有科学性也具备可行性,可以充分调动农户积极性并做到最大限度的公平。

在上述研究方法中,博弈分析的缺陷在于对现实的解释能力有限,构建一个理想的博弈模型并非易事,由于博弈模型通常有种种严格假定,且博弈解存在不唯一性,使得模型解释力有限。Shapley 值法"以参与者对整个产业链经济利润所做的贡献程度"为依据的利润分配方法,然而,参与者对产业链贡献的权重难以测量,实际上会导致主观和任意性。成本收益追踪法将产业链各环节所产生的实际成本与收益作为考察指标,比较直观地反映产业链从投入到产出的分配状况,但是该方法只是从感性上观察到利益分配的不平衡,未能提出什么是合理的分配方案,也未能深究造成利益分配不合理的原因。

农产品产业链价格非对称垂直传递模型从产品价格形成视角研究产业链上的利益分配,关注当农产品(或食品)价格发生波动时,其在产业链不同节点间的垂直传递,并寻找导致价格非对称传递的因素。实践中常常存在这样的现象:农产品(或食品)零售价格的上涨幅度远远高于农民所实际感受到的农产品收购价格的上涨幅度，且存在较长的传导时滞；而在农产品（或食品）零售价格下降的时候，价格下降往往能迅速传递到生产环节，且生产环节的价格下降幅度也更大。在完全竞争的市场上，价格的传导应当迅速且充分，实践中出现的农产品产业链上的价格非对称垂直传递可能源于市场结构变化带来的不完全竞争，而中国在奶产业基于垂直价格非对称传递方面的研究非常少。

农产品价格传递理论和模型经历了不断修正和完善的过程。Gardner（1975）用 Muth（1964）开发的均衡移动模型（Equilibrium Displacement Model）分析了完全竞争市场条件下的农产品价格传递，在行销企业存在规模报酬不变的假设前提下分别推导出两个价格传递弹性公式。受其影响，一批学者运用美国农产品市场的实际数据进行了价格传递弹性模拟。Holloway（1991）和 Mc-Corriston 等（1998）的研究解除了完全竞争假设，建立了不完全竞争条件下从农产品收购向食品零售的价格传递模型。这些模型假设在食品零售环节存在卖方寡占力量，而在农产品收购环节依然存在完全竞争，食品营销企业依然具有规模报酬不变的技术特征。McCorriston 等（2001）进一步解除了规模报酬不变假设，分析了规模报酬可变情况下的价格传递，解释了规模经济对农产品价格传递的影响，并建立了相应的价格传递弹性公式。Weldegebriel 把农产品收购环节和食品零售环节存在的不完全竞争特征考虑进来，建立了较为完整的从农产品收购到食品零售的价格传递模型。

关于乳制品行业的实证文献，同样发现了价格非对称现象的存在。Kinnucan 和 Forker（1987）确认了美国乳制品行业存在价格非对称传递。Serra 和 Goodwin（2003）使用月度价格数据对西班牙农场和零售市场的乳制品的价格传导模式进行了分析，重点分析了价格的时间序列特性，得出西班牙的奶产业价格传递过程中存在明显的非对称性，价格传递的非对称性是不存在于高度易腐的乳制品的价格传递过程中的，同时指出市场力量是影响乳制品价格非对称传递的突出因素。Katerina Matulova 等（2010）使用 RATS6.0 软件分别对牛奶农业生产、加工、销售三个环节的价格建立单方程模型，发现处于农业生产环节的牛奶价格不能立即回应市场变化，出现这一现象的主要原因有两点：一是牛奶的收购价格通常是提前安排的，二是在一个承包期内牛奶的收购价格在一定的范围内波动。Alejandro Acosta 等（2013）利用两阶段误差修正模型（Two-Step Error Correction

Model，ECM) 分析了巴拿马批发商环节和小型牛奶生产者1991年1月至2011年12月的鲜牛奶月度名义价格，结果发现，牛奶价格在生产者和批发商之间的传递是不对称的，这种不对称主要表现在价格上升或下降时调整速度的不对称。当价格下降时生产者环节价格的调整速度是非常快的，但是当价格上升时生产者环节的价格调整无显著变化。

国内对产业链价格非对称垂直传递的研究日益丰富，一方面集中在对理论和研究方法的介绍和扩展，另一方面开展不同行业的实证研究。王秀清 (2007) 将影响因素归纳为以下7点：(1) 食品市场的不完全竞争；(2) 农产品流通领域的技术特征；(3) 营销投入品的供给弹性；(4) 价格传递时滞；(5) 农产品供给弹性和食品零售需求弹性；(6) 替代品的存在；(7) 库存调整，并在前人基础上建立了纵向关联市场间的价格传递模型。郑少华、赵少金 (2012) 认为价格垂直非对称传递需要刻画四大属性，即传递强度、速度、方向和符号，并将可能引起农产品价格非对称传递的因素归纳为市场环境、生产成本、调整成本、产品属性和政府调节五类。肖六亿等 (2006) 认为价格出现非对称性传导的根源在于上下游市场结构的差异即上游市场结构具有垄断性特质而下游产品市场为完全竞争市场。张晓敏、周应恒 (2012) 选取了香蕉、苹果、西红柿与马铃薯四种易腐程度不同的农作物作为研究对象，运用时间序列模型分析了农产品易腐性与价格的非对称传递关系，结果显示，易腐性较强即保质期比较短的农产品，其产品价格表现出的非对称传递状况就越明显。

目前，中国基于产业链价格垂直非对称传递视角研究奶产业链各经济主体利益分配的研究还很少，特别是在"三聚氰胺事件"之后，中国奶产业链上无论是养殖环节还是加工环节的市场结构都发生了显著变化，养殖场和加工企业之间的利益联结模式也在不断探索和创新，在这样的背景下，中国奶产业链的利益分配是否得到改善，其结论对政策选择有重要的参考价值。本书根据研究目标，借鉴前人的研究成果，使用向量自回归模型和非对称误差修正模型来研究乳品价格的纵向传递。

第三节　数据与实证分析

一　数据来源

本书选取生鲜乳价格代表养殖环节奶农的牛奶销售价格、鲜牛奶价格代表加工环节厂商的销售价格①。其中，生鲜乳价格来自农业部畜牧业司对内蒙古、黑龙江、河北等十个牛奶主产省份的监测数据②；鲜牛奶价格数据来源于商务预报网的价格监测数据，采集的是全国各大中城市百利袋包装、在超市中销售、保质期在 20 天左右的高温灭菌乳的价格。本书使用从 2009 年 5 月到 2015 年 8 月每月第一周的数据作为月度数据，样本点共计 76 个。

二　数据变动趋势分析

图 4.1 是鲜牛奶价格和生鲜乳价格波动趋势图，左边纵轴是生鲜乳价格，右边纵轴是鲜牛奶价格。从折线图看，在样本周期内，生鲜乳价格与鲜牛奶价格总体上均呈现上升趋势，其中，鲜牛奶价格的上升趋势更加明显。在不同的时间段，二者波动的幅度和方向明显不同。2009 年 5—10 月，生鲜乳价格经过先下跌后回升的过程，同期生鲜乳价格保持稳定，略有上升。2011 年 1 月到 2013 年 5 月，生鲜乳价格一直保持平稳，而鲜牛奶价格持续较快上升。2013 年 7 月到 2015 年 8 月，生鲜乳价格经过一个迅猛上涨和急剧下降的过程，同期鲜牛奶价格持续稳定上涨，特别是 2014 年 5 月以后，两组价格背道而驰，生鲜乳价格下降很快，而鲜牛奶价格不仅没有下降反而呈现出稳步上升的态势。从直觉判断，中国生鲜乳价格和鲜牛奶销售价格之间可能存在非对称价格传递。

三　数据协整检验

运用 ADF 单位根检验法在 1% 显著水平下检验其时间序列的平稳性。本书使用 rm 表示生鲜乳价格，fm 表示鲜牛奶价格。表 4.2 显示，鲜牛奶价格、生鲜乳价格的原序列的 ADF 统计量在 1% 显著水平下均大于临界值，原序列均为非平稳时间序列；经一阶差分后的序列检验结果表明均拒绝原假设，为平稳序列。因此，牛奶零售价格和生鲜乳收购价格的时间序列数据均为 I (1) 序列，二者可能存在协整关系。

---

① 厂商的销售价格本来应该是鲜牛奶的出厂价格，但这个数据不可得，这里用鲜牛奶价格代替。目前中国的乳制品市场属于寡占市场，再加上中国流行的联营销售模式，厂商对市场零售价格有较大的控制力，因此，用鲜牛奶价格代表厂商的销售价格是合理的。

② 数据来源：中华人民共和国农业部官方网站，http：//www. moa. gov. cn/zwllm/jcyj/。

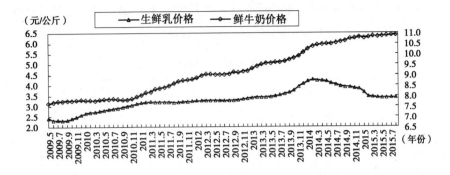

图 4.1 鲜牛奶价格和生鲜乳价格波动趋势图

表 4.2 单位根检验

变量	差分次数	ADF 值	1% 显著水平临界值	检验类型 (c, t, q)	平稳检验
fm	0	−2.833569	−4.096614	(c, t, 1)	不平稳
rm	0	−2.795397	−4.105534	(c, t, 5)	不平稳
dfm	1	−4.537823	−3.528515	(c, 0, 0)	平稳
drm	1	−3.321220	−2.598907	(0, 0, 0)	平稳

注：检验类型 (c, t, q)，其中 c 表示含有常数项，t 表示含有趋势项，q 表示滞后阶数。

运用 JJ (Johansen-Juselius) 协整检验中不带截距项和趋势项的算法，对生鲜乳价格和鲜牛奶价格进行协整检验，结果如表 4.3 所示。

表 4.3 生鲜乳价格与鲜牛奶价格协整检验

原假设	迹统计量检验		最大特征根检验	
协整个数	迹统计量	5% 置信水平临界值	特征根	5% 置信水平临界值
None **	18.27585	12.32090	12.51437	11.22480
At most 1 **	5.761478	4.129906	5.761478	4.129906

注：** 表示在 5% 水平上显著。

表 4.3 显示，生鲜乳价格和鲜牛奶价格序列之间存在至少一个协整方程，迹统计量检验与最大特征根检验结果一致。说明奶产业链上养殖环节的牛奶销售价格和加工环节厂商的销售价格之间存在长期稳定的均衡关系。

四 向量自回归模型建立及脉冲响应分析

通过前文的检验，可以建立鲜牛奶价格和生鲜乳价格原始值的 VAR

模型，根据 VAR 滞后阶数判断准则，最优的滞后阶数为 2。运用 Eviews 6.0，模型的结果如表 4.4 所示。

表4.4　　　　　　　　　　　　VAR 模型分析结果

项目	鲜牛奶价格方程（fm）		生鲜乳价格方程（rm）	
	系数项	t 值	系数项	t 值
fm_{t-1}	1.380524	11.8967 ***	0.125498	1.09044
fm_{t-2}	−0.394012	−3.47338 ***	−0.102913	−0.091473
rm_{t-1}	0.137068	1.67739 *	1.708920	21.0863 ***
rm_{t-2}	−0.092282	−1.10944	−0.770848	−9.34405 ***
Adj. − R^2	0.998606	0.993813		
AIC	−3.598630	−3.615129		
SC	−3.469117	−3.485615		

注：*、**、*** 分别表示在 10%、5%、1% 水平上显著。

从鲜牛奶价格方程中可以看出，鲜牛奶价格除了受到本身滞后一期和滞后二期价格的显著影响外，还受到生鲜乳滞后一期价格的显著正影响。生鲜乳价格到鲜牛奶价格之间的传导是顺畅的，传导的时滞是一个月，生鲜乳价格上涨（下跌）后会造成鲜牛奶价格的上涨（下跌）。而在生鲜乳价格方程中，没有发现类似的传导现象。生鲜乳价格仅受到自身滞后一期和滞后二期的显著影响。鲜牛奶滞后价格对生鲜乳价格的影响不显著。这可能是由于鲜牛奶价格到生鲜乳价格之间的传导路径受阻所造成的。

脉冲响应函数（Impulse Response Function，IRF）分析当一个误差项发生变化即模型受到某种冲击时对系统的动态影响，或者说是 VAR 模型中一个内生变量的冲击对它自己及所有其他内生变量带来的影响。我们可以利用脉冲响应函数方法分析生鲜乳价格和鲜牛奶价格之间的传导效应。给定一个标准差的冲击，考察生鲜乳价格和鲜牛奶价格两个变量在 15 个反应期内对冲击的反应路径（见图 4.2、图 4.3）。实线是响应函数值，虚线是响应函数值正负两倍标准差偏离带，横轴是冲击后的反应期数，纵轴是响应值。

图 4.2 是生鲜乳价格对鲜牛奶价格冲击的响应。可以看到，当给鲜牛奶价格一个正冲击后，生鲜乳价格虽上升幅度不大，但迅速做出反应，在第六期达到峰值（约 0.04），之后逐渐下降。这表明乳品零售环节受到外部条件的某一冲击后，经市场传递给乳品生产环节，给生鲜乳价格带来正

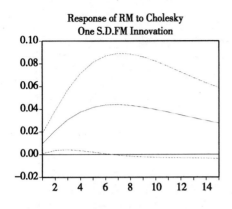

图 4.2　RM 对 FM 冲击的波动响应　　　　图 4.3　FM 对 RM 冲击的波动响应

向的冲击，这一冲击的影响会随着滞后期的增加而逐渐减弱。当给生鲜乳价格一个正冲击时，鲜牛奶价格同样做出正向响应，呈现持续稳定上涨的态势，上涨趋势在 2 期内不明显，随滞后期数的增加，影响越来越大，一直到 15 期达到峰值（约 0.06），并出现平稳的迹象，这说明生鲜乳价格受到正向扰动时，鲜牛奶价格在短期内变动不明显，但随着时间的延长，生产价格对零售价格的影响越来越强。结果显示，鲜牛奶价格和生鲜乳价格对彼此冲击的反应呈现了不同的反应路径，两者之间存在非对称传递。鲜牛奶价格对生鲜乳价格的影响时滞较短，但影响较小且收敛快。生鲜乳价格对鲜牛奶价格的影响则是持续深远的。短期内销售价格的上涨会造成生产价格的上涨，是由于生鲜乳增加供给需要时间，随着时间的推移，这种影响会减弱，生产领域较低的组织化程度，近似完全竞争的市场形态，会使养殖户增加，进而奶牛存栏数量增加，生鲜乳供给增加抵消掉生鲜乳价格上涨带来的利益增加。

五　非对称误差修正模型分析

为描述生鲜乳价格和鲜牛奶价格之间的短期非均衡关系，分析其在偏离其长期均衡价格时的自我修正力度，建立了误差修正模型。

依据格兰杰表述定理（Engle & Granger，1987），如果两个变量是协整的，它们间的短期非均衡关系总能由一个误差修正模型来表述。误差修正模型可以由自回归分布滞后模型导出。考虑到数据之间的关系和前述常规检验分析结果，依照 AIC 和 SC 准则判断，生鲜乳价格和鲜牛奶价格之间协整关系的滞后期为滞后 2 期。最终确立误差修正模型的结果如表 4.5

所示。

表 4.5　　　　　　　　　鲜牛奶价格与生鲜乳价格误差修正检验

项目	鲜牛奶价格方程（fm）		生鲜乳价格方程（rm）	
	系数项	t 值	系数项	t 值
Δfm			0.222427	1.880530 *
Δrm	0.218308	1.701621 *		
c	0.014001	1.915737 *	0.002094	0.275825
Δfm_{t-1}	0.423010	3.460109 ***	0.030761	0.242169
Δfm_{t-2}	0.240038	1.863633 *	− 0.241682	− 2.064676 **
Δrm_{t-1}	− 0.073402	− 0.459975	0.694422	5.521889 ***
Δrm_{t-2}	− 0.042054	− 0.279657	0.165624	1.135234
ecm_{t-1}	− 0.079823	− 2.173540 **	− 0.054333	− 1.953576 *
Adj. $- R^2$	0.321857	0.599586		
AIC	− 3.549346	− 3.641514		
SC	− 3.320867	− 3.413035		

注：*、**、*** 分别表示在 10%、5%、1% 水平上显著。

　　上述模型中，鲜牛奶价格的波动仅受本身价格滞后一期、滞后二期价格波动的影响，生鲜乳价格的波动除受本身价格波动的影响外，还受鲜牛奶滞后二期的价格波动的影响。说明二者的传导是不对称的。ecm_{t-1} 在鲜牛奶价格方程中和生鲜乳价格方程中均显著，说明当价格短期偏离长期均衡时，鲜牛奶价格和生鲜乳价格都会进行一定程度自我修正。鲜牛奶价格方程中 ecm_{t-1} 项的绝对值大于生鲜乳价格方程中 ecm_{t-1} 的绝对值，说明鲜牛奶价格的自我修正力度要大于生鲜乳价格的自我修正力度，即当鲜牛奶价格偏离长期均衡时回复到长期均衡水平的速度要比生鲜乳价格快。

　　为了进一步验证当期和滞后期价格波动（包括上涨和下跌）以及正、负误差修正项对鲜牛奶价格和生鲜乳价格的不同作用，在前文对数据特征分析的基础上，运用变量分离技术（Houck，1977；Ward，1982），构建滞后 3 期的平衡型非对称价格传递误差修正模型。此时，所有分离变量的正项和负项具有相同的滞后期。结果见表 4.6。

　　从表 4.6 得知，两个模型的拟合情况较好，F 检验统计量均在 1% 的水平上显著。AIC 和 SC 具有较低的数值，满足优度准则，DW 值显示模型滞后期选择合理。

表4.6　　　　　　　鲜牛奶价格与生鲜乳价格短期调整非对称检验

项目	鲜牛奶价格方程		项目	生鲜乳价格方程	
	系数项	t 值		系数项	t 值
Δfm			Δrm		
c	0.002182	0.982030	c	0.000998	0.796127
Δfm_{t-1}	0.327490	5.446359 ***	Δrm_{t-1}	0.299820	5.232942 ***
Δfm_{t-2}	0.111857	1.802128 *	Δrm_{t-2}	0.235081	4.018702 ***
Δfm_{t-3}	0.092373	1.533457	Δrm_{t-3}	0.285828	5.048790 ***
Δrm^{+}	− 0.072845	− 0.462579	Δfm^{+}	0.000581	0.012215
Δrm^{-}	0.091268	0.745672	Δfm^{-}	0.196657	1.443307
Δrm_{t-1}^{+}	0.151957	0.961041	Δfm_{t-1}^{+}	0.052884	1.075029
Δrm_{t-1}^{-}	− 0.277445	− 2.282923 **	Δfm_{t-1}^{-}	0.159571	1.157093
Δrm_{t-2}^{+}	− 0.222345	− 1.454215	Δfm_{t-2}^{+}	0.041243	0.840366
Δrm_{t-2}^{-}	0.275173	2.238048 **	Δfm_{t-2}^{-}	− 0.113576	− 0.823962
Δrm_{t-3}^{+}	0.015041	0.104675	Δfm_{t-3}^{+}	− 0.077643	− 1.667253 *
Δrm_{t-3}^{-}	0.174489	1.390042	Δfm_{t-3}^{-}	− 0.198972	− 1.451969
ecm_{t-1}^{+}	0.000564	0.043854	ecm_{t-1}^{+}	− 0.006257	− 1.029267
ecm_{t-1}^{-}	− 0.008211	− 0.676929	ecm_{t-1}^{-}	− 0.004104	− 0.739508
Adj. − R^2	0.214302		Adj. − R^2	0.496432	
DW	2.013832		DW	2.058301	
SC	− 5.477498		SC	− 6.276395	
AIC	− 5.653781		AIC	− 6.452678	
F − statistic	7.105502		F − statistic	23.06739	
P (F)	0.000000 ***		P (F)	0.000000 ***	

注：*、**、*** 分别表示在10%、5%、1%水平上显著。

正的误差修正项和负的误差修正项对生鲜乳价格和鲜牛奶价格具有不同的作用。一般都把"正向"冲击称为"利好",把"逆向"冲击视为"利空"。对鲜牛奶价格而言,ecm_{t-1}^{-}意味着生鲜乳价格上涨,鲜牛奶价格受到"逆向"冲击("利空");ecm_{t-1}^{+}意味着生鲜乳价格下跌,鲜牛奶价格受到"正向"冲击("利好")。对生鲜乳价格而言,ecm_{t-1}^{-}意味着需求市场鲜牛奶价格上涨,对生鲜乳价格而言则是"利好";ecm_{t-1}^{+}意味着鲜牛奶价格下跌,对生鲜乳价格而言则是"利空"。

从鲜牛奶价格方程来看,ecm_{t-1}^{-}的系数绝对值要大于 ecm_{t-1}^{+} 的系数绝对值，表明鲜牛奶价格对"利空"消息的反应要比对"利好"消息的反应更为迅速，调整速度更快。鲜牛奶价格对生鲜乳价格上涨更为敏感。即当生鲜乳价格上涨时能较快引起鲜牛奶价格的上涨；而生鲜乳价格下跌时，鲜牛奶价格却并没有很快下跌。

从生鲜乳价格方程来看，ecm_{t-1}^{+} 和 ecm_{t-1}^{-} 的系数分别为 -0.006257、-0.0040104，ecm_{t-1}^{+} 项的系数的绝对值大于 ecm_{t-1}^{-} 项系数的绝对值，表明生鲜乳价格同样对"利空"消息的反应比"利好"消息的反应更为迅速。生鲜乳价格对鲜牛奶价格下跌更为敏感。即当鲜牛奶价格下跌时能更快地引起生鲜乳价格的下跌；而鲜牛奶价格上涨时，生鲜乳价格却不能以相同的速度调整价格。

由此看来，在奶业产业链上，确实存在着价格的非对称传递，销售商相对于奶农处于优势地位。反映在鲜牛奶市场上就表现为，当生鲜乳价格上涨引起成本上升时，销售商能迅速提高价格以弥补成本保证收益，但成本下降时，销售商却不会以相同的速度和幅度调整价格，可以享受更多生鲜乳价格下跌所带来的好处。这种价格传递的非对称性反映在生鲜乳市场上，则是鲜牛奶价格的下跌很快就会带来奶农的利益损失，鲜牛奶价格上涨带来的好处却迟迟不能被奶农分享。在奶农和销售商之间，销售商明显处于更为强势的地位。

第四节　结论与展望

实证分析发现，从 2009 年 5 月到 2015 年 8 月，奶产业链上生鲜乳价格与鲜牛奶价格之间存在长期均衡，而且其自身存在一定的均衡修复功能，但这种对价格偏离的调整是"非对称"的。不仅对不同消息的调整力度及速度不同，而且上下游之间价格的传导力度也不同。生鲜乳价格对鲜牛奶价格的下跌很敏感，往往造成生鲜乳价格更大程度的下跌；而鲜牛奶零售则对生鲜乳价格的上涨更敏感，并做出更加积极的反应。

上述结果表明，尽管在"三聚氰胺事件"后中国政府采取了很多措施促进乳企和奶农更紧密的利益联结，并试图形成更合理的价格形成机制，然而，事实上乳企对生鲜乳价格的控制力量进一步加强，奶农在产业链中的地位没有改善的迹象。调研组发现，在以"奶农＋养殖小区＋乳企"为代表的奶产业链中，乳企、养殖小区和奶农之间关系紧张。乳企和养殖小区的长期订单依靠乳企滞压养殖小区的奶款来维系,乳企向养殖场派出驻站员制度在"三聚氰胺事件"风声过后名存实亡,乳企建立风险基金、返还利润、参股入股的少之又少,多年呼吁的第三方检测制度,由于涉及能否拒收以及生鲜乳定价权,始终被乳企把持,难以出台。养殖小区和奶农之间也是纯市场的交易关系,围绕生鲜乳价格的质量的争议不断,小区的固定资产投资和技术引进、标准化管理也困难重重。

事实上,没有更深入的利益联结关系,乳企和奶农之间的利益冲突就不可能改变。近年来仍然频繁出现的质量安全隐患、2013 年的"奶荒"、2014 年的"倒奶杀牛"事件,促使我们反思中国以乳品加工企业为核心的纵向一体化发展战略。指望乳企保证奶牛养殖业的健康发展实际上是缘木求鱼。首先,乳企不可能全靠自己养牛。乳企养牛,不仅损失专业化和分工的效率,放大风险,而且以投资成本而论,乳业产业链上养殖、加工、销售的投入比约为 75∶15∶10,以乳品加工企业为核心整合产业链是典型的蛇吞象①。其次,由于不能建立起与奶农间的紧密联系,工商资本不能有效保障乳品质量,也不能稳定乳品供给。合格的乳制品不仅是加工出来的,更是奶农养出来的。没有奶农的倾力配合,乳品质量安全隐患就不能有效控制,仅靠监督,不是造成监督成本过高,就是不能有效解决问题。由于工商资本的逐利性,在奶荒时(如 2013 年),乳企掀起抢奶大战,难免降低对生鲜乳质量的要求;生鲜乳过剩时,乳企第一时间转向国际市场优质低价奶源,又开始拒收牛奶,造成奶农倒奶杀牛。近几年,各大乳企在海外掀起收购奶牛场、建设生产线浪潮,同时进口乳品以极高的速度增长,从 2008 年到 2014 年,中国乳制品进口量从 35 万吨增长到约 181.2 万吨,是原来的 5.2 倍,就连运价比很高的液态奶都从 2008 年的 8000 吨增长到 32.1 万吨,是原来的 40.1 倍。二者矛盾的不可调和可见一斑。2011 年的乳品企业生产许可证重新审核以及工信部推动的婴幼

---

① 正因如此,鼓励乳品加工企业拥有自有奶源基地的政策值得商榷。许多乳企自建牧场的原因可以归纳为三点:一是商业作秀,通过自有奶源建设重塑消费者对自己品牌的信心。二是争取特定市场的政府许可。如 2013 年国家食药监总局等九部委发布《关于进一步加强婴幼儿配方乳粉质量安全工作的意见》,要求婴幼儿配方乳粉生产企业须具备自建自控奶源。三是政府优惠政策引导和资本运作模式。政府的用地优惠和各种补贴扭曲了要素价格,吸引工商资本投资。农业板块、政府扶持也是资本运作的热点和噱头。即使如此,真正实现自建自控奶源的企业比例很小,由于成本过高导致很多企业只是做做样子。

儿奶粉企业兼并重组行动，促使乳品加工行业市场集中度迅速上升，大型乳企对生鲜乳价格的控制力进一步加强，利益分配进一步向乳企倾斜。在短期，中国通过引入工商资本来促进奶牛养殖规模化、标准化，改进奶牛养殖技术，保证生鲜乳安全和品质，通过示范效应和技术外溢提升国内乳企的国际竞争力无疑是有效的，但在长期，如果上述趋势不能扭转乳企对行业的控制，从根本上改善乳企和奶农的关系，中国奶业的健康发展就难以实现。因此，必须从更深的层面思考中国乳业的长期发展战略。

第五章

中国乳业产业政策与奶牛养殖模式的嬗变：结构分析与效率评价

第一节　中国奶牛养殖模式的发展：背景、发展和转型

一　专业化分工、奶牛散养与中国奶牛养殖业的迅猛扩张

奶牛养殖业初期，中国主要有国营奶牛场和农户散养两种形式，当时农户散养模式并不是奶源供给的主体。改革开放以后，为充分调动农民养殖的积极性以及充分利用农村闲散劳动力与场地，农户散养模式的比重开始在政府政策鼓励下逐渐加大，并成为中国最普遍的养殖模式。现存的其他生鲜乳生产组织模式都是在农户散养模式发展的基础上演化而来的。

20世纪80年代以前，中国奶牛养殖业中的乳企和奶农都是分散和小规模的，二者通过市场进行交易，乳企以流动奶车到奶农家中收奶或者到指定地点等待奶农交售。高昂的信息搜索成本、交易不确定性和价格不稳定等因素带来交易双方巨大的机会主义行为，奶源不足问题日益突出。

20世纪80年代，为克服奶源不足问题，三鹿集团率先提出"奶牛下乡、牛奶进城"，即奶牛卖给农民，农民再把奶卖给三鹿。农民没有资本买牛，三鹿就把牛"送"给农民，让农民喂牛后用奶来还债；或者，农民可分期付款。这一模式有效利用了农村剩余劳动力和农田秸秆喂牛，同时将占用资本最多的奶牛养殖环节丢给农民，企业轻装上阵，专注于加工、销售。农民在当时养牛利润远高于种地利润的诱惑下，养牛的越来越多，三鹿的产能也迅速扩大。同时，三鹿与各县、乡、村政府合作，由政府供地、三鹿提供技术规范、农民个人提供资金建设收奶站（政府帮助贷款，三鹿和政府起初都有补贴），各散户奶农的奶都通过奶站最终被集

中至三鹿各个工厂。该战略使得三鹿集团生产规模迅速扩张，各地乳企纷纷取经，中国的奶牛散养模式就此奠定了基础。

二　散养局限与奶牛养殖规模化转型

改革开放 30 年，中国乳业取得的巨大成就与散养奶户的贡献是分不开的。一直到 2008 年以前，中国奶牛养殖业的快速扩张都是建立在农户散养的基础上的。以 2008 年为例，奶牛存栏在 19 头及以下的奶户总计251.29 万户，占全部养牛户的 97.13%；99 头及以下的奶户 257.85 万户，占全部奶户的 99.67%。然而，奶牛散养的弊端逐渐暴露出来，主要体现在饲养环境差，养殖规模小，生产水平低，疫病难以防控，环境污染严重。特别是牛奶质量难以监控，不能适应消费者日益提升的对质量安全的需求；同时小规模、无组织的奶农没有谈判和议价能力，在奶产业链条中处于被盘剥的地位，养牛收益日渐微薄，处于尴尬境地。2008 年"三聚氰胺事件"的爆发，彻底暴露了"农户散养＋奶站＋奶企"这一产业组织模式的弊端：一方面，虽然农户散养模式能够充分利用家庭剩余劳动力，养殖成本低、效益好，但万千极为分散的奶农仍然有上文提到的弊端；另一方面，奶农、奶站、乳企之间的利益不能协调，以邻为壑的竞争行为使机会主义盛行，既不利于保证牛奶质量，也加剧了奶牛养殖业的周期波动。业内普遍认为，规模化养殖可以实现标准化饲养，提高生鲜乳质量，并且容易监控生鲜乳质量，因此，2008 年以后，中国开始走向奶牛养殖标准化、规模化的道路。

三　政策推动与中国奶牛养殖规模化的迅速转型

中国奶业属于新兴产业，奶牛养殖又属于产业中的弱势环节，国家的产业政策对奶牛养殖有着重要的影响。政府通过制定相关优惠政策为中国乳业的发展和稳定提供了良好的外部环境，极大地推动了奶牛养殖业的发展。各地政府不仅为奶牛养殖户提供资金和各种补贴，发展养殖小区、家庭牧场和规模牧场来推进规模化养殖，还鼓励乳企与养殖户形成稳定的产销关系和紧密合理的利益联结机制。李胜利等（2013）将中国奶牛养殖规模化的路径归纳为以下几种：（1）公司制集团牧场模式。采用公司制经营，由若干牛场组成的牧业集团。现代牧业、天津嘉立荷牧业有限公司、上海光明荷斯坦牧业有限公司都属于这种模式。这种模式下，牛场与公司的所有权属于同一法人，能实行集中统一的生产管理制度，生产效率和生产水平提升较快。（2）股份制经营管理模式。奶农以奶牛和现金入股，实行股份制公司化管理，奶牛经营权和所有权实行分离。（3）养殖小区模式。散养奶农的奶牛进入小区饲养，奶农只饲养自己的奶牛，获取养殖利润。（4）内蒙古奶联社模式。奶联社是散养户或养殖小区奶农以奶牛入社，作为股份，养牛户从奶牛拥有者成为产业工人，奶农获得股份收入和劳动收入。（5）乳品企业自建大型牧场模式。乳品企业自建大型规模牧场，奶牛场自建饲料加工车间，加工配制奶牛精饲料，集奶牛养殖、乳品加工为一体的全产业链养殖模式。（6）承包草原大户发展规模牧场模式。（7）家庭牧场模式。农民以家庭经营为基础，从事奶牛养殖；家庭牧场与个体散养的区别在于其奶牛存栏量较高（20—200 头），具有两个明显特征：一是种养结合的养殖方式；二是劳动力以家庭成员为主（允许雇用1—2 名帮工）。住宅区应该与养殖区天然分开，具备一定的现代化养殖设施和设备。

在奶牛养殖的各主体中，从经营能力、政策影响力、政策竞争力来看，散养奶农都要弱于规模养殖场。自"三聚氰胺事件"发生后，人们把农户散养看作是生鲜乳生产的不稳定环节，农户散养这一养殖模式开始被紧急治理。国家连续出台了一系列相关政策措施，支持奶牛规模养殖化发展。为推进奶牛规模养殖，国家采取了强有力的补贴支持政策。2007年9月27日国务院发布了国发〔2007〕31 号文件"关于促进奶业持续健康发展的意见"，在"促进奶业持续健康发展的主要任务和重点工作"中，强调要推进养殖方式转变，提高生鲜乳质量。2008 年起就从中央预算内安排专项资金用于支持奶牛标准化规模养殖小区（场）改扩建。农业部也发布了关于贯彻《国务院关于促进奶业持续健康发展的意见》的通知，国务院的文件和农业部的通知对于解决中国奶业关键阶段出现的新问题和新矛盾，确保奶业健康持续发展具有重要的指导意义。"三聚氰胺事件"后，国家发改委、农业部等13 个部门联合制定的《奶业整顿和振兴规划纲要》，将规模化、标准化养殖作为未来奶业生产的主要发展方向，进一步强化支持政策。奶牛养殖模式的转变成为《奶业整顿和振兴规划纲要》重点之一，其核心是推进规模化、标准化养殖，有条件的地区逐步取缔奶牛散养，推进奶牛进小区，鼓励规模牧场的发展。它还指出中国乳业发展的核心思路，我们将其概括为：以大型乳品加工企业为核心，一方面逐步取缔散养，鼓励奶农进入养殖小区，推进规模养殖和奶站与养殖企业一体化；另一方面，强调乳企应与养殖企业建立紧密联系，同时大力推进自有奶源建设。相应地，各级地方政府也出台很多政策措施。河北省是"三聚氰胺事件"主要的发生地之一，也是奶牛养殖受影响最为严重的地区。为了振兴奶业生产，河北省除了认真落实国家对每个养殖场给予150元/平方米的建设补贴外，省政府还出台了牛位补贴和退耕还林后续补贴等配套政策。此外，还积极推进奶牛保险政策。从2011年开始，保险补贴力度和范围进一步加强。由原来政府补贴280元/头，提升到补贴330元/头，奶牛养殖户只需为每头牛上缴20元保险费。奶牛上保之后，保险公司将对因疫情等原因致死的奶牛给予4000元/头的赔偿。对养殖场占地实行免费或优惠收费政策，并加大招商引资力度。内蒙古自治区为大规模公司牧场提供各方面的优惠政策，例如（1）土地政策，公司牧场的土地由政府无偿提供，即政府花钱流转土地，20—30年，大部分是30年，然后免费给公司使用。（2）"三通一平"政策，即水通、电通、路通，施工现场平整。（3）奶牛补贴，2013年每头牛补贴2000元，2014年每头牛补贴上升到3000元。（4）无偿服务，在奶牛生产过程中政府部门对企业提供无偿服务。2013年10月11日，呼和浩特市出台了《中小牧场改造建设实施方案》，要求中小牧场改造要按照《呼和浩特市中小型家庭牧场建设规范和标准》进行建设。提倡家庭牧场模式，并有相应的政策支持，鼓励有条件、有实力的养殖大户及原奶站经营业主发展建设家庭牧场，增强自身抗风险能力，壮大经济实力。实践证明，中国政府推动奶业发展的政策对奶业发展速度和走势的影响是决定性的，正在改变着奶牛养殖主体的构成及资源配置结构。

国家发改委和农业部发布的《奶牛标准化规模养殖小区（场）建设项目》，补贴标准一直与养殖规模挂钩，并且起点从一开始的存栏量200头以上提高到300头以上；农业部颁布的《畜禽养殖标准化示范创建活动工作方案》，一开始就将扶持标准定在存栏量200头以上；河北省人民政府2013年发布的《关于加快全省乳粉业发展的意见》，更是将扶持标准定在存栏泌乳牛400头以上。政府对超大规模的现代化牧场的优惠政策力度更大：如现代牧业集团在马鞍山牧场总投资2.5亿元，其中马鞍山市农发行贷款1.5亿元，马鞍山市财政配套补贴和项目资金6000万元，现代牧场的直接投资仅4000万元。

发改委在《乳制品加工行业准入条件》（2008 年 3 月 18 日，已废止）、《乳制品工业产业政策》（2008 年 5 月 29 日）的基础上出台《乳制品工业产业政策》（2009 年修订），在奶牛养殖模式方面，支持乳制品加工企业加强自有奶源基地建设，鼓励自建、参股建设规模化奶牛场、奶牛养殖小区。鼓励乳制品加工企业按照区划布局，自行建设生鲜乳收购站或者收购原有生鲜乳收购站。鼓励乳制品加工企业和其他相关生产经营者为奶牛养殖者提供所需的服务。2010 年农业部、国家发改委等提出的《全国奶业发展规划（2009—2013 年）》规定乳制品企业奶源基地要和加工产能合理配置，符合《乳制品工业产业政策》的要求。2013 年乳制品企业稳定可控奶源达到 70% 以上，初步建立生鲜乳质量第三方检测体系。

全国奶业"十一五"发展规划和 2020 年远景目标规划提出，"十一五"期间中国奶业仍将保持平稳较快增长速度，预计 2020 年奶类产量将达到 6000 万吨，其中牛奶产量将达到 5130 万吨，人均占有奶量达到 42 千克以上，奶牛存栏量达到 1820 万头，成母牛年平均单产达到 6000 千克以上，奶牛机械挤奶率达到 95%，牛奶冷链运输达到 100%，全混合日粮在规模化牛场的普及率达到 95%，在奶牛养殖小区或标准化规模饲养场的普及率达到 70%。同时将奶源基地建设定为奶业发展的重点项目之一，发展规模饲养、集中挤奶、统一服务的生产模式，建立奶农合作组织，加强奶农与加工企业的利益对接，坚持走产业化经营的路子。牛奶质量改良中心建设也是奶业发展的重点项目之一，牛奶质量改良中心建设以改善牛奶营养价值、保障牛奶质量安全、开发功能牛奶为重点，不断提高生鲜乳的质量安全水平，努力解决中国生鲜乳质量安全问题。

这些有关乳业发展的政策与举措引导和促进了中国乳业的产业化、规模化和集约化发展，是奶牛养殖模式演化发展的外部动力之一。

第二节 考虑质量安全和环境因素的中国主要奶牛养殖模式效率评价

在"大乳企 + 大牧场"思路下，养殖小区、由养殖小区转制而来的规模牧场以及高起点的现代化牧场（如现代牧业集团）在各种政策优惠的推动下迅速发展，规模化养殖占比在中国逐年提高。

然而，以养殖小区、规模牧场以及现代化超大型牧场为代表的规模化养殖是中国奶牛养殖模式的最优选择吗？进一步讲，以乳企为核心的"大乳企＋大牧场"思路能够保证中国乳业的健康发展和乳制品的质量安全吗？放眼世界，乳业发达国家占统治地位的奶产业链组织模式是在家庭农场的基础上组建合作社，进而由合作社控制乳制品的加工和销售。而在中国，家庭牧场很大程度上被忽视了，万千小农要么被工商资本控制的养殖小区所整合，要么被工商资本建立的规模牧场和现代化超级牧场直接替代。在这个过程中，政府"看得见的手"对规模养殖的偏好通过各种政策优惠对资源配置的方向起了关键性作用。那么，中国究竟更适合采用家庭牧场模式还是工商资本控制的养殖小区、规模牧场模式呢？对这一问题的回答关系到我国今后奶牛养殖乃至整个乳品行业发展的方向。

一　国内外文献综述

（一）国外研究述评

从国外的研究文献看，国外学者主要进行奶牛养殖模式的效率分析，包括技术效率、生产效率、配置效率和经济效率。国外研究文献对生鲜乳生产效率的研究比较多，前期文献主要集中在生鲜乳生产效率的测算上，后期研究则主要集中在测算奶农经济效率的基础上分析其决定因素，探索利用计量分析方法量化德国、新西兰、土耳其、瑞典等国家不同养殖模式下的生产效率的差异（Uzmay et al.，2009；Grigorios，2011），数据包络分析是使用较为成熟的方法之一。有的学者发现生鲜乳生产低效率可能源自低配置效率，或者低技术效率；生鲜乳生产的配置和技术效率随时间而变化，农户短期内配置效率较高，而长期技术效率较高（Hall B. F. et al.，1978；Bravo-Ureta B. E.，et al.，1991；Wang Q.，2001；Weersink A. et al.，1990；Tauer L. W.，1993）。这些研究都发现生鲜乳生产的经济效率随着农场规模的扩大而提高，这与 Mosheim 和 Lovell 的研究结果一致（Mosheim R. et al.，2009）。

Lyubov 和 Jensen（1996）及 Jaforullah 和 Devlin（1996）运用随机前沿生产函数方法则发现牛奶的规模生产弹性几乎为零，农场规模和效率之间并不存在显著的相关性。Hall 和 LeVeen（1978）研究了经济效率与农户规模的关系，发现合适的规模水平可以节约生鲜乳生产经营成本，提高经济效益水平。Mohammad 和 Whiteman（1999）运用数据包络分析法研究发现奶牛养殖的最佳规模为 83 公顷，通过采用适度规模经济和适度技术，可使投入成本下降17%。Jaforullah，Whiteman（1998）和 P. Rouse，L. Chen 和 J. A. Harrison 采用 DEA 方法测算了新西兰牛奶生产的技术效率和规模效率，分析了奶牛场规模与生产效率的关系（Mohammad Jaforullah，John L. Whiteman，1999），并对与农场效率有关的环境因素的影响进行调查，发现技术效率和规模效率高与较大的畜群规模、偏低的降雨量和较高的土壤质量（每公顷更多干物质）密切相关。

　　Helena Hansson（2008）运用 DEA 和 Tobit 模型研究探讨了瑞典209个奶牛场的经济效率、技术效率和输入配置效率，以及农场规模对效率的影响，结果表明，农场规模和效率之间的关系是非线性的，效率往往随着规模的扩大先趋于下降，再趋于上升。I. Fraser 和 D. Cordina（1999）用数据包络分析法评估澳大利亚奶牛场的技术效率，而 Kompas 则用汤氏（Tornqvist）指数测算了澳大利亚奶牛场1979—1999年的全要素生产率。

　　（二）国内研究述评

　　除了从改善收入分配、保护农业文明的视角外，目前国内对奶牛养殖模式优缺点更多的学者重视从技术引进、生产监督、产量提高、食品安全、环境保护等方面进行分析。胡定寰等（2006），钟真、孔祥智（2010，2012）等发现，不同养殖模式原料乳的质量安全控制程度有很大的差异，利用信息不对称理论和博弈分析方法从理论上可以证明不同的养殖模式对生产者的激励和约束机制各不相同；钟真等（2013）从不同养殖模式下生鲜乳的质量差异也可以证明这一点。钟真（2011）认为导致生鲜乳质量安全问题的"直接原因"是生产与技术原因，而市场原因、政府原因等虽并不那么"直接"，但对整个奶业发展而言则更为"深刻"。

　　在环境保护方面，考虑到中国整体乳业的可持续发展问题，一部分学者基于循环经济的视角研究了不同养殖模式对环境影响的差异，并探索了不同养殖模式下实行循环经济的可能性。刘成果在2005年奶业生态环境国际论坛上做报告指出，奶牛养殖环境保护在农村小康社会建设、发展循环经济、开发生物能源、保障奶业可持续发展上有重要意义，奶牛养殖业推行循环经济的途径是坚持农牧结合，建立"土地—种植业—奶牛养殖业"三位一体的农业生产系统，可以同时保证有效消纳奶牛粪便，充足供给优质饲料，保证经济、环境和社会效益相统一，使整个农业生态系统形成"粮食多—饲料多—奶牛多—肥料多—粮食多"的良性循环，促进农村建设资源节约和环境友好型社会。刘延鑫等（2006）指出规模化牛场的污染主要来源于牛的粪便、污水、有害气体、粉尘、噪声及死亡牛只等，其解决措施主要是从奶牛场合理规划建设、牛场粪尿处理、牛场内环境污染、加强宏观调控与环境保护宣传等方面进行。李艳春（2010）探讨了"奶牛—沼气—牧草"循环型农业模式的结构功能和生态经济效益，应用能值分析方法对其进行研究，并与单一奶牛养殖模式进行比较。结果表明："奶牛—沼气—牧草"具有环境压力小、自组织能力强、可持续发展能力较强的特征，但仍需进一步优化系统内部结构，提高生产效率。2012年，陈晓明（2013）对137家规模奶牛养殖场粪便收集方式、粪污处理方式等进行了实地调研，并与2011年调研的牛场进行了对比分析；此外，还对规模奶牛场粪污处理的收益情况进行分析，发现规模奶牛场粪污处理不仅有良好的经济效益，还具有生态效益和社会效益，但是对于规模奶牛场来说，奶牛负责人一般都只是从经济效益角度来考虑粪污处理是否会获利。国内有关生鲜乳生产效率的研究起步较晚，对不同奶牛养殖模式生产效率定量研究的文献较少，研究集中在原料奶生产效率测算方面，研究者采用了与国外相同的分析框架，因国情不同，目前，学术界对中国生鲜乳生产的生产效率尚无定论，虽然学者进行了广泛讨论，但研究结论差异较大。

学者或基于养殖效率、养殖规模、现代化程度，或从影响奶牛养殖成本收益的因素，或单独就某一养殖组织模式对奶牛养殖成本收益进行分析，其中，单独就散户养殖组织模式下的奶牛养殖成本收益进行研究的文献较多。辛国昌等（2011）对不同规模奶牛养殖的成本和收益进行比较发现，中国奶牛养殖业仍处于较低的水平，规模效益尚未发挥出来，主要表现在：大中规模养殖的奶牛单产明显高于散户和小规模养殖的单产；然而，大中规模养殖的成本利润率并没有同步增长，反而散养和小规模养殖户的成本利润率高于大中规模养殖。但从总体来看，大规模饲养相对来说还是处于优势。于洪霞（2012）分析呼和浩特市小规模散户奶牛养殖成本收益，发现2009年散养奶户每头产奶牛平均净损失234.83元。辛国昌等（2011）进行了不同规模的奶牛养殖成本比较分析，指出奶牛养殖只有达到一定的规模才会产生较好的效益，即规模效益。李翠霞等（2013）将奶牛养殖规模分为散养、小规模养殖、中规模养殖和大规模养殖，并对黑龙江省奶牛养殖规模进行成本效益分析得出，规模养殖所获得的收益高于散养模式（1—4头）。冯艳秋等（2013）认为在目前规模场、小区和散养模式均存在的情况下，规模场的饲养管理水平和效益高于养殖小区，养殖小区又高于农户散养。张利庠等（2010）将生鲜乳生产模式按现代化程度分为专业户奶牛场、奶牛养殖小区和农户散养3种模式，并从效率角度分析了3种养殖模式的成本收益，得出专业户奶牛场平均每头牛带来利润最大的结论。王贵荣等（2010）从人力资本特征、生产特征、科技服务特征、组织特征等因素对奶牛养殖成本的影响进行分析。张永根等（2008）在对黑龙江省不同地区、不同养殖方式的饲草饲料价格、鲜奶收购价格、奶牛养殖成本和经济效益等问题进行调查研究的基础上，详细分析了黑龙江省不同养殖方式的奶牛生产成本和收益状况，并对黑龙江省奶牛养殖效益的变化原因进行深入的剖析，指出牛奶价格和饲料价格比是影响奶牛业经济效益的主要因素，市场价值规律和政府的宏观调控是制约奶料比的内在因素和外在因素。

　　现有研究缺乏对生鲜乳生产技术效率、配置效率以及经济效率的定量测算，最近几年才陆续有此类文献出现，利用收益额估算的效率忽视了成本的计算，而以成本收益估算的数值忽视了配置效率，也很难看出与最优效率的差距。曹暕等（2005）认为中国农户牛奶生产平均技术效率为70%，彭秀芬（2008）指出中国原料奶生产的平均技术效率为91%，马恒运等（2007）学者的研究显示，中国牛奶生产的技术效率水平为80%—90%，而王德祥等（1997）的研究认为北京市奶牛场的生产效率为94.04%，导致上述差异的原因主要是数据选取与研究年份不同。杜凤莲（2013）利用随机前沿生产函数测算技术效率、配置效率和经济效率，并使用Tobit模型分析经济效率、技术效率和配置效率的决定因素。散养模式效率最低，养殖小区次之，牧场效率最高。农户个人特征、家庭或企业特征、精粗饲料比例对原奶生产效率有影响。在所有制方面，尽管散户原料奶生产存在技术和配置效率损失，但其养殖经济效率依然高于国有农场（曹暕，2005）。在养殖方式方面，散养模式的经济效率高于养殖小区和牧场，奶牛小区的奶农的养殖经济效率并不高（卜卫兵，2007）；在养殖规模方面，小规模或者中规模养殖模式效率最高，如薛强等（2012）认为小规模养殖的综合效率、规模效率均优于农户散养。薛强等（2012）认为农户家庭饲养方式的技术效率、配置效率均低于规模化养殖，但仍然有其存在的合理性。在养殖地区方面，大城市周边地区原料奶生产的技术效率最高，华北地区生产效率最低（杨建青，2009）。

　　现有的很多研究对生产投入的理解过于简单，对奶牛养殖模式的全要素生产率分析的文献较少，对产出则多限于用奶牛单产进行简单比较，忽视了产品质量安全、生产模式对环境的影响等维度。王林枫（2006）从全要素生产率视角综合各方面的因素，从经济效益、产品质量和环境保护等各方面进行考虑，限制散养户，适度发展规模牛场和股份合作制的奶牛养殖公司将是中国奶牛养殖业的发展方向。其研究结果为：（1）不同奶牛养殖模式下的牛奶成分在脂肪和蛋白质方面没有大的差异，但在微生物、体细胞数方面散户大于规模户，规模户大于奶牛场。（2）在奶牛卫生状况和疾病方面，奶牛场的卫生状况优于规模户，规模户优于散养户，因此散养户的疾病发病率大于规模户，规模户大于奶牛场。此外，散养户对环境造成污染的程度越来越突出。马恒运等（2011）对中国原料奶生产全要素生产率的增长进行了测算，指出全要素生产率增长缓慢，仅为0.1%，技术退步是阻碍全要素生产率增长的主要原因。薛强等（2012）对中国农户散养的全要素生产率增长、技术进步及技术效率进行了测算，结果显示2004—2009年中国10个奶业省的总体生产效率较高，综合效率平均值达到95.6%，全要素生产率呈逐年上升，但上升幅度逐年减小，其增长率省际差异较大，最大形成了6.2%的差距。薛强等（2012）还认为内蒙古奶牛家庭饲养方式在2004—2009年这6年的平均技术效率为81.9%，总体技术效率不高，家庭饲养的全要素生产率与技术进步变化趋势一致。张菲等（2013）采用DEA-Malmquist生产率指数法，分别从全国层面和省份层面对比分析了四种奶牛养殖模式与生鲜乳全要素生产率的关系。研究结果显示，从全国层面看，散养和小规模的全要素生产率小于中规模和大规模，并且随着时间的推移，中规模和大规模奶牛饲养的规模效应日益凸显；从省份层面看，生鲜乳生产的全要素生产率是否随养殖规模的扩大而增加或者减小，在不同省份之间存在差异。

　　综上所述，在生鲜乳生产效率方面，与国外相比，国内研究差距主要体现在以下四个方面：第一，因为数据的可获得性等问题，国内研究大都基于《中国奶业统计年鉴》数据，把养殖规模作为区分养殖方式的标准，从而缺乏对不同生产模式效率的比较分析。第二，缺乏对原料奶生产技术效率、配置效率以及经济效率的定量测算，利用收益额估算的效率忽视了成本的计算，而以成本收益估算的数值忽视了配置效率，也很难看出与最优效率的差距。第三，很多研究对生产投入的理解过于简单，未能使用全要素生产率的概念，对产出则多限于用奶牛单产进行简单比较，忽视了产品质量安全和环境因素对不同养殖模式的影响等维度。第四，与国外研究结果不同，国内已有文献表明中国小规模或者中规模养殖模式效率最高，该研究结果很难解释当前原料奶生产模式从散养向合作社、牧场转变，以及大量农户退出奶牛养殖业的现实。

本文拟在全员生产率概念下，综合考虑产量、产品质量安全和环境影响，通过问卷调研获得第一手数据资料，采用 DEA 模型对不同养殖模式生产效率进行比较，在此基础上判断今后我国奶牛养殖业的主流发展模式，并对今后我国乳业发展给出思路和建议。

二　数据包络分析模型构建

DEA 分析是根据已知数据，使用 DEA 模型得到相应的生产前缘，评价具有多输入和多产出的决策单元（Decision Making Unit，DMU）的相对有效性的方法。最先构造非参数线性前沿面来估计生产前沿面的是 M. J. Farrell（1957），其广泛运用则是在 A. Charens 等（1978）发展出规模报酬不变（CRS）的 DEA 模型后，此后 R. D. Banker 等（1984）延伸了规模报酬不变的假设，提出了基于可变规模报酬（Variable Return to Scale，VRS）的 DEA 模型。

DEA 模型的目的是规划出一个非参数的包络前沿面，有效点在生产前沿上，无效点在前沿的下方。其数学表达如下：

假设评价系统中有 n 个样本（DMU），每个决策单元由 K 种投入要素和 M 种产出构成，其中第 i（$i = 1, 2, \cdots, n$）个 DMU 的输入、输出向量分别为 x_i、y_i，其中 $x_i = (x_{1i}, x_{2i}, \cdots, x_{Ki})^T > 0$，$Y_i = (y_{1i}, y_{2i}, \cdots, y_{Mi})^T > 0$，投入矩阵 $X = K \times N$，产出矩阵 $Y = M \times N$，代表所有 N 个决策单元的数据。对于每一个决策单元，可以得到所有投入与产出的比值，如 $u'y_i / v'x_i$，其中 u 是一个 $M \times 1$ 的向量，v 是 $K \times 1$ 的向量，即 $u = (1, 2, \cdots, M)$，$v = (1, 2, \cdots, K)$，可以用数学规划的方法来寻找最佳的 u、v。

$$\max_{u,v} \left(\frac{u'y_i}{v'x_j} \right)$$

$$s.t. \quad \frac{u'y_i}{v'x_j} \leq 1, \ j = 1, 2, \cdots, N$$

$$u , v \geq 0 \tag{1}$$

对于公式（1），会有无限多个解，为了避免这一问题，加上一个限制条件：$v^{'}x_i = 1$。即：

$$\max_{u,v} u^{'} y_i$$
$$s.t. \quad u^{'} y_i - v^{'} x_j \leq 0, \ j=1, \ 2, \ \cdots, \ N$$
$$u,v \geq 0$$
$$v^{'} x_i = 1 \tag{2}$$

通过对偶变换，公式（2）可以得到如下形式：

$$\min_{\theta,\lambda} \theta ,$$
$$s.t. \quad -y_i = Y\lambda \geq 0$$
$$\theta x_i - X\lambda \geq 0$$
$$\lambda \geq 0 \tag{3}$$

在公式（3）中，CRS 的线性规划模型中加入凸性限制：$N_1^{'}\lambda = 1$，就得到 DEA 的可变规模报酬形式（VRS）：

$$\min_{\theta,\lambda} \theta ,$$
$$s.t. \quad -y_i = Y\lambda \geq 0$$
$$\theta x_i - X\lambda \geq 0$$
$$N_1^{'}\lambda = 1$$
$$\lambda \geq 0 \tag{4}$$

在公式（4）中，θ 是标量，λ 是一个 $N \times 1$ 的常向量，解出来的 θ 值即为 DMU_i 的效率值，一般有 $\theta \leq 1$，如果 $\theta = 1$，则意味着该决策单元是技术有效的，即位于前沿面上。由于技术效率能够较好地指出投入或产出的改进，成为经济效率研究的重要方法。公式（4）这一基于 VRS 假设的 DEA 模型构成了一个截面凸包，比 CRS 构成的圆锥包更为紧凑，同时可以将该公式中计算得出的技术效率分解为纯技术效率（Pure Technical Efficiency, PTE）和规模效率（Scale Efficiency, SE），即 TE = PTE × SE。技术效率及其分解的纯技术效率和规模效率的值的取值范围均为：0—1，若效率值为 1，则为 DEA 有效；否则为非 DEA 有效。

与其他方法比较，模型中输入指标和输出指标的权重不需要事先确定，避免了指标权重设置的主观性；同时 DMU 的有效性评价结果与指标的量纲选取无关，这既避免了主观因素的影响，也降低了运算过程带来的误差；DEA 评价模型特别适用于具有多个输入变量和输出变量的复杂系统，能够对决策单元的规模有效性和技术有效性同时进行评价。本书采用 VRS 假设下基于投入法的 DEA 模型。

三 数据来源、变量选择和样本描述

(一) 数据来源

如前所述，本文将目前中国规模养殖模式分为 4 种：养殖小区、家庭牧场、规模牧场和超大型现代化牧场。由于超大型现代化牧场生产前沿面与其他的养殖场有很大差异，故本书的研究对象只涵盖其他三种规模养殖模式。课题组采取问卷调查方式获取各种养殖模式下的投入产出数据。预调研在石家庄周边地区进行，最终确定正式的调研问卷。2014 年 5 月和 7 月分别展开了针对河北和内蒙古的正式调研。调研采用一对一访谈形式，由访谈员根据回答填写问卷，最后得到有效问卷 52 份，有效问卷比例达到 100%。其中，养殖小区 37 个，家庭农场 8 个，规模牧场 11 个。

(二) 变量选择及定义

根据研究目标，考虑到指标的代表性和数据可得性，并从技术上避免输入（输出）及内部指标间的强线性关系，同时考虑决策单元、投入变量、产出变量的个数以及三者之间的关系（运用 DEA 方法时，DMU 的数量必须满足：$n \geq \max\{m \times s, 3(m+s)\}$，其中，$n$ 代表 DMU 的个数，m 代表投入变量的个数，s 代表产出变量的个数），本书选择 5 个投入变量和 3 组产出变量（共 5 个产出变量）。对变量的处理及解释如下：

1. 投入指标（I）选择

除占地面积（亩）、奶牛存栏数（头）之外，其余投入指标的选择和处理如下：

（1）劳动力人数。包括自有劳动力和雇佣劳动力。样本奶牛场总劳动力人数的变异系数为 0.6385，而平均每 100 头奶牛所需要的劳动力人数的变异系数为 0.3471，后者的数据质量优于前者，故本书将劳动力人数的单位定为："人/100 头"。

（2）固定资产原值。几乎所有养殖场都没有规范的财务报表，不能提供固定资产现值。考虑到绝大多数（样本中约 70.59%）奶牛场建场时间均迄今 7 年（2006—2011 年），对所有奶牛场都使用固定资产原值（单位：万元）。问卷采用枚举法请奶牛场的业主逐项回答固定资产的购置价格，最后加总得到本数据。

（3）流动成本。用除人工外的其他流动成本表示，包括：饲料（粗料和精料）、水电费、燃煤、运输费、治病、防疫等。样本养殖场总流动成本的样本变异系数为 0.701，而平均每头奶牛的流动成本变异系数为 0.394，因此，本书将使用平均每头牛的流动成本，单位：元/头。

2. 产出指标（Q）选择

产出分为 3 类，本书称之为产量产出、质量产出和环境友好产出，分别用 $x_i = (x_{1i}, x_{2i}, \cdots, x_{Ki})^T > 0$，$x_i = (x_{1i}, x_{2i}, \cdots, x_{Ki})^T > 0$，$x_i = (x_{1i}, x_{2i}, \cdots, x_{Ki})^T > 0$ 表示。

（1）产量产出 $[\, x_i = (x_{1i}, x_{2i}, \cdots, x_{Ki})^T > 0 \,]$

产量产出用 2013 年平均日交奶量表示，单位：吨。使用产量可以排除价格差异（主要源于质量差别、区域差异和季节变化）带来的销售收入的变化。除生鲜乳外，奶牛场产出还有犊牛和淘汰牛的销售收入，由于不同奶牛场中每年犊牛的出生比例和淘汰牛比例大致相当，主要与牛群规模相关，故此处不予考虑。

（2）质量产出 $[\, x_i = (x_{1i}, x_{2i}, \cdots, x_{Ki})^T > 0 \,]$

基于严格的生鲜乳检测制度，奶牛场可以获得每批生鲜乳的质量检测数据。本书借鉴钟真（2012）对生鲜乳质量安全的分类，将其分为"生鲜乳安全"（raw milk safety）和"生鲜乳品质"（raw milk quality）两类指标，用"乳蛋白率"和"乳脂率"来衡量生鲜乳品质，用"菌落总数"来衡量生鲜乳安全。乳蛋白率和乳脂率越高，生鲜乳品质水平越高；菌落总数越高，生鲜乳安全水平越差。

菌落总数是一种非期望产出，本书采用线性数据处理方法，将菌落总数转换为一种越大越好的产出，公式为 $x_i = (x_{1i}, x_{2i}, \cdots, x_{Ki})^T > 0$，其中，$x_i = (x_{1i}, x_{2i}, \cdots, x_{Ki})^T > 0$ 为检测单中的数值，$x_i = (x_{1i}, x_{2i}, \cdots, x_{Ki})^T > 0$ 是一个足够大的值，在此本文取值为 11（单位：十万/毫升），$x_i = (x_{1i}, x_{2i}, \cdots, x_{Ki})^T > 0$ 为处理后的菌落总数，定义为"菌落总数*"。

（3）环境友好产出 $[\, x_i = (x_{1i}, x_{2i}, \cdots, x_{Ki})^T > 0 \,]$

对环境因素的处理主要有两种方式：一是将对环境造成影响的污染排放物作为投入要素，与资本和劳动投入一样一起引入生产函数，这种处理方法在早期的文献中使用较广泛（A. Hailu et al.，2001；V. Ramanathan，2005；匡远凤等，2012），该方法的缺陷是违背了实际生产过程，其环境效率的计算是有偏的或不准确的；二是把污染排放看作非期望产出，和期望产出（好产出）一道引入生产过程，利用方向性距离函数来对其进行分析（如 M. Lindmark et al.，2003；R. Fare et al.，2004；王兵等，2010；陈诗一，2010；等等）。其共同的特点是使用具体的污染排放指标。本书中，奶牛场的主要污染物是牛粪尿以及冲洗挤奶厅和牛舍产生的废水，由于各奶牛场污染物的排放量数据缺失，本书使用对各奶牛场采取的环境污染处理手段的评分来代替。其假定是，污染处理越严格，其环境友好度越高。本书借鉴农业部制定的《奶牛标准化示范场验收评分标准》的部分内容，结合调查问卷对环境友好度进行指标选择并赋权。见表 5.1。

表 5.1 环境友好度指标及其权重

编号	环境友好度指标	权重
HJ - 1	符合卫生规范的选址，即，距离生活饮用水源地、居民区和主要交通干线、其他畜禽养殖场及畜禽屠宰加工、交易场所 500 米以上，远离噪声，地势高燥，通风好	4
HJ - 2	净道和污道严格分开	2
HJ - 3	场区有防疫隔离带，场内生活管理区、生产区和粪污处理区严格分开，功能区规定的生活管理区位于生产区的上风向；隔离区在生产区的下风向，与生产区的距离在 50 米以上	4
HJ - 4	有固定的牛粪储存、堆放场所和设施，储存场所防雨、防漏、防溢流	2
HJ - 5	采用农牧结合粪污腐熟还田	2
HJ - 6	有粪污处理设施，如固液分离、有机肥或沼气池	3
HJ - 7	有储液池，污水处理设施，并可以正常运转	3

在调研问卷中，HJ - 1、HJ - 2、HJ - 3 是养殖企业对本企业在奶牛养殖过程中的一些关键控制点的执行效果进行的自我评价，该执行效果分为 1—5，分别代表非常不好、比较不好、一般、比较好、非常好，本书对其分别赋值为 0.2、0.4、0.6、0.8、1，然后与 HJ - 4—HJ - 7 一起，将各指标得分和其权重相乘的结果相加，得到各决策单元的环境友好度得分，将这一环境友好度得分作为各养殖模式的环境友好度指标；同时，本书假定："在正常情况下，环境友好度得分越高，表明奶牛养殖环境越友好。"

3. 投入产出指标归纳

上述投入和产出指标归纳如表 5.2。

118 中国奶产业链重构与生鲜乳质量安全问题研究

表5.2 投入产出变量及指标归纳

	变量分组		指标
投入	I		占地面积、奶牛存栏、劳动力人数、固定资产原值、流动成本
产出	产量产出	O_1	产奶量
	质量产出	O_2	乳脂率、乳蛋白率、菌落总数
	环境产出	O_3	环境友好度

（三）研究方案及相应的投入产出变量对应关系

本书设定四种研究方案，分别研究每种方案下的效率，并对不同方案下的效率进行比较。每种方案的投入都相同，但产出不同。方案一只考虑产量产出（即产奶量），简称"产量"；方案二：考虑产奶量和质量的情况，即"产量+质量"，简称"质量"；方案三：考虑产奶量和环境因素的情况，即"产量+环境"，简称"环境"；方案四：同时考虑产奶量、质量和环境因素的情况，即"产量+质量+环境"，称为"综合"。表5.3是各方案的投入产出关系、技术效率及其分解的变量名。

表5.3 投入产出对应关系和相应概念

简称	方案	投入产出关系	技术效率及其分解的纯技术效率和规模效率
产量	产量	$I \to O_1$	产量技术效率、产量纯技术效率、产量规模效率
质量	产量+质量	$I \to O_1 + O_2$	质量技术效率、质量纯技术效率、质量规模效率
环境	产量+环境	$I \to O_1 + O_3$	环境技术效率、环境纯技术效率、环境规模效率
综合	产量+质量+环境	$I \to O_1 + O_2 + O_3$	综合技术效率、综合纯技术效率、综合规模效率

四 模型估计结果和解释

本书选择 OECD（经合组织）开发的 DEAP 2.1 软件中 VRS 模型来计算不同养殖模式的技术效率及其分解的纯技术效率和规模效率。方法是将每种养殖模式作为一个数据集，每种养殖模式内所含样本点都有一个效率值，取其平均值作为该种养殖模式的效率值，比较不同养殖模式的效率值即可得出养殖模式间的效率差异。同时，每一个样本点可以得到相应的投入要素冗余值和产出要素不足值，用该值除以实际使用量就得到相应的投入要素冗余比例和产出要素不足比例，再根据各样本的投入要素冗余比例和产出要素不足比例求平均值。

（一）技术效率

三种养殖模式的技术效率如图 5.1 所示，该图横轴表示各方案：仅考虑产量情况、考虑产量和质量的情况、考虑产量和环境的情况，以及同时考虑产量、质量和环境的情况，纵轴表示不同养殖模式的技术效率的值。可以看到，家庭牧场在"质量""环境"和"综合"方案下的技术效率值均为 1，即 DEA 有效，只有在"产量"下的技术效率为 0.754，非DEA 有效；而养殖小区和规模牧场的技术效率在任何情况下都为非 DEA有效。其中，养殖小区在"产量""质量""环境"和"综合"下的技术效率均小于规模牧场，且在"环境"下差距最为明显，养殖小区的技术效率比规模牧场小 0.031。规模牧场的技术效率值变动区间较小，在0.823—0.954，养殖小区的技术效率值变动稍大，在 0.813—0.948。

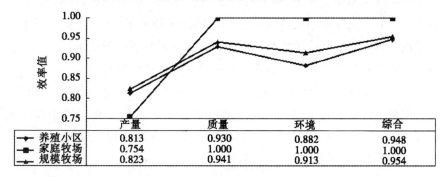

	产量	质量	环境	综合
养殖小区	0.813	0.930	0.882	0.948
家庭牧场	0.754	1.000	1.000	1.000
规模牧场	0.823	0.941	0.913	0.954

图 5.1　三种养殖模式的技术效率

（二）技术效率分解

技术效率＝纯技术效率×规模效率。纯技术效率是由于企业管理和技术等因素影响的生产效率，规模效率是由于企业规模因素影响的生产效率。

从表 5.4 可以看到，除了考虑"产量"方案下的规模效率外，家庭牧场在四种情况下的纯技术效率和规模效率都达到了 DEA 有效（其"产量"规模效率为 0.754）；而养殖小区和规模牧场在四种情况下的纯技术效率和规模效率均为非 DEA 有效。

1．"产量"方案下，纯技术效率：家庭牧场＞规模牧场＞养殖小区；规模效率：养殖小区＞规模牧场＞家庭牧场。三种养殖模式的低技术效率主要来自规模效率低，这或许解释了政府鼓励大型养殖场建设的政策取向。

表 5. 4　　　　　　　　　三种养殖模式的生产效率的分解

	养殖模式	纯技术效率	规模效率		养殖模式	纯技术效率	规模效率
产量	养殖小区	0.906	0.896	产量＋环境	养殖小区	0.936	0.942
	家庭牧场	1.000	0.754		家庭牧场	1.000	1.000
	规模牧场	0.924	0.890		规模牧场	0.953	0.957
产量＋质量	养殖小区	0.957	0.972	产量＋质量＋环境	养殖小区	0.981	0.966
	家庭牧场	1.000	1.000		家庭牧场	1.000	1.000
	规模牧场	0.986	0.955		规模牧场	0.987	0.967

2. "产量＋质量"方案下，纯技术效率：家庭牧场 > 规模牧场 > 养殖小区，规模效率：家庭牧场 > 养殖小区 > 规模牧场，但二者差别不大。其中，只有家庭牧场的纯技术效率和规模效率达到了 DEA 有效。养殖小区的低技术效率主要缘于纯技术效率低，而规模牧场的低技术效率则主要是因为规模效率低。养殖小区在管理和技术上的劣势得到印证。

3. 在"产量＋环境"方案下，纯技术效率和规模效率均为：家庭牧场 > 规模牧场 > 养殖小区。家庭牧场达到了 DEA 有效，而养殖小区和规模牧场的低技术效率均因为纯技术效率低下。这说明考虑环境影响的技术效率受养殖规模的影响不大，主要影响来自企业管理和技术因素。

4. 在"产量＋质量＋环境"方案下，纯技术效率和规模效率均为：家庭牧场 > 规模牧场 > 养殖小区。养殖小区和规模牧场的低技术效率既有纯技术效率低的原因，也有规模效率低的原因，后者影响更大。

（三）投影分析及其改进

表 5.5 是三种不同的奶牛养殖模式在不同方案下的效率测评结果的投影，用来分析影响其技术效率的因素。

1. 只考虑"产量"的投影分析中，三种养殖模式均不存在产出不足，且家庭牧场甚至不存在投入冗余。影响规模牧场技术效率的最主要原因来自资本投入过度，其中，流动成本投入冗余率达到了 7.84%，固定资产原值投入冗余率为 5.18%。规模牧场的固定资产投资普遍较高，但是一些机械设备的利用率不足或过度配备，这可能是造成固定资产投资冗余的重要原因。影响养殖小区技术效率的最主要原因是占地面积冗余和流动成本投入冗余，冗余率分别为 3.78% 和 3.54%。占地面积投入冗余可能来自两方面的原因：一是有些养殖户在养殖小区居住；二是养殖小区不能实现按牛的特征分群饲喂，牛群仍然是一家一户分开的，这可能造成土地利用不充分。规模牧场和养殖小区的流动成本投入冗余（主要是饲料成本）的原因可能不同，规模牧场主要缘于优质饲料、饲草的过度投入，养殖小区可能缘于对精饲料的过度依赖以及从小区业主手中购买较高价格的饲料。

表5.5　　　　　　　　奶牛养殖模式产出不足和投入冗余分析　　　单位：%

		占地面积	奶牛存栏	劳动力人数	固定资产原值	流动成本	日交奶量	乳脂率	乳蛋白率	菌落总数*	环境友好度
产量	养殖小区	3.78	2.72	2.35	1.04	3.54	0.00	—	—	—	—
	家庭牧场	0.00	0.00	0.00	0.00	0.00	0.00	—	—	—	—
	规模牧场	4.89	1.13	2.00	5.18	7.84	0.00	—	—	—	—
产量+质量	养殖小区	2.33	1.27	3.32	0.38	2.14	0.47	1.69	1.09	5.25	—
	家庭牧场	0.00	0.00	0.00	0.00	0.00	0.00	0.00	0.00	0.00	—
	规模牧场	0.00	1.13	3.47	0.68	3.82	0.00	0.37	0.66	2.70	—
产量+环境	养殖小区	6.00	2.07	1.30	1.21	2.39	0.92	—	—	—	9.87
	家庭牧场	0.00	0.00	0.00	0.00	0.00	0.00	—	—	—	0.00
	规模牧场	7.87	1.13	2.97	7.26	4.80	1.77	—	—	—	3.55
产量+质量+环境	养殖小区	2.47	0.23	1.35	0.38	0.06	1.27	0.81	0.44	4.90	1.85
	家庭牧场	0.00	0.00	0.00	0.00	0.00	0.00	0.00	0.00	0.00	0.00
	规模牧场	0.00	1.13	0.00	0.68	0.00	0.00	0.37	0.20	0.95	3.55

注：（1）产出要素不足比例（%）＝不足量/实际使用量。（2）投入要素冗余比例（%）＝冗余量/实际使用量。（3）先算各决策单元的产出要素不足比例和投入要素冗余比例，然后求平均值。（4）指标菌落总数*的定义参见本书第116页。

2.考虑"产量+质量"因素的投影分析中，家庭牧场在投入和产出中均不存在冗余或不足现象。养殖小区和规模牧场比较，养殖小区在日交奶量、乳脂率、乳蛋白率和菌落总数的产出不足率均大于规模牧场，规模牧场的日交奶量方面不存在产出不足。影响养殖小区生产效率的最主要的因素是菌落总数产出不足，产出不足率为5.25%。其次为劳动力人数投入过度，冗余率达到3.32%。前者原因在于养殖小区挤奶厅设备投入普遍较简陋，挤奶环境不可控因素多。后者原因是养殖小区中分户饲喂，无论养牛多少，都必须占用1—2个劳动力，造成劳动力利用不足。影响规模牧场生产效率的最主要的因素是流动成本投入过度，冗余率为3.82%，前文提到规模牧场过度投入优质饲料、饲草，即使将由此带来的生鲜乳品质的提升考虑进去，规模牧场仍然存在投入冗余。因此，合理的营养搭配技术可能是当务之急。

3. 考虑"产量＋环境"产出的投影分析中，家庭牧场不存在产出不足和投入冗余。影响养殖小区技术效率的最主要因素是环境友好度产出不足，产出不足率达到9.87%，其次为占地面积投入过度，冗余度为6%。影响规模牧场技术效率的最主要因素是占地面积，投入冗余度达到7.87%，其次为固定资产原值，投入冗余度达到7.26%。养殖小区在资本的投入上比规模牧场理智，固定资产原值和流动成本的投入冗余率均低于规模牧场，这可能与规模牧场在现代化设备投入上有关，如TMR、奶牛卧床、粪污处理设施等，这些设备的投入，转化成了更好的环境友好度产出，即规模牧场的环境友好度产出不足率为3.55，而养殖小区则为9.87%。

4. 考虑"产量＋质量＋环境"产出的投影分析中，家庭牧场不存在产出不足和投入冗余。就养殖小区来说，影响其综合技术效率的最主要因素是菌落总数，产出不足率达到4.9%，其次为占地面积，投入冗余率达到2.47%；就规模牧场来说，占地面积、劳动力人数、流动成本均不存在投入过度情况，日交奶量也不存在产出不足情况，环境友好度是影响其综合技术效率的最主要因素，产出不足率达到了3.55%。

五　主要结论与政策建议

本文运用DEA方法构建出一个考虑质量和环境因素的奶牛养殖模式的效率评价指标体系，对"产量""产量＋质量""产量＋环境""产量＋环境＋质量"四种方案下不同奶牛养殖模式的技术效率及其分解的纯技术效率和规模效率分别进行了比较，并对三种不同养殖模式的产出不足和投入冗余进行了分析，主要得出以下几点结论和启示：

（一）主要结论

1. 虽然在单纯考虑"产量"的方案下，家庭牧场的技术效率低于养殖小区和规模牧场，但是，在"产量＋质量""产量＋环境"以及"产量＋质量＋环境"方案下，家庭牧场完胜，均为DEA有效。另外，在四种方案下，养殖小区全面劣于规模牧场，让业内必须慎重考虑养殖小区模式的发展前景。

2. 对技术效率的分解发现，家庭牧场在仅考虑"产量"方案下技术效率低的原因是由于其规模效率较低。在现有条件下，适度扩大家庭牧场的规模有助于其技术效率的进一步提高。在"产量＋质量"方案下，养殖小区的低技术效率主要来源于纯技术效率低，而规模牧场的低技术效率则主要是因为规模效率低。养殖小区在管理和技术上的劣势得到印证。而以规模著称的规模牧场，其规模也没有调整到合适的水平。在"产量＋环境"方案下，养殖小区和规模牧场的低技术效率受养殖规模的影响不大，主要影响来自企业管理和技术因素。在"产量＋质量＋环境"方案下，养殖小区和规模牧场的低技术效率既有纯技术效率低的原因，也有规模效率低的原因，后者影响更大。

3. 利用投影分析剖析影响三种养殖模式技术效率的因素发现，不同养殖模式低技术效率的来源不同。家庭牧场表现最佳，在四种不同的研究方案下，均不存在产出不足和投入冗余。在只考虑"产量"的投影分析中，规模牧场过度资本投入明显，流动成本投入冗余率 7.84%，固定资产原值投入冗余率 5.18%，占地面积冗余率 4.89%。在"产量＋质量"和"产量＋环境"方案下，规模牧场的投入冗余也非常明显，主要集中在占地面积、固定资产原值、劳动力人数和流动成本方面。在"产量＋质量＋综合"方案下，规模牧场的投入冗余变小，但是"环境产出"不足仍然明显；养殖小区情况在占地面积和劳动力人数方面投入冗余明显，牛奶产量和菌落总数产出不足，如何发展规模养殖的适用技术是一项紧迫的课题。

（二）对中国养殖模式选择的思考

1. 养殖小区转型必须提上日程。养殖小区的投入冗余（特别体现在土地面积和劳动力投入）和产出不足（特别体现在质量和环境产出不足）促使我们深刻反思养殖小区模式的缺陷。调研发现，绝大多数养殖小区实质上是"集中散养"，小区的基础设施和机械设备由小区老板投资，原来的散户赶着自己的牛进入小区饲养，分户饲喂。奶农一般免费使用养殖小区的设施，但负有向小区交售牛奶的义务。养殖小区集中挤奶后将牛奶交售给乳企，赚取销售价和与奶农结算价格之间的差价。在这种模式下，奶农与小区业主的关系紧张，利益难以协调，双方均无固定资产投资欲望，技术引进也难以实现。近几年政府鼓励推广的奶牛卧床和自动饮水设施、空调设施、TMR 日粮饲喂技术等，在养殖小区推进缓慢。近年，有些地方推进通过奶牛托管、入股等方式改造养殖小区，使其向规模牧场或家庭牧场方式转变，其效果还要静观其变。

2. 规模牧场并不是效率最高的养殖模式。规模牧场一向给人以产量高、质量好的印象，似乎中国奶牛养殖的一切问题都会因为规模化和标准化迎刃而解。然而，实证分析表明，规模牧场投入冗余明显，且环境友好产出不足。调研发现，规模牧场片面追求"高大上"，占地要大（这也与地价便宜有关），机械设备要新、要全，奶牛营养要好，但是投入并没有全部转化成有效产出，机械设备利用率不足。同时，规模牧场的雇工管理出现较大困难，曾有牧场讲述其因为员工责任心不够导致冬季母牛产崽在户外冻死的现象，奶牛生病不能被及时发现也很普遍。其环境友好产出不足也令人惊讶，可见环境问题不能靠上规模来解决，环境友好需要适用技术和严格的法律法规共同发挥作用。

3. 应大力促进家庭牧场的发展。实证结果表明，综合考虑产量、质量和环境，家庭牧场 DEA 有效。尽管在调研中对此有所觉察，但实证结果家庭农场的高效率还是让人惊讶。无数经验研究证明，在农业生产领域不存在显著的规模经济效应，从全员生产率角度（即综合考虑土地、劳动力、机械、燃料等投入的生产率）看，规模牧场和超大规模牧场并无明显优势，反而是家庭牧场，由于家庭成员享有所有的生产利润，其生产积极性高于雇工，有利于降低劳动监督成本，降低管理费用，同时，家庭牧场可以充分利用闲散劳动力，为更多非整劳力提供就业机会，增加了农户的致富可能性。此外，农民对土地有深厚的感情，养牛对他们而言不仅是生产方式，也是生活方式，一旦进入该产业不会轻易舍弃，这与以逐利为单一目标的工商资本不同，一旦行业风险加大，利润下降，甚至仅仅是政府某些扶持政策的消失，就很可能导致其改变投资方向。从长期看，很难想象全部由工商资本和产业工人构成的大规模养殖场能支撑中国的奶牛养殖业。令人担忧的是，目前中国的家庭牧场在夹缝中生存，一是很少得到政府的优惠政策①；二是没有自己的销售渠道，受到乳企的价格压榨；

---

① 当前政府执行的很多奶牛产业优惠政策都存在明显的对大规模甚至超大规模养殖的偏好。例如：国家发改委和农业部从 2008 年开始每年发布的《组织申报奶牛标准化规模养殖小区（场）建设项目投资计划的通知》，补贴标准一直与养殖规模挂钩，并且起点从一开始的存栏量 200 头以上提高到 2012 年的 300 头以上；农业部颁布的《畜禽养殖标准化示范创建活动工作方案》，一开始就将扶持标准定在存栏量 200 头以上；河北省人民政府 2013 年发布的《关于加快全省乳粉业发展的意见》，更是将扶持标准定在存栏泌乳牛 400 头以上（相当于奶牛存栏 800 头以上）。

三是缺乏针对家庭牧场的社会化服务体系，导致家庭牧场的技术引进困难。在这种情况下，家庭牧场的发展难度很大。因此，建议要采取针对性措施，鼓励家庭牧场及其基础上的合作社发展。

首先，尽快出台对 100 头左右小规模家庭牧场的扶植政策。允许奶农将自家耕地或租赁土地作为养殖用地，鼓励奶农实现种养一体化；按照科学、适用、环境友好原则确定家庭牧场的硬件建设规范；① 改变当前以项目申报为主的补贴方式，达到标准的验收合格即给予补贴，卫生条件合格即发放生鲜乳销售和运输许可证；针对家庭牧场发展中人才匮乏、管理水平不高、技术改进困难的情况，组织相关部门、专家开展家庭牧场人才计划。其次，以家庭牧场为基础的合作社与目前中国大量存在的与奶牛养殖小区层次重叠的合作社不同，② 它是由成员共同出资成立，利益共享、风险共担，由合作社向奶农提供其急需却力所不能及的服务（如饲料集中采购、青贮料统一制作，奶牛生产性能测定、配种，奶牛营养、疫病防治，牛奶冷藏运输、牛奶质量检测等），使合作社成为家庭奶牛场发展的组织依托。

---

① "科学、适用"原则既要保证奶牛养殖技术的不断提高，又要防止固定资产投资大而无当。

② "小区合作社"一般由几十户拥有几头到几十头奶牛的奶农组成，小区由其负责人投资建成，并租赁设施给农户，农户向小区交售牛奶，小区提取"管理费"作为利润，在这里，奶农和小区老板完全是买卖关系，多数小区注册为"合作社"是为了相应的优惠政策，并且由于现行的《农民专业合作社法》存在漏洞才得以实现。

第六章

养殖小区模式存在的问题及奶农
的安全生产行为分析

第五章的实证分析表明，在考虑质量和环境因素的情况下，相对于家庭牧场模式，养殖小区的生产效率较低。由此提出了一个新的问题，养殖小区模式在中国是否可以持续？除了生产效率较低外，养殖小区模式是否还有其他弊端？养殖小区模式与规模化的牧场不同，其奶牛养殖是由个体养殖户（奶农）分散完成，因此，个体养殖户的养殖行为是否安全不仅关系到原料乳的质量安全，还关系到对养殖小区模式的未来发展方向的判断。从此目的出发，本章将在生产效率分析的基础上，利用相关背景资料和调研问卷数据，就养殖小区模式的发展历程、存在的主要问题及该模式下奶农的安全生产行为进行进一步分析。

第一节　养殖小区模式存在的主要问题

养殖小区是集中一定区域内的养殖主体，到规定区域内进行集约化养殖，所有养殖主体需接受统一规划、统一建设、统一防疫、统一治污、统一销售、统一生产，以求实现畜牧业的规模化、集约化、规范化和产业化的一种养殖模式。21 世纪之前，中国包括奶牛养殖在内的养殖业主要是以家庭散养为主的小规模养殖模式，这种小规模的养殖模式无法保证产品质量，其造成的环境污染问题也十分严峻，并且，各养殖户对市场风险的抵御能力非常弱，极易造成养殖业的大起大落。基于此，政府在 2003 年左右开始出台一系列支持政策，鼓励各地区兴建标准化的养殖小区，以期通过标准化养殖实现养殖业的集约化生产，进而在实现环境安全的基础上提高养殖业的发展速度和整体经济效益。2004 年，农业部出台了《关于推进畜禽现代化养殖方式的意见》，提出"把畜禽养殖小区建设成促进农民增收、农业增效和畜产品市场竞争力增强的载体"，2004 年发布的《中共中央　国务院关于促进农民增加收入若干政策的意见》进一步明确"鼓励乡村建立畜禽养殖小区"；2005 年中央发布《中共中央　国务院关于进一步加强农村工作提高农业综合生产能力若干政策的意见》，指出可以通过"小额信贷、财政贴息等方式，引导符合条件的地方发展养殖小区"；2006 年 7 月，《中华人民共和国畜牧法》也对养殖小区的建设主体、建设用地来源做了进一步明确："国家支持农村集体经济组织、农民和畜牧业合作经济组织建立畜禽养殖场、养殖小区，发展规模化、标准化养殖。"截止到 2006 年底，全国各类养殖小区已近 8 万个（韩振国等，2014）。

2008 年，河北省三鹿集团爆发了"三聚氰胺事件"，其起因是发现分散化养殖的奶农通过向原料乳里非法添加"三聚氰胺"以提升原料乳的蛋白质含量。这次最为严重的乳制品质量安全事件深刻说明，奶牛分散养殖导致的生鲜乳质量水平低、监管难度大以及奶农为实现短期利润最大化所采取的机会主义行为是乳品质量安全事故的主要诱因。痛定思痛，"三聚氰胺事件"后，河北完全取缔了奶牛的分散化养殖，所有奶农必须进驻养殖小区饲养。在财政资金和信贷政策的大力支持下，河北省养殖小区或由政府出资兴建，或由政府引导，私人建设。全国各大原料乳主要产区（内蒙古、黑龙江、甘肃等）也加快了从分散化养殖向养殖小区形式的规模化养殖的转化速度，可以说，养殖小区已经成为当前中国奶牛养殖的最主要的养殖模式之一。

政府积极支持建立养殖小区的初衷是解决分散养殖带来的环境污染、经济效益低下等问题，帮助中国养殖业走上集约化、规模化、低污染化的道路。几年的时间证明，养殖小区模式加上政府的生产、挤奶、运输全程监管，较为有效地解决了分散挤奶所带来的恶意人为添加问题，但其成效建立在养殖小区、政府监管部门、乳企的层层检查和严格监管以及发现问题的惩罚机制上。例如，河北省石家庄市 2010 年制定出台了《关于进一步加强生鲜乳生产收购监管工作实施意见的通知》，并建立健全奶站和奶牛小区管理的"八项要求、十项管理制度和一项技术操作规程"；2008 年以来，乳企进行质量检测进行的固定成本投入和检验成本所占比例已经由总成本的 1% 上升为 10%。实践中，奶农与养殖小区以及养殖小区和乳企之间的利益协调机制未能出现明显的改善，一方面，这造成监管成本高企，各利益主体之间关系紧张；另一方面，即使在非常严格的监管下，仍然留下了生鲜乳质量隐患。2013 年奶价暴涨，"奶荒"中企业争抢奶源再现，因质量问题被拒收的生鲜乳明显减少，怀疑乳企存在"萝卜快了不洗泥"现象；2014 年下半年，国际奶价大跌，乳企以"质量不达标"为由拒收奶农的牛奶①，乳企用进口奶源替代国内奶源，造成大量的奶农倒奶杀牛现象，又为今后的"奶荒"埋下隐患。因此，要保证中国乳品质量安全，并不是将散养取缔就可高枕无忧，通过实地调研了解当前养殖小区的生产运营过程、存在的主要问题特别是剖析养殖小区模式下奶农的安全生产行为具有重要的现实意义。

内蒙古自治区和河北省是中国生鲜乳的主要产区，奶牛养殖历史较长，规模化养殖程度较高。结合两地区的实际发展情况，课题组 2014 年 4—12 月选择具有代表性的内蒙古呼和浩特市土默特左旗和河北省石家庄市行唐县，调研养殖小区 37 个，同时以随机抽样的方式对奶农进行访谈。本次调查共发放奶农问卷 301 份，剔除信息不完全及填写存在明显错误的问卷后，共回收有效问卷 153 份。调查问卷较为全面地反映了养殖小区和奶农的关系，奶农的生产意愿、生产行为等各方面的特征。通过调查研究发现，目前养殖小区模式主要存在着以下三方面的问题。

一　养殖小区和奶农的合作形式单一

根据建设主体的不同，养殖小区分为政府自建、奶农合作组织兴建及私人老板兴建、政府与乳企合建等多种方式。但根据课题组的实地调查研究，目前河北、内蒙古两地的养殖小区主要分为私人老板兴建或政府与乳企合建两种形式。即使一部分养殖小区由政府自建，出于管理上的便利，或由私人购买，或由乳企代为管理；奶农合作组织兴建的养殖小区存在着股份分割不清晰、管理决策效率低下等问题。因此，目前的养殖小区或由私人老板经营，赚取原料乳差价；或由乳企直接经营，以保证奶源的稳定供应。

在回收的有效调查问卷中，当被问及养殖小区和奶农的合作形式时，

---

① 应当注意，被拒收的很多并不是一些媒体所讲的"散养户"的牛奶，很多是养殖小区的牛奶。

所有的奶农均回答"小区由业主自主建设，养殖户免费租用小区的牛舍和生活设施"，无一人选择"投资入股"，强有力地说明目前养殖小区和奶农的合作形式是非常单一的。在被问及进入养殖小区的原因时，63%的奶农回答"政府取缔散养，不进小区没有销售渠道"是首要原因，这与河北省强制取消散养有很大关系；43%的奶农则认为"小区在技术、防疫和卖奶方面具有优势"；29%的奶农希望"进入养殖小区扩大养殖规模"。

养殖小区和奶农这种单一的合作方式在短期内不会有大的改变，进一步的调查研究表明，奶农对于入股养殖小区的意愿并不强烈。当被问及如果有机会是否入股养殖小区时，68%的奶农回答"不想"，进一步问其原因，"没有资金"、"过于麻烦"以及"利润不高"是奶农不愿入股的三大因素，其中资金约束占据首位。只有32%的奶农愿意参股养殖小区，"可以赚取更多的牛奶差价"以及"积累投资和管理经验"是奶农愿意参股的主要动力。

大部分养殖小区与奶农的关系是比较融洽的，超过80%的奶农对养殖小区的服务"满意"或"非常满意"，奶农并没有与养殖小区老板发生过激烈的冲突。即使个别奶农与养殖小区老板有冲突，也能通过合理对话的方式解决。

二　现有环境下奶农扩大再生产的意愿并不强烈

实地调研反映出来的一个重要问题是奶农扩大再生产的意愿并不强烈。课题组在实地走访中发现，大部分奶农的养殖规模比较小，奶牛数量在50头以下。当被问及"是否愿意继续饲养奶牛"时，只有21%的奶农认为养殖奶牛疾病、市场风险过大不愿意继续饲养，其余79%的奶农都表示愿意继续饲养；但继续问及其是否具有扩大养殖规模的意愿时，愿意继续饲养的奶农中大约四分之一明确表示不再扩大养殖规模的意愿，即使愿意扩大养殖规模，奶农也面临着严重的资金瓶颈。在调研中发现，奶农对政府的补贴政策和信贷支持政策中存在的问题反应非常强烈。目前，政府对养殖小区主要是在基础设施兴建、技术设备的购置方面给予补贴，补贴资金主要由养殖小区老板获得；疾病及市场风险主要由奶农承担，但却无法获得资金补贴，这也是奶农"倒奶""杀牛"现象不断出现的根本原因。

家庭牧场形式的养殖模式在中国粗具雏形。课题组也就奶农对家庭牧场的态度进行了询问。假设政府鼓励建设 100—200 头的家庭牧场，71% 奶农愿意投入家庭主要劳动力建立家庭牧场，但全部奶农均表示当投入家庭主要劳动力后，政府或银行的信贷支持对于兴建家庭牧场至关重要。奶农的养殖意愿及相关诉求对于政府后续政策的制定具有重要的参考价值。

三　生鲜乳质量安全依然存在隐患

养殖小区目前均能实现统一的机械化挤奶过程，类如"三聚氰胺事件"等恶性人为添加行为已经完全杜绝，原料乳能够保证基本的质量安全，但这并不等同于原料乳的整个生产过程已经完全无安全隐患。课题组在调研中发现，目前原料乳的质量安全隐患已经从挤奶环节转移到养殖环节。课题组专门就养殖过程中疫病的种类、疫苗的接种问题、牛舍的打扫状况、定期消毒问题、如何购买兽药、如何处理牛的疫病以及抗生素的使用进行了全方位的调查，结合课题组人员的实地观察，可以发现：

第一，乳房炎的发病率比较高。当被问及"过去的一年内，您的牛是否发生过传染病"时，36% 的受访奶农回答奶牛患过乳房炎，小部分奶农反映自家牛除乳房炎外还患过口蹄疫等疾病。值得注意的是，尽管课题组一再表明调研目的为科学研究，但部分奶农在回答问题时仍然表现得十分迟疑，考虑到这点因素，乳房炎的发病率可能比调查问卷的统计结果更高。课题组人员实地观察发现，牛舍的环境较差，清扫、消毒不及时是奶牛疾病多发的主要原因。尽管大部分奶农表示牛舍"根据空余时间随时清理"，或"定期消毒"，但实际上，多数养殖户的牛舍清理和消毒并不及时，并且没有资金购买奶牛卧床设备，奶牛直接卧于牛舍或运动场的粪便之上，在雨季奶牛的四肢会浸泡于粪水之中，这对奶牛的身体健康造成了极大的威胁。

第二，养殖户接受的奶牛养殖技术培训有待进一步加强。课题组详细询问了奶农过去一年内参加奶牛养殖技术培训的具体情况。目前，为奶农提供养殖技术培训的有饲料厂、养殖小区、乳品加工企业、奶牛协会和政府的主管部门。奶农普遍表示饲料厂举办的养殖技术培训最多，主要针对饲料的规范使用进行讲解；乳品加工企业主要针对饲养过程对原料乳检测指标的影响进行培训；政府主管部门或养殖小区主要传达政府相关文件内容，举办的全方位的养殖培训次数非常有限。奶农一年接受养殖培训的次数普遍为一到两次，养殖技术得不到明显的提高。

第三，养殖小区对兽药的管理较为松懈。在国家的相关规定当中，养殖小区的经营者必须对养殖户的养殖行为、疾病的防控与治理行为进行严格管控，但在实践中，不同养殖小区在管控的程度上有非常大的差别。由私人老板控制的养殖小区多考虑小区基础设施的兴建、挤奶过程的管理，对养殖过程的管理并不严格。当就兽药的购买向奶农提问时，多数奶农回答直接向兽药商店直接购买，"由养殖小区统一购买并登记"并没有得到有效的实施。在兽药的使用方面，奶农普遍抱有"小病自己治，大病找兽医"的心态，兽药的使用已经脱离了养殖小区的统一监管。许多奶农在使用抗生素之后，并不马上做记录，单凭自己的记忆判断停药期，这很容易导致原料乳的抗生素残留。

调研发现，如果养殖小区的售奶对象固定为某一家乳品加工企业，且该乳企在这一区域形成垄断时，乳企对养殖小区的管控非常严格。乳企收奶的前提是养殖小区必须统一向其购买兽药、饲料、挤奶耗材等产品，相关费用直接从奶款中直接扣除。尽管奶农对乳企的这一垄断行为颇有微词，但客观上，这对解决奶牛养殖环节的质量安全隐患具有立竿见影的影响。

四　养殖小区造成的环境污染问题比较突出

政府建立养殖小区的初衷是解决分散化养殖带来的环境污染问题，希望通过奶牛的统一养殖达到统一治污的效果，但在实际运营中，养殖小区对环境的污染比分散化养殖更为严重。地方政府和乳品加工企业更加注重的是原料乳的监测环节，对养殖环节的管理相对宽松，并且，为了鼓励私人兴建养殖小区，地方政府并未对养殖小区的粪便处理、污水排放等问题进行严格要求。课题组发现，尽管养殖小区在建立地点上远离居住点，对居民的生活影响比较小，但大规模的养殖带来的环境污染问题已经十分严重。养殖小区内部路面硬化不到位，净道、污道分离不彻底，粪便大量堆积，污水随意排放已经成为常态。当问及养殖小区老板如何处理粪便问题时，大部分老板均表示，没有资金建立固液分离池、沼气池等粪便处理措施，粪便一般由周边农户自行拉走，直接还田，在农闲季节，则直接堆积于小区外。长时期的粪便堆积对地下水和周边环境造成了严重的污染，可以说，养殖小区带来的环境污染问题已经十分突出，亟待政府引起重视。

第二节 奶农的安全生产行为及影响因素分析

一 研究背景及本课题研究视角

目前，对农户安全生产行为的理论研究主要从两方面展开：安全生产行为影响因素的确定和规制机制的探讨。文献研究表明，农户安全生产行为是个人因素、经济因素、社会因素及心理因素共同作用的体现（Illukpitiya，2004），在农户的生产过程中，存在着一系列的关键控制点（HACCP），对这些关键控制点的有效把握可以最大限度地从内部约束农户的生产行为 Casvell（1998）。除了关键点控制作为内部约束手段外，外部约束（市场约束，政府规制）也是保证农户安全生产的有效手段。Starbird（2000）比较了市场约束和政府规制在规范食品生产者的生产行为方面的作用，认为政府规制比价格、信誉等市场手段更有效。

以上述研究为基础，国内外对于奶农生产行为的实证研究也相继展开。Valeeva 等（2007）研究发现，养殖规模与奶农生产行为改善成本密切相关，250 头左右的养殖规模可以获得最低的生产改善成本；Noordhuizen（2005）提出了基于 HACCP 体系的一系列奶农生产行为改善措施；Russell（2013）进一步提出除养殖成本、销售价格等经济因素外，非经济因素也显著影响着奶农的生产行为，例如对奶农的培训，特别是传统的面授方式对于改善农户的生产行为非常有效。国内较早对农户安全生产行为的研究文献主要以蔬菜种植户、水果种植户为研究对象，通过发放调查问卷搜集数据，借助于计量模型分析影响种植户安全生产行为的主要因素、发现问题并提出对策建议（周洁红，2006；赵建欣，2007；等等）。2008 年"三聚氰胺事件"后，对奶农安全生产行为的研究文献不断增多，多数集中于对奶农生产行为影响因素的探讨：例如，王莉、刘洋（2012）发现资源禀赋、奶农个人特征、资金支持是奶农安全生产行为的主要影响因素；受教育程度、是否有技术指导以及奶农食品安全知识的了解程度也对奶农生产行为具有显著影响（李红、常春华，2012）；李翠霞、刘真真（2012）通过基层调研发现，奶牛养殖规模过小、生鲜乳收购检测制度不严格，是奶农生产行为存在风险的主要影响因素。

尽管研究文献较多，但国内对奶农生产行为的研究多数是以奶牛分散化养殖为研究背景，这相对于中国奶牛养殖的发展实践已经滞后。"三聚氰胺事件"后，奶牛散养的比例持续走低，部分地区（例如河北）要求奶农必须入驻养殖小区，不允许在房前屋后进行散养。与散养相比，由于养殖小区统一挤奶、统一销售，某个奶农的牛奶出现质量问题，例如抗生素超标，不仅影响自己的牛奶的销售，而且会"污染"其他奶农的牛奶，影响全部牛奶的销售，养殖小区会要求该奶农为本批牛奶负责。另外，由于要处理的奶量较大，乳企可能会更慎重地对待检测结果。这个过程中，其他奶农、养殖小区和乳企的行为都会影响奶农的安全生产行为。调查组从中国奶牛养殖由分散饲养转变为集中饲养的现实情况出发，以吸纳大部分奶农的养殖小区模式为研究前提，通过调查问卷的方式搜集并处理相关数据，探讨养殖小区模式下奶农安全生产行为的影响因素，以期为质量安全管理政策的制定、奶农收益的保护和未来奶牛养殖模式的选择提供适当的决策参考。

二　对奶农安全生产行为的界定及相关假设

（一）奶农安全生产行为界定

在养殖小区模式下，挤奶工作由养殖小区经营者雇工完成，其过程受到了乳企的全程监控，乳企还以不定期抽查及生鲜乳检测等多种方式对质量进行严格监督。结合基层调研我们可以得出基本结论，按照中国目前现有的检测指标体系和检测程序，乳企完全可以掌握生鲜乳的质量情况。然而，安全的牛奶不是检测出来的，而是生产出来的，如果奶农采取不安全的生产行为，生鲜乳的品质与价格将受到严重影响。奶农的生产行为非常复杂，贯穿于饲料购买、疫病防治、牛舍消毒等整个养殖过程，仅仅根据某一方面的指标确定奶农生产行为的"安全"或"不安全"过于武断。已有研究，如李红、常春华（2012）将分散饲养行为定义为"不安全"，将集中饲养行为定义为"安全"，分类过于简单且不符合目前中国集中养殖占据主导地位的实际状况。考虑到奶农生产行为的复杂性，课题组以基层调研问卷数据为依据，对涵盖奶农养殖过程的 7 个问题（包含奶牛的疾病发生、处理情况、牛舍清扫消毒情况）进行综合评分，得分越高，说明奶农生产行为的安全程度越高，反之亦然。为了能定量分析奶农安全生产行为的影响因素，课题组界定获得 80% 以上得分即为"安全"，未能获得 80% 以上得分为"不安全"。

（二）相关假设的提出

研究文献和基层调研信息表明，奶农的安全生产行为可能受到奶农个体特征（年龄、受教育年限）、养殖特征（养殖年限、养殖规模）、养殖知识的获得、市场价格波动等一系列因素的影响。为了严谨评估各因素的影响方向和影响程度，课题组以经典研究文献为依据，结合实地调研所获取的信息提出如下假设：

H1：奶农的年龄对于奶农的安全生产行为具有负影响

奶农的年龄越大，对于外部信息的把握能力越低，对养殖规范及相关条例的理解与接受程度也随年龄的增长而不断递减。因此年龄较大的奶农倾向于采用传统的养殖方式，其生产行为的安全程度较差。由此，课题组提出了待检验的假设1。

H2：受教育年限正向促进了奶农的安全生产行为

受教育年限不仅决定了行为决策者的知识储备，还影响着其对新知识、新技术的接受能力，以及对风险的感知和处理能力。调研发现，奶农的受教育年限越高，对安全生产的必要性以及国家乳业支持政策的理解越透彻，在生产行为的选择上更加理性。因此，课题组将受教育年限对奶农安全生产行为的正向促进关系列为假设2。

H3：养殖年限正向影响了奶农的安全生产行为

基层调研发现，奶牛养殖年限越长，奶农对于各项安全生产行为准则的理解越透彻，对养殖过程中重要事件（如牛犊的饲养、疫病的防治）的处理更为及时，并能正确估计不安全养殖行为可能带来的风险。因此，课题组提出了待检验的假设3。

H4：奶农的安全生产行为与其奶牛养殖规模正相关

通过调研发现，奶牛养殖规模越大，奶农的生产行为越安全。这主要是因为养殖规模越大，养殖收入占家庭总收入的份额越大，生鲜乳的质量安全、疫病的防治对奶农尤其重要。因此，奶农对各项安全生产行为规范的学习及贯彻具有较高的主观能动性。课题组将奶农的安全生产行为受到奶牛养殖规模的正向影响设为待检验的假设4。

H5，H6：奶农的安全生产行为受到了生鲜乳价格（H5）及奶农对生鲜乳价格的满意度的正向影响（H6）

经济学基本原理表明，价格变化显著影响商品供给的数量和质量，经济利益的获取是奶农采取安全生产行为的最大动力。生鲜乳售价过低，或者奶农对生鲜乳售价满意度低，奶农将不可避免地采取机会主义行为以降低养殖成本，从而增加生鲜乳的质量安全隐患；反之，生鲜乳售价提高或者奶农对价格的满意度提高将有效激励奶农采取安全的生产行为以维持高收益，可以预见，奶农的安全生产行为与两者应该呈现正向关系。据此，课题组提出了待检验的假设 5 和假设 6。

H7：奶农安全生产行为与其对相关检测指标及各种条例、规范等养殖知识的获得正相关

如果奶农了解抗生素、体细胞、冰点、酸度等一系列指标的含义，并明白饲养行为如何影响这些指标，必将其有意识地运用于饲养过程，对不安全的生产行为自觉规避。同理，奶农越了解《奶牛场卫生规范》《乳品质量安全监督管理条例》等相关规章制度，其生产行为越安全，据此课题组提出假设 7。

H8：政府对奶源管理越严格，奶农生产行为的安全性越高

"三聚氰胺事件"发生后，为了保证生鲜乳的质量，政府投入了大量的时间和精力对养殖小区进行了全方位的干预（饲料、兽药的购买及使用规定，驻站员制度、生鲜乳生产及储存规范等）。对奶源管理的日趋严格是否能促进奶农更加安全地进行奶牛的养殖？由此，课题组提出了第八个待检验的假设：政府奶源管理严格程度正向影响了奶农的安全生产行为。

（三）数据来源、模型及相关变量选择

1. 数据来源

如前所述，本课题的调研共回收有效问卷 153 份。调查问卷涵盖了奶农个体特征、养殖意愿、生产行为等多方面内容，对其分类整理后构成本部分实证分析的数据来源。

2. 模型及相关变量选择如课题组的八项假设所述，

奶农生产行为是否安全可能是奶农年龄、受教育年限、政府管制等解释变量共同作用的结果，课题组选择两元逻辑回归 Logistic 模型进行定量分析。因此，Logistic 模型可以表示为

$$\text{Logistic}(p_i) = \beta_0 + \beta_1 X_1 + \beta_2 X_2 + \cdots + \beta_9 X_9 + \mu_i (i = 1, 2, \cdots, n)$$

其中，Logistic $(p_i) = \log (p_i \mid 1 - p_i)$，作为被解释变量，安全生产行为只有两种取值："安全"或"不安全"。解释变量 X_i 代表奶农年龄、受教育年限等一系列因素。相关变量的选择及具体定义如表 6.1 所示：

表 6.1 　　　　　　　　　　　　变量选择及具体定义

变量名称	具体定义	补充说明
解释变量		
X_1 年龄	奶农的年龄	
X_2 受教育年限	奶农的在校学习年数	
X_3 养殖年限	养殖奶牛的年数（包括散养奶牛的时间）	
X_4 养殖规模	养殖奶牛的数量（头）	
X_5 生鲜乳售价	生鲜乳的出售单价（元/公斤）	
X_6 生鲜乳售价的满意度	奶农对生鲜乳售价满意度	用 Likert 量表测度，1—5 分别为不满意，不太满意，一般，比较满意，非常满意
X_7 奶农对监测指标及相关条例的了解度	对酸度、冰点、抗生素等指标以及对相关条例的了解程度	用 Likert 量表测度，1—5 分别为不了解，不太了解、一般、比较了解、非常了解
X_8 政府规章制度对奶农生产行为的影响	奶农对政府规章制度是否影响自身生产行为的直观评价	用 Likert 量表测度，1—5 分别为没有影响，不太大，一般，比较大，非常大
被解释变量		
Y 奶农的生产行为	"安全" =1， "不安全" =0 问卷项目：1. 过去一年是否发生疫病及疫病的种类；2. 是否严格执行疫苗接种计划；3. 牛舍打扫的频率；4. 是否对牛舍定期消毒；5. 购买兽药的地点，是否登记；6. 牛生病后如何处理；7. 使用抗生素后是否立即记录	每个问题均用五级 Likert 量表测度，满分 35 分，获得 80%（含）以上分数定义为 "安全"，80% 以下定义为 "不安全"

三　描述性统计及 Logistic 模型分析

（一）样本数据的基本情况

根据 153 份样本数据获得的信息，奶农的个体特征（年龄和受教育年限）差异化程度较小。从年龄来看，奶农年龄普遍较大，平均年龄为47.1 岁，最大年龄为 77 岁，最小年龄为 26 岁，显示奶牛养殖主要是由中老年劳动力完成。这是因为中国农村青年人口外出务工较多，农业和畜牧业劳动力主要由中老年劳动力支撑。从受教育情况看，奶农大部分接受过中学教育，平均受教育年限为 9 年左右。与个体特征相比，奶农的养殖特征差异化程度较大，养殖年限从 1 年到 34 年不等，平均养殖年限为 11.7 年；养殖规模也差距悬殊，最高为 300 头，最低为 4 头，平均养殖规模为 50.3 头。这主要是因为多次乳品质量安全事故导致生鲜乳价格的剧烈波动，降低了奶农的养殖积极性，进而带来了养殖规模的较大波动。总体而言，样本特征与中国奶牛养殖的实际情况基本一致。

从生鲜乳的售价来看，乳企对养殖小区生鲜乳的收购价大致处于每公斤 3.1—4.1 元的区间，具体的价格由乳企根据季节变化和市场需求状况单方面决定，奶农不具有价格的决定权。在价格的满意度方面，回答"不满意"或"不太满意"的奶农比例达到了 74%，153 份调查问卷中，只有 1 人回答"非常满意"。Likert 五级量表测试结果显示，奶农的满意度平均只有 1.9 分，还未达到"不太满意"的水平，调查人员对奶农的实地访谈也进一步支持了此结论。

奶农对生鲜乳相关检测指标以及一系列规范、条例的了解程度也存在较大的差别。调研数据表明，对生鲜乳检测指标体系"清楚"和"比较清楚"占到了总人数的 39.5%，回答"一般"的占到总人数的 28.1%，另有 33.4% 的被调查者对指标体系"不清楚"或者"基本不清楚"。在被问及对各项乳制品生产条例的了解程度时，结果相似：42.5% 回答"比较了解"或"了解"；28.1% 回答"一般"，39.4% 回答"不了解"或"基本不了解"。

政府采取了定期监测、统一挤奶厅操作规程，驻站员制度及分户留样制度对养殖小区进行管理。在被问及这些制度对其安全生产行为是否具有显著影响时，41.2% 的奶农认为影响较大或影响比较大，17.6% 认为有影响，41.2% 认为影响程度比较小或基本无影响。需要指出的是，考虑到养殖小区与乳企的密切关系，政府对养殖小区的管理一大部分是乳企具体实施的，在访谈中部分奶农表示乳企的管理要求对其安全生产行为有显著影响，政府的管理制度无影响。这种认识误区一定程度上导致了调查问卷低估了政府管理政策对奶农安全生产行为的影响作用。样本数据的描述性统计如表 6.2 所示。

（二）Logistic 模型结果分析

以奶农的生产行为为被解释变量，年龄、受教育年限、养殖年限、养殖规模、对价格的满意度、对指标体系和条例规范的了解度和政府的政策影响为解释变量进行 Logistic 回归，结果如表 6.3 所示。通过实证分析可以得出如下结论：

表 6.2 样本数据的描述性统计

样本特征	均值	标准差	最大值	最小值
年龄	47.1	9.2	77	26
受教育年限	8.4	3.3	16	0
养殖年限	10.7	6.1	34	1
养殖规模	50.3	55.5	300	4
价格	3.5	0.27	4.1	3.1
对价格的满意度	2.9	1.3	5	1
对指标、规范的了解度	18	6.79	30	6
政府相关政策的影响	3.1	1.5	5	1

1. 回归结果显示，McFaddenR-squared = 0.3，说明选择的解释变量一定程度上可以解释奶农的安全生产行为；且 LRstatistic（8df）= 52.85，伴随概率接近 0.00，模型在 0.01 的显著性水平下成立。但是 McFaddenR-squared = 0.3 同时说明，尽管调研区域包括河北、内蒙古两个主要的生鲜乳产区，模型尽可能多地包含了八个影响因素（基本涵盖了所有能考虑到的影响因素），但解释力依然有限。笔者分析，这正是养殖小区对奶农养殖环节规范化管理程度较差的体现。许多养殖小区重视挤奶厅的建设，但并不关注奶农兽药购买、疫病防治、牛舍清洁消毒等日常工作；乳企以国家规定的生鲜检测指标为唯一衡量标准，许多指标只有在发生安全事故后才能纳入常规检测体系。例如，"三聚氰胺事件"发生后，乳企开始检测三聚氰胺，黄曲霉素事件发生后，乳企开始检测黄曲霉素，这种"重检测，轻生产"的发展模式使奶农生产行为具有非常大的随意性，许多无法纳入模型的因素如天气变化、奶农空余时间的多少甚至是奶农的心情都有可能影响奶农生产行为的安全性。

2. 年龄对奶农安全生产行为的影响为负，但却不显著，而奶农的受教育年限却显著影响其安全生产行为。实证结果否定了假设 1，支持了假设 2，即奶农生产行为的安全程度与其受教育年限正相关。这主要是因为在养殖小区模式下，奶牛的养殖过程主要由奶农独立完成，受教育程度不同，奶农对于政府管理政策的理解和接受程度也存在差异，从而导致奶农对安全生产的认知和行为差异化。

3. 从奶农的养殖特征看，养殖年限对奶农的安全生产行为有正向影响，但影响并不显著，假设 3 不成立。这主要是因为养殖小区为集中养殖模式，相对于分散饲养更加规范，许多养殖小区对奶农定期培训，从而弱化了养殖年限所带来的经验积累作用。而养殖规模显著影响奶农安全生产行为，假设 4 显著成立。养殖规模越大，养殖收入占家庭年收入的比重越大，奶农对于安全生产知识的了解越具有主观能动性，更倾向于将安全生产知识付诸行动。

4. 价格是奶农安全生产行为的主要影响因素。实证分析结果显示价格对安全生产行为的影响在 5% 的水平上通过了显著性检验，但价格对奶农安全生产行为的影响为负向的，与假设 5 截然相反。为什么生鲜乳售价提高，奶农生产行为的安全性不升反降？这是中国生鲜乳定价机制扭曲导致的负面效应。目前，生鲜乳市场是典型的买方垄断市场，乳企掌握着定价权，价格的高低主要由乳企根据市场的需求决定。当奶源不足时，乳企提高收购价，甚至"抢奶"（如 2013 年的奶荒），相关检测标准相应放松，奶农多采用机会主义行为（例如，不将患病奶牛隔离，不严格执行停药期等）提高牛奶产量。当奶源过剩时，乳企只收优质的生鲜乳，相关检测指标非常严格，这迫使奶农严格遵循安全生产规范。生鲜乳的价格过多受市场需求的干扰，生鲜乳不能按质论价，甚至被迫"倒奶"的现象已经严重影响了奶农的生产积极性。

5. 奶农的价格满意度对奶农安全生产行为的影响并不显著，假设 6 不成立。这同样是由中国生鲜乳的定价机制决定的。在基层调研中，奶农多次强调生鲜乳收购价格过低，样本数据也表明，奶农对生鲜乳的售价满意度普遍很低，因此，生鲜乳的定价机制仍需进一步调整。

6. 假设 7 显著成立。奶牛养殖主要由奶农独立完成，奶农自身的素养对生产过程的安全性具有较大的提升作用。如果奶农能够理解各项检测指标的含义，并对各项养殖规范较为熟悉，在养殖过程中会自觉约束自身行为，避免不安全的饲养、用药方式，这也是政府、乳企定期举办养殖培训的目的所在。

7. 政府的各项管理政策对奶农的安全生产行为的影响不够显著。实证结论与直观判断相悖，即课题组的假设 8 不成立。"三聚氰胺事件"后，政府已经着手构建了较为完善的管理制度，要求乳企更新机器设备，实现对生鲜乳生产、运输和加工等环节的全方位检测，为什么半数以上奶农仍认为影响效果不大？究其原因，一方面是因为政府许多政策并不是直接针对具体奶农，而是通过乳企—养殖小区—奶农来层层传达，这导致部分奶农存在认识误区，认为是乳企而不是政府在影响其安全生产行为，进而导致了与直观判断矛盾的实证分析；另一方面，如1中所述，这也正是乳企、政府重视挤奶、检测环节，忽视奶农养殖环节的体现。

表 6.3　　　　奶农安全生产行为影响因素的 Logistic 模型回归结果

解释变量	被解释变量：奶农的生产行为（安全 =1，不安全 =0）		
	回归系数	z-Statistic	伴随概率
常数项	4.1285	1.2230	0.2213
年龄	−0.004	−0.1296	0.8969
受教育年限	0.2486	3.1496	0.0016 *
养殖年限	0.0011	0.0420	0.9665
养殖规模	0.0244	2.2353	0.0254 **
价格	−2.2678	−2.3520	0.0187 **
对价格的满意度	−0.0624	−0.2563	0.7977
对指标、条例的掌握度	0.1072	2.4452	0.0145 **
政府政策影响	0.2677	1.5553	0.1199
Loglikelihood	−61.4844		
LRstatistic（8df）	52.8452		
McFaddenR-squared	0.300574		
Probability（LRstat）	1.16E − 08		

注：* 代表在1%水平下显著，** 代表在5%水平下显著。

四　政策建议

通过 Logistic 模型可以得出结论，在养殖小区模式下，奶农的受教育年限、养殖规模、生鲜乳价格水平，奶农对条例规范的了解程度都显著影响了奶农的安全生产行为。因此，从实证分析结果出发，结合中国奶牛养殖的实际状况，课题组对进一步提升奶农生产的安全程度提出以下建议：

（一）改革定价机制，提高奶农对价格的满意度

在乳制品生产的整个产业链中，乳制品加工企业占据着举足轻重的主导地位，生鲜乳市场的供需变化易导致"奶荒"与牛奶过剩交替出现，乳企在"奶荒"时大幅度提高收购价格，而在牛奶过剩时实行限量收购

或压低价格收购，从而将市场风险大部分转嫁到奶牛的养殖环节——奶农身上，这也是"倒奶"事件发生的根本原因。低价格、高风险激励了一部分奶农的"逆向选择"行为，为生鲜乳的质量安全埋下了隐患。因此，应当打破乳企对部分生鲜乳产区的区域垄断，通过合理的市场竞争提高生鲜乳的收购价格，并保持价格的稳定性，进而实现"优质"定"优价"，"优价"促"优质"的良性循环格局，保护奶农收益的稳定增长。

（二）加强乳企和养殖企业、农户的利益一致性，激励农户采取安全生产行为

目前，政府对养殖小区的约束机制主要体现为对挤奶过程的规范管理、对生鲜乳的指标检测以及冷链运输三方面，而对于奶牛养殖过程的管理较为松散。例如，在大部分养殖小区中，兽药的使用、饲料的购买、牛舍消毒基本由奶农独立完成，政府只是发布规范性文件，并要求养殖小区严格监督养殖过程。一些地方试图通过加强养殖小区与乳企的合作，以加强政府对养殖环节的管控。例如，内蒙古部分乳企通过统一饲料、兽药的购买，统一挤奶耗材的使用，全方位的电子监控承担了对养殖环节管控的任务，从而使奶农生产行为的规范性、安全性有所提高。然而，乳企和养殖小区的水平参差不齐，奶农的安全生产行为有很大差异。特别是一些奶农对乳企和养殖小区的管理并不买账，认为加重了其成本负担。可见，从根本上缺乏利益一致性，是奶农对安全生产行为缺乏积极态度的根本原因。

（三）发展新型养殖模式，发挥奶农的主观能动性

目前的养殖小区模式主要是应对奶牛分散饲养所产生的弊端而建，随着时间的不断发展，其本身的弊端也在不断显现。例如，养殖小区经营者更注重于获取牛奶的差价，而忽视了固定资产的更新和管理；奶农收益偏低既无法激励其进行安全生产，也无法激励其扩大养殖规模，其主观能动性无法得到充分发挥。近年来，部分乳企投资兴建了现代化的万头牧场，尽管实现了规模化养殖，但运营成本较高，粪污处理设施不健全，对周边环境造成了较为严重的影响。根据其他乳业大国的发展经验和中国乳业的实际状况，应当大力提倡家庭牧场养殖模式。家庭牧场是以家庭劳动力为主的现代化、规模化（在平原地区约200头）的养殖模式。在家庭农场模式下，奶农拥有家庭牧场的所有权和独立经营权，不再具有养殖小区模式下的"搭便车"心理，而是具有足够的经济激励实行安全的生产行为以保持生鲜乳的高质量，显著降低了外部监督成本。

第七章

中国奶产业链的解构与重塑
——一种发展思路

第一节　工商企业养牛和以乳企为核心的奶产业链的弊端

与其他国家不同，中国的奶产业链重构体现了以大型乳企为核心的政治和经济生态。中国的乳业发展选择了一条与其他乳业大国如美国、荷兰、新西兰、澳大利亚等截然不同的发展道路。出现这种情况，既受中国乳业发展环境的影响，也与政府的政策取向有关。本节阐述对中国奶产业链重构的认识和评价。

一　对工商企业养牛和以乳品加工企业为核心重构奶产业链的认识

工商企业养牛而不是农民养牛，不是以合作社为中心而是以乳品加工企业为中心整合奶产业链，这是中国奶产业链的两个要点，其原因是什么？目前看来，可能有以下几个方面的原因：

（一）有利于短期内实现质量安全管理的行动目标

如果由大量养殖户和小型乳品加工企业和消费者直接对接，乳制品的质量安全风险将大幅提高，政府监管的工作量无疑会大大增加，甚至有可能导致质量安全管理全面失控。在"三聚氰胺事件"的阴影下，政府不能再承受大规模的乳品质量安全事故带来的政治成本。由此，在养殖户和消费者中间增加大型乳品加工企业这个中间方，由其对养殖户的原料乳质量进行把关，对其销售的乳品负责，带来的好处是显而易见的。中国在奶农弱小、合作社尚无实质发展时就遇到了"三聚氰胺事件"，同时在全球化市场中面临来自他国的竞争，扶持大型乳品加工企业也属不得已而为之。①

（二）有利于降低政府质量监管成本

在当前中国，多数农业政策是产业政策而不是社会政策，考虑更多的是保障供给、消除质量隐患以满足消费者需求，农民的收入和就业次之。从政府的角度看，奶业发展的首要目标是保障质量、保证供给。当前形势下，比较简单的做法就是减少监控点和监控环节，监控一家存栏量几千头的奶牛养殖场与监控几百家存栏量只有几头的养殖户，其困难和工作量不可同日而语。取缔散养，奶农进小区是第一步，可以集中解决非法添加、抗生素等质量问题。然而，由于养殖小区大多数是"集中散养"，无法解决基础设施投资和技术改进问题，牛奶品质的提升有困难，因此，政府鼓励其通过买断、入股、托管等形式转为牧场②。在这个过程中，奶农逐步退出，工商资本逐步统治奶牛养殖。进一步，如果牧场是由某个乳品加工企业自己建设的，或者他们之间建立了非常紧密的联系（如相互持股等），那就更简单，为了保障产品质量，企业自己会监督自己的养殖场把好质量关，政府只监管这家企业就行了。上述政策，好的方面是简捷有效，能够立竿见影（例如，石家庄市在 2009 年就率先取缔了奶牛散养，实现奶牛全部进小区，生鲜乳安全保障能力大大提高。内蒙古土默特左旗在短短 5 年中超大规模的牧场养殖形成了 16 万头的存栏量，占全旗奶牛存栏量的 80%），不好的方面就是政府懒政，家庭农场的生存空间被挤压掉了。2009 年修订的《乳制品工业产业政策》通过最低净资本、日加工

---

①　从兼业奶农成长为职业奶农，从几头牛的规模扩大到几十头、上百头牛的家庭农场，需要奶农长时期的积累，以及针对奶农的专业培训，合作社更是应当建立在专业奶农充分发展的基础上。正因如此，当前中国的奶业合作社发展时间短、规模小、实力弱，大部分建立在养殖小区层次上的合作社并不是经典意义上的合作社，他们与奶农的利益并不一致，在技术引进、生鲜乳质量安全和品质提升、保障奶农利益、调动奶农养殖积极性方面都有很大缺陷。以某奶业联合社为代表的真正的奶业合作社还非常稀少，名未正，言未顺，主要业务范围局限在养殖环节以及联合议价方面，奶业联合社虽有意愿，但是向上下游产业链延伸的能力有限，其规模和实力也不足以承担改善供应链的重任。

②　例如，石家庄市畜牧局 2013 年起鼓励奶牛小区通过买断、控股、入股等方式向规模养殖场转型，力争在三年实现 40% 的奶牛养殖小区过渡到牧场模式，2013 年实现 15%。截至 2013 年 7 月，全市奶牛养殖小区向牧场实施转型的共 33 家。通过向牧场转型，可以全面推广 TMR、奶牛选育等新技术，减少疾病的发生率，降低养殖成本，提高产奶量，增加收益。同时，还可增强牧场负责人的责任感，从源头上确保生鲜乳的安全。此外，奶牛养殖档案也更加规范。2014 年以来，又有 67 家养殖小区转为牧场。

能力、工厂间空间距离、自备检测能力等条件，基本将中小型新建乳品加工企业排斥在外，遏制了养殖企业进入加工领域的途径。在将乳制品质量安全监管问题简化的同时，却堵住了单纯的养殖企业获得高附加值的途径，压缩了其生存空间。

（三）大型乳品加工企业对政策制定有很强的影响力

根据集体行动的逻辑，人数众多的散养奶农很难采取集体行动，发出他们的声音，乃至于影响乳业政策的制定。反过来，各大乳品加工企业作为人数较小的集团，同时兼具雄厚财力，则可以通过多种渠道左右政策的制定。包括大型企业的企业家往往是政府的座上宾、是资助各级奶协活动的中坚力量，集中在各类媒体发出有利于自身的政策阐释、大量广告对消费者的轰炸等。前文列举各级政府出台的对大型乳品加工企业的扶持和优惠政策，实际上此类案例，俯拾即是。影响较大的有：（1）《乳制品工业产业政策（2009 年修订)》有赤裸裸的设置资金要求和加工能力门槛、人为选择技术标准帮大企业用条例、法规淘汰中小企业。但事实上，产品质量和企业效益并不与乳企的规模正相关。以巴氏乳加工为例，笔者曾在美国爱荷华州（Iowa）参观过一个生产有机奶的奶牛养殖场，叫作 Picket Fence Creamery，奶牛存栏量大约 100 头，每天所产的牛奶自己加工，加工设备就位于养牛场靠近道路的地方，全透明，可以从外部参观，设备是二手的，全部设备的价值不超过 5 万美元。就是这家养殖场的牛奶，笔者在当地的超市见到，由于是有机奶，价格比普通奶高出大约一倍。还有一个例证就是，"三聚氰胺事件"中，虽然小乳品加工场也出问题，但问题最大的还是当时的乳业巨无霸三鹿，蒙牛和伊利两个巨头也不能幸免。（2）2013 年 9 月，中国乳制品工业协会组织推介伊利股份、蒙牛乳业、完达山、飞鹤乳业、明一、高原之宝 6 家企业发布的国产婴幼儿配方乳粉新品，工信部有关领导出席。一时间，该六家乳粉企业被业界称为"国家队"；（3）2010 年 6 月公布的《生乳食品安全国家标准》，与此前的标准相比，该标准将生乳中每毫升细菌总数上限 50 万个提升为 200 万个，蛋白质含量下限由 2.95 克/100 克降为 2.8 克/100 克。细菌总数"倒退"被认为符合生产恒温乳的超大规模企业的利益，不利于巴氏奶的生产；不放弃蛋白质含量的规定对乳品收购企业有利，对养殖企业不利（乳企可以借蛋白质含量指标操纵奶价）；而对发达国家和地区普遍规定的体细胞数、抗生素、亚硝酸盐含量等指标没有体现，而恰恰这几个指标对乳品质量安全至关重要。因此，标准一出就争议不断，"低标准符合我国国情说"受到质疑，广州市奶业协会会长王丁棉批评这一标准为全球最差，"是某些大企业甚至个别协会在标准中捆绑了自己的利益"。(4) 呼吁多年的第三方检测制度始终不能推行。由独立的第三方检测中心承担生鲜乳的检测，通过实施第三方检测，既有利于解决农企双方有关质量判定方面的矛盾，提供公正的交易平台，又能及时发现和预警重大问题和安全隐患，保障生鲜乳质量安全。然而，这种行之有效、在发达国家普遍施行的检测制度却在中国始终不能有效推行。黑龙江省的第三方检测制度建设走在全国前列，建设目标是在全省每个乳制品生产企业设立一个生鲜乳第三方检测机构，由乳企所在地的畜牧管理部门提供必要条件及人员开展第三方检测。黑龙江省生鲜乳第三方检测体系于 2011 年启动实施，到 2012 年年末已在全国率先建立了功能完备的省级检测中心及 71 处基层生鲜乳第三方检测实验室。然而第三方检测中心建设在加工企业内，令人怀疑其中立性。内蒙古自治区生鲜乳质量安全第三方检测管理办法（试行）（内农牧畜发〔2009〕132 号）规定，第三方检测中心的职责是"承担生鲜乳质量安全重大事故、纠纷的调查、鉴定和评价。当买卖双方对生鲜乳质量发生争议时，负责委托对生鲜乳质量的争议进行检测仲裁。委托开展生鲜乳分等分级的检验测试工作"。实际上只是一种争议救济机制，更为重要的日常检测被排除在外。更多省份的第三方检测制度还停留在口头呼吁层次。由乳企把持的第三方检测制度既方便其"奶荒"时抢奶，也方便其奶多时压级压价甚至拒奶，该制度不能顺利推行，最大的障碍就是乳企的既得利益。

二　工商企业养牛存在多重弊端

工商资本进入奶牛养殖，当前中国政学两界主要认为有以下两方面的积极效应：一是优化农业生产要素配置，可能带来规模经济效应。规模养殖场奶牛单产和牛奶品质大都显著提高，可能促使单位养殖成本下降。① 二是促进了中国奶牛养殖技术进步，带来知识溢出效应。大规模养殖场引

———————

① 之所以说是"可能"，是因为对中国奶牛的规模养殖是否存在规模经济效应，以及什么是适度规模还缺乏经验研究，在农业领域是否存在规模经济效应一直是富有争议的话题。在本书第五章的实证研究表明，在家庭农场、养殖小区和规模牧场中，反而是家庭牧场效率最高。

进和推广了一系列新技术，如奶牛品种改良、生产性能测定、全混合日粮饲喂、奶牛卧床、全自动挤奶设备、粪污处理技术等，为中小奶农带来示范效应。同时，也存在明显的弊端。

（一）劳动计量和监督困难使企业养牛效率降低

姚洋认为："雇工总是要有道德风险问题，因此，监督也就不可避免，"农业生产中尤其如此。奶牛养殖是精细的生物过程，生产者事前不可能进行比较完整的决策，需要随着时间、场所、气温、个体差异等时刻对自己的生产决策进行微调。由于雇工不是生产剩余的所有者，对其劳动的计量和监督成为必要。然而，与二、三产业相比，这种计量和监督存在更多的困难，雇工并不是最优的选择。课题组在对规模牧场的调研中经常听到对这类问题的反映。例如由于工人的责任心不足，奶牛生病可能未被发现以致延误病情；奶牛产仔未能及时发现导致幼畜被冻死；等等。面对上述情况，企业必须付出额外的监督成本或者生产效率损失。此外，企业养牛还面临雇工成本不断上升的情况。养牛企业一般在乡村，工作环境差，很难吸引有技术、懂管理的人才。应该说，企业养牛本身存在很多困难。

农业是排除了迂回环节的狭义农业，具有很强的自然生命特征，因而分工水平低而且劳动力与其他要素之间的互补性弱。因此，与企业相比较，家庭作为经济组织更适合分工水平低且对生产要素之间匹配要求不高的生产活动，而且作为所有权和剩余索取权同一的组织，天生具备对行为主体充分的激励，不需要任何督促和命令，一个农民会随时弯腰拔掉映入眼帘的杂草，随时关注每个奶牛进食多少，是否健康，这就使家庭农场的监督和激励成本降到最低。因此，在世界范围看，家庭都是比企业更经济的农业生产组织。

（二）工商资本的逐利性造成产业发展潜在的不稳定

近几年，大量的工商资本进入中国奶牛养殖领域，吸引工商资本进入的除了中国奶牛养殖潜在的市场空间，还有政府对奶牛养殖的大量优惠政策，以及中国政府对乳品加工企业，特别是婴幼儿奶粉生产企业必须拥有自建自控奶源的规定。按照《关于进一步加强婴幼儿配方乳粉质量安全工作意见的通知》（2013.6）、《推动婴幼儿配方乳粉企业兼并重组工作方案的通知》（2014.6），"到2018年底，争取形成3—5家年销售收入超过50亿元的大型婴幼儿配方乳粉企业集团，前10家国产品牌企业的行业集中度超过80%"。这意味着中国在今后的几年时间将完成婴幼儿配方奶粉企业的布局。根据《2013—2018年中国婴幼儿奶粉行业市场前景及投资咨询报告》预测[①]，中国婴幼儿奶粉行业销售额有望从2013年的908亿元增长至2018年的1826亿元，五年的复合增长率为15%。这个蛋糕将在近几年分割完毕。而建设自有自控奶源是进入婴幼儿奶粉市场的前提。正是在上述背景下，大量工商资本进军奶牛养殖业。然而，工商资本首先追逐的是高额利润，随着利润率的高低选择进入或退出某个行业。企业养牛，一是看中了政府的优惠政策；二是以奶源基地为筹码，致力于占领终端市场；三是以自建奶源为噱头，利用当前乳品消费市场的不成熟，推出高端乳制品；[②]四是有些牧场建设成为资本运作的筹码，炒作的是现代农业和政府扶持。即使这样，企业投资奶牛养殖仍然声势大、行动少。在长期，一些短期的政府扶持政策可能退出，消费者日益成熟，不会再轻易被一些广告和噱头所吸引，那时，奶牛养殖恢复到高风险、低利润的低端产业的本质，工商资本有可能大批退出奶牛养殖业。近几年，中国的奶牛存栏量保持在大约1500万头，很难想象，今后中国奶牛养殖会由大约1500家万头牧场或者类似辉山牧业的约6000家存栏量在2600头左右的大规模牧场来承担。[③]

在这一点上农民与工商资本不同。农民不仅将从事农业当作谋生手段，同时还是他们熟悉的生活方式，虽惨淡经营，亦恋恋不舍。因此，以家庭为基础的农业生产更加稳定。

（三）"资本剥夺小农"，不利于缩小收入差距

工商资本的进入，使传统奶农面临更大的竞争压力，甚至被排挤出奶牛养殖业。面对2014年的"倒奶杀牛"现象，河北省奶协秘书长袁运生认为，未来"奶农"这个概念将会消失，以后养几头牛甚至几十头牛的"奶农"再没有生存空间了。[④]这将改变农民的经营主体地位，对农民和农村社会结构产生深刻影响。在大规模养殖非常典型的土默特左旗，当地畜牧站

---

① 中商情报网出版。

② 例如，一些乳企以自建牧场为噱头，推出高端的常温灭菌奶，但实际上其营养价值是否真的提高有待商榷。

③ 根据辉山牧业网站信息，辉山乳业作为中国"全产业链布局"的乳企代表，目前辉山已拥有超过18万头纯种进口奶牛、69座规模化自营牧场，平均存栏规模约为2600头。

④ 《"倒奶"，今后能够避免吗?》，《河北日报》2015年2月9日第六版。

工作人员反映，在"三聚氰胺事件"以前，当地流行的是奶牛散养模式，一户人家只要有三五头、七八头奶牛，也不用占用整劳力，每年就能增加一两万元的收入，家庭临时支出的资金大部分都解决了，农民生活殷实。取消散养模式后，农户进入养殖小区集中养殖。但是受到大规模养殖场的挤压，养殖小区模式的弊端凸显，越来越多的农民退出奶牛养殖业。

通常，超大规模牧场的发展与当地经济发展的关联性很差。工商资本养牛机械化程度很高，投资的就业弹性较小，追求的是尽量用机械代替人工，只有极少部分人能在规模养殖场找到工作，部分农民外出务工，还有一部分闲了下来。课题组调研到内蒙古某超大规模的现代化牧场，奶牛存栏量达到 12000 头，但员工只有不到 200 名，且大部分是来自大中专院校的毕业生，本地只有极少数农民找到一些体力劳动工作。规模化牧场既不能给所在地带来税收，也不能提供大量工作机会，且占用了农地，留下了污染，很多地方奶牛牧场与当地居民关系紧张。

三 以乳企为核心的纵向一体化不符合资源配置规律

当前，中国奶产业链的纵向一体化战略是鼓励乳品加工企业自建自控奶源，从而保证乳制品质量，恢复消费者对国内乳制品的信心，同时培育一批能与国际乳业巨头竞争的大型乳制品企业。从短期看，政策对控制生鲜乳质量、促进大型乳企成长成效明显。然而，从长期看，以乳企为核心的纵向一体化不符合资源配置规律。

（一）由乳企完成养殖、加工一体化是不可能完成的任务

以投资成本而论，乳业产业链上养殖、加工、销售的投入比约为75：15：10，以乳品加工企业为核心整合产业链是典型的蛇吞象。以现代牧业在蚌埠市五河县的投资项目为例，其计划日产 600 吨生鲜乳的项目，计划存栏量 4 万头，投资总额需 24 亿元；① 相对应的，黑龙江贝因美乳业有限公司在绥化市投资的高品质婴幼儿配方奶粉项目，日加工液态奶1164 吨，年产乳粉约 5 万吨，总投资额仅为 6 亿元；② 比较之下，奶牛养殖和乳品加工的投资差异立显。如果仅仅是加工巴氏奶或恒温奶项目，其

---

① 杨吻、陈大名：《现代牧业投资 24 亿建蚌埠五河新牧场》，马鞍山声屏网（http：//www. massp. cn/col/1275403860469/2011/07/18/1310956673852. html，2011 - 07 - 18）。

② 《贝因美乳业项目投产年产能将达 10 万吨》，中国奶业协会网（http：//dac. com. cn/ht-ml/search - 13120613535642613042. jhtm，2013. 12. 06）。

投资额更要大大减少。本书前文提到在美国考察时参观的位于爱荷华（Iowa）州 Picket Fence Creamery 家庭奶牛场，有 100 多头成年泌乳牛，采用放养模式生产有机牛奶，奶牛场仅花费大约 5 万美元就建立起了自己的牛奶加工车间，生产巴氏杀菌奶、巧克力奶、冰淇淋以及黄油和奶酪，在本地各大超市销售，效益很好。试想一个投资大、风险高的产业为什么要把风险较小、利润较高的加工环节拱手让人？本研究认为，在中国，今后几年谁养牛、谁加工的问题必然还会出现激烈的争夺战。

（二）乳企自建奶源放弃了分工和专业化的高效率，且使养殖风险高度集中

虽然三鹿乳业因"三聚氰胺事件"倒闭，但其创立的"牛奶进城，奶牛下乡"的养殖模式充分利用了分工和专业化带来的高效率，是其迅速扩张的基本保障。如果乳企将投资额巨大且自己并不擅长的养殖业集于一身，不仅丧失了专业化分工的高效率，而且本来由千千万万和农场分散养殖风险的机制也将随之消失。正因如此，很多乳企建设现代化牧场的雷声大、雨点小，且很多是为了追逐各类政府优惠政策以及作为品牌宣传的噱头。

（三）不能实现乳企和奶农之间更紧密的利益联结

以典型的"乳企 + 养殖小区 + 奶农"的链条模式为例。笔者调研所见，由于无法形成利益共同体，极少有乳企向养殖小区投资，只是通过收购价格引导养殖小区进行固定资产投资和技术改进，并通过超长期合同（一般为 3—5 年甚至 7 年）和奶款延期支付（一般结账期为 1—2 个月）来控制奶源；同时，乳企面向国际市场，一旦有可能就用国际质优价廉的原料替代国内市场（2013 年的奶荒与新西兰恒天然乳业安全事件后国际市场一时供给短缺有关，目前，进口窗口重新打开，乳企毫不犹豫地转向国际市场寻求原材料，国内生鲜乳的价格显著下跌。一些企业开始直接收购国外乳源，包括大康牧业、上海鹏欣集团等收购新西兰牧场，伊利集团更是直接在新西兰建设婴幼儿奶粉项目，实现对国内乳源的替代），养殖小区与乳企关系紧张。在养殖环节，多数养殖小区处于"集中式散养"状态：养殖小区业主租地建设养殖场和挤奶厅，奶农免费租用小区的养殖场和生活设施各自喂养奶牛，小区为奶农提供有限的服务（主要是规定奶农在限定的范围内采购饲料和兽药，为奶农提供挤奶过程中的计量、检测和运输销售服务），同时奶农有责任向小区交售牛奶，养殖小区从交售给乳企的价格和发放给奶农的价格差价中赚取利润。在 2013 年的生鲜乳

价格上涨过程中，养殖小区的管理费从奶价较低时的四五百元一路上涨到八九百元甚至上千元，养殖小区业主与奶农之间关系紧张。

在这个链条中，乳企、小区、奶农之间的关系与"三聚氰胺事件"前并无质的改变，奶农承担了链条上的大部分风险，但收益甚低；特别是2012年的低奶价、高肉价直接导致奶农卖牛潮。可见，以邻为壑的竞争行为仍是"奶荒"爆发的主因，必须通过加强奶业链条上的一体化程度来解决。

（四）乳企布局国际化，对国内奶牛养殖业冲击巨大

在开放的国际环境下，乳企获得原料的渠道多样化，国内奶源不足或者价格高，会毫不犹豫地转向国际市场，推进奶源国际化布局。"三聚氰胺事件"以后，国外的优质奶源正形成对国内奶源的强力替代。2008年以来，中国牛奶产量无明显增长，2013年还出现较为明显的下降。在供给紧缺的背景下，2008—2012年，中国乳及乳制品制造业工业销售产值从1411.48亿元增加到2469.33亿元，年均增速在15%左右；产量从1810.56万吨增加到2545.10万吨，年均增速在12%左右。[①] 大部分增长量是依靠国外奶源取得。如表7.1所示，

表7.1　　　　　　2008年以来中国乳制品进口量和增速　　　　单位：吨

品种			2008年	2009年	2010年	2011年	2012年	2013年
乳制品			351067	596999	745293	906063	1145578	1827000
				70.1%	24.8%	21.6%	26.4%	59.5%
其中	液态奶		8320	14305	17119	43085	101678	195000
				71.9%	19.7%	151.7%	136.0%	91.8%
	干乳制品		342747	582694	782174	862977	1043899	1397000
				70.0%	34.2%	10.3%	21.0%	33.8%
		奶粉	100930	246787	414039	449541	572875	854000
				144.5%	67.8%	8.6%	27.4%	49.1%
		乳清	213506	288753	264499	344244	378378	434000
				35.2%	-8.4%	30.1%	9.9%	14.7%

从表7.1可以看到，2008年以来，中国乳制品进口量暴涨，在"三

① 根据历年《中国奶业统计资料》整理。

聚氰胺事件"刚发生后的 2009 年，乳制品进口的增长速度达到 70.1%，其中，奶粉的增长速度达到惊人的 144.5%。在经历了 2010 年、2011 年、2012 年三年较稳定的快速增长后（年均 20% 多），2013 年又上涨至59.5%。2014 年 1—11 月中国进口奶粉量达到 88.4 万吨，同比增加20.25%，进口额为 43.12 亿美元，同比增加 44.09%。在进口量同比上升的同时，奶粉的进口价格也比上年呈现上涨之势。2014 年 1—11 月奶粉进口平均价格为 4877.79 美元/吨，同比上涨 19.83%。进口的主要国家和地区分别为新西兰、美国、澳大利亚和欧盟。其中新西兰仍然是中国奶粉的重要进口国，占比达到 78.81%。

　　除了传统的奶粉进口量保持快速增长外，液态奶（包括鲜奶和酸奶）进口速度涨势惊人，国外进口液态奶已经打破了国内乳企垄断的局面，开始大量进入我国市场。2013 年我国进口液态奶 19.5 万吨，同比增加91.8%；根据海关总署提供的 1—11 月进口数据和商务部发布的大宗商品进口信息测算，2014 年中国进口液态奶（不含酸奶）约 32 万吨，同比增长70% 左右。在奶粉市场，中国在价格上已经没有竞争优势，被国外产品占据了半壁江山，国内乳制品企业主要靠液态奶，特别是高端液态奶的高额利润，维持行业的盈利水平，而价格低廉的国外液态奶正大量进入中国市场。

　　对国际奶源的过度依赖导致国内奶价剧烈波动。根据中国奶业协会信息中心的数据，我国生鲜乳价格在 2013 年度经历了连续 11 个月的暴涨，内蒙古、河北等 10 个奶牛主产省（区）生鲜乳平均价格从 3.2 元/千克左右上涨到 4.3 元/千克左右，上涨幅度在 30% 以上。然而到 2014 年年末，各地企业拒收，奶农倒奶杀牛的报道又不绝于耳。造成 2014 年倒奶现象的导火线是国外进口奶粉原料价格持续下滑至低于国内原料价格，从而引发企业大量进口国外原料替代国内乳品收购。海外数据也同样显示，过去一年进口奶粉价格整体虽然出现同比上涨，但是价格逐月下跌，下滑趋势明显。以 11 月为例，奶粉进口平均价格为 3587.88 美元/吨，同比下降 27.74%。养牛举步维艰，中国奶牛养殖业的基础被侵蚀。

　　虽然中国部分乳企炒作所谓高端乳的噱头，但从长远看，乳及乳制品是必需品，满足的是大众普通消费。当乳及乳制品回归普通食品的本质，其需求的价格弹性变小，长期依靠外来奶源对中国这样的乳品消费大国非常不利。发展本国的奶牛养殖业还是更多地依靠国际奶源，是当前阶段必须要明确的问题。与中国的国家粮食安全战略一样，坚持"以我为主，立足国内，确保产能，适度进口，科技支撑"恐怕也是乳业发展的现实选择。目前，国家农业部已经出台相关政策，引导企业在国内积极收奶，并使用生鲜乳作为原料进行生产加工，解决国内奶业出现的供需矛盾，但即使有效果，也仅仅是解燃眉之急，并不是长久之计。协调乳企和养殖企业的关系，建立更紧密的利益联盟，不仅是保障乳品质量安全的重要手段，也是保障中国乳业健康发展的前提。

四　当前的奶产业链重塑并未奠定中国乳业持续健康发展的基础

（一）奶牛养殖业增长进入平台期，乳制品产量的增长基本来自国外奶源

2012 年，中国城镇居民人均鲜牛奶消费量为 13.95 公斤，而欧盟和美国的人均消费量达到 65.0 公斤和 81.8 公斤，中国鲜牛奶消费量仍有很大的增长空间。

表7.2　　　　　　2008—2014 年中国生鲜乳生产和乳制品生产情况

年份	奶牛存栏数（万头）	增长率	牛奶产量（万吨）	增长率	液体乳产量（万吨）	增长率	乳粉产量（万吨）	增长率
2008	1233.5		3555.8		1525.2		*120	
2009	1260.3	2.2%	3518.8	−1.0%	1641.6	7.6%	111.7	−6.9%
2010	1420.1	12.7%	3575.6	1.6%	1845.6	12.4%	140.3	25.6%
2011	1440.2	1.4%	3657.8	2.3%	2060.8	11.7%	138.6	−1.2%
2012	1493.9	3.7%	3743.6	2.3%	2146.6	4.2%	136.5	−1.5%
2013	1441	−3.5%	3531.4	−5.7%	2336	8.8%	158.9	16.4%
2014	1499.1	4.0%	3724.6	5.5%	2400.1	2.7%	150.8	−5.1%
与2008年比增长	21.5%		4.7%		57%		35%	

注：统计企业范围：2007—2010 年为主营业务收入 500 万元及以上的全部工业法人企业，2011 年以后为主营业务收入 2000 万元及以上的全部工业法人企业。* 标记数据为估计数。

从表7.2 可以看到，从 2008 年到 2014 年，中国奶牛存栏数增长了21.5%，但是 2010 年以后增长缓慢，最大增长率只有 4.0%，而且 2013年出现过负增长；牛奶产量也一直增长缓慢，2008—2014 年，牛奶产量只增长了 4.7%，有两年出现负增长，增长最快的年份是 2014 年的5.5%。相比之下，同期乳制品产量增幅虽然波动较大，但增长显著。液

体乳量增长了 57%，奶粉产量增长了 35%。① 由于中国的牛奶产量没有显著增长，显而易见，增加的乳制品产量其原料大多数来自国外，这一点可以与表 7.1 相互印证。

　　随着经济发展，乳制品逐步从奢侈品转变为生活必需品。对中国这样的大国，乳制品的供应还是应当以国内为基础。没有持续稳定发展的奶牛养殖业，转而大量依赖进口原材料的乳业不能算是健康发展的乳业。

　　（二）质量安全问题隐患未除

　　虽然经过一系列的治理整顿，中国奶产业质量安全问题整体向好，但是仍然有一系列安全事件出现（见表 7.3）：

表 7.3　　　　　　　　　2009 年以来中国奶产业食品安全事件

时间	事件	原因	结果
2009 年 3 月	浙江省金华市晨园乳业"皮革奶"事件	"皮革奶"，就是向牛奶中添加了皮革水解蛋白，人为提高了牛奶有机成分中的蛋白质含量检测指标的牛奶。含有严重超标的重金属等有害物质，致使牛奶有毒，严重危害消费者的身体健康甚至生命	2010 年 8 月，国家质检总局再次与农业部等 5 部委联合印发《关于开展非法制售皮革蛋白粉等皮革碎料制品清理整顿工作的通知》，明确要求严禁使用皮革蛋白粉等皮革碎料制品作为食品原料，加大打击力度
2009 年 5 月 6 日	"无抗奶"风波	早在 2002 年，"无抗"这一概念便被光明乳业率先提出，本应必须达到的指标被当作"优质"概念来炒作；部分企业用 β－内酰胺酶（解抗剂）来掩蔽抗生素，冒充"无抗奶"	卫生部、农业部等六部门联合发布的文件，要求自即日起，各乳品生产经营和餐饮企业应当停止"无抗奶"生产经营活动，防止误导消费者。中国自 2006 年 7 月起对所有生鲜牛奶强制检测抗生素含量，超标者不可出售
2009 年 12 月	陕西金桥乳业、上海熊猫乳品有限公司"三聚氰胺"事件	均是使用了 2008 年被查出含有三聚氰胺的奶源所致	责令上海熊猫乳品停止生产，封存了所有的问题成品和原料，并组织力量查清问题成品流向、全力组织召回工作
2010 年 8 月 5 日	"性早熟"事件	《健康时报》报道了"武汉三名女婴性早熟"的病例，怀疑孩子的性早熟和圣元奶粉含有过量雌激素有关	圣元股价大跌 27%；卫生部做出的"圣元乳粉激素含量无异常"通报

---

① 由于 2008 年的奶粉产量是估计数，因此本数据以 2009 年为基期。

续表

时间	事件	原因	结果
2011 年 12 月 25 日	蒙牛黄曲霉毒素超标事件	霉变的饲料	蒙牛发声明称，由于该批次产品在接受抽检时尚未出库，公司立即将全部产品进行了封存和销毁，确保没有问题产品流向市场。蒙牛股价下跌 24%
2012 年 6 月	伊利"汞超标"事件	不明，有专家认为来自饲养过程中的汞污染	伊利 14 日发布召回含汞奶粉的公告，当天股价开盘跌停，市值蒸发将近 40 亿元
2012 年 7 月	光明奶油（光明乳业）、南山奶粉（湖南亚华乳业）及沙湾姜汁撞奶（沙湾牛奶食品厂），黄曲霉毒素 M1 含量超标	霉变的饲料	南山奶粉婴幼儿奶粉生产许可证被湖南省质监局注销
2012 年 6—10 月	光明乳业 5 个月爆 6 次质量问题：6 月 15 日，学生食用光明奶中毒；6 月 27 日，光明倍优牛奶碱水污染事件；7 月，广州光明减脂芝士片、奶油菌落总数超标事件；9 月 8 日，上海光明鲜奶酸败事件；9 月 17 日，"小小光明奶酪"发现禁放的乳矿物盐；10 月 19 日，光明鲜奶中现瓶盖颗粒	生产线管理有缺陷，冷链运输不到位	3 次向公众道歉，2 次在上海市政府新闻发布会上受到公开批评，被责令整改并给予处罚
2013 年 3 月	"美素丽儿"事件	"美素丽儿"在华代理商玺乐丽儿进出口（苏州）有限公司（原苏州美素丽儿母婴用品有限公司）在没有获得食品生产许可的情况下，涉嫌非法生产号称荷兰原装进口的美素丽儿奶粉	企业被查封，江苏全省暂停销售涉嫌不合格的美素丽儿奶粉，并对其登记造册、就地封存
2013 年 8 月	恒天然"肉毒杆菌"事件	2013 年 8 月 3 日新西兰恒天然集团发布消息，旗下 3 批浓缩乳清蛋白受肉毒杆菌污染并波及包括 3 个中国客户在内的共 8 家客户	8 月 5 日恒天然首席执行官专程赶赴北京向中国消费者道歉，之后开始了相关召回工作。相关品牌（多美滋，雅培）也启动了召回机制。在 8 月 22 日恒天然集团宣称：新西兰政府委托进行的后续独立检测确认，恒天然浓缩乳清蛋白原料以及包括婴幼儿奶粉在内的使用该原料的产品均不含肉毒杆菌

时间	事件	原因	结果
2015 年 9 月	辉山乳业"硫氰酸钠超标"事件	原因可能是用于保鲜而添加,或者来源于饲料	秦皇岛市进行食品安全抽检,在辽宁辉山乳业集团生产的高钙牛奶中检出硫氰酸钠,数值达 15.20mg/kg,河北省食药局发布销售安全警示。辉山乳业不认可检测结果;29 日,河北食药监局认为此前发布的 15.2mg/kg 检出值对消费者的健康风险低,撤销该期食品销售安全警示;9 月 30 日,中国乳制品协会发表声明,支持辉山乳业,要求河北省食药局公开道歉。事件陷入"罗生门"

　　乳品的质量安全问题主要集中于两个环节:生鲜乳进入乳品加工场以前的养殖、挤奶和运输环节,属于原料乳的问题;生鲜乳进入乳品加工场以后,属于加工、包装、成品运输和销售中的问题。对于进入乳品加工场以后环节的问题,中国政府大力推进"良好作业规范"(Good Manufacture Practics,GMP),试图更好地解决加工环节的质量安全问题。然而,安全的乳制品不仅是加工出来的,更是养出来的。没有安全优质的生鲜乳,就不可能有安全优质的乳制品。在养殖、挤奶和运输环节出现的问题可以分为两类:一是低水平的质量管理导致细菌数、体细胞数超标,黄曲霉毒素超标,含有抗生素、异味等;二是恶意人为添加,如加水、解抗剂、皮革蛋白、三聚氰胺等。在"三聚氰胺事件"后,中国政府加大了对乳制品的检测力度,恶意人为添加问题得到了比较有效地解决,抗生素指标的执行也相对严格,然而并不是没有漏洞存在。生鲜乳的质量检测权基本上还是掌握在乳品加工企业手中,且乳企与养殖场以及奶农之间的利益分配并无根本改进,因此出现一系列问题。首先,养殖场及奶农主动保障乳品安全和品质的意愿不强。基本态度是对乳企检测严格的指标(如抗生素)比较在意,不严格的指标就比较消极。如在国际上普遍检测的体细胞数指标,对乳品质量安全影响很大,但是新的《生乳标准》中并无规定,乳企不检查,奶农就会对患乳房炎的奶牛保守治疗。对于细菌数,由于指标很宽(按照《生乳标准》,小于 200 万个/mL 就达标),奶农就会放松对挤奶的卫生要求。其次,乳企利用自己的检测权在奶源过剩时压级压价,奶荒时抢奶。

调研发现，"奶荒"期间，养殖场的牛奶被拒收的批次很少，在过剩时则明显增多。可以肯定的是，生鲜乳的质量不会随着市场变动而波动，只能理解为乳企对生鲜乳质量标准的掌握弹性较大。再次，由于产业链主体间关系不能理顺，生鲜乳质量监管的链条上一直存在难点和盲区。以《农业部办公厅关于加强2013年元旦和春节期间生鲜乳质量安全监管工作的通知》（以下简称《通知》）为例，《通知》要求，要加强对奶农专业合作社开办的奶站和非企业自有运输车的巡查，打击非法收购运输"黑窝点"、无证和无交接单收购运输行为；提高抽检频次，扩大抽检范围；对不合格生鲜乳，经检测确认后，应当在当地畜牧兽医主管部门的监督下销毁或者采取其他无害化措施处理，严禁任何单位和个人私自倒卖和非法收购；同时，要探索建立非人为故意造成生鲜乳不达标被拒收的补偿机制；等等。

因此，2010年之后出现的质量安全事件许多是由于养殖环节质量管理水平不高，在生鲜乳运输到加工厂之前就已经是问题原料了。虽然上述事件并不全面，但反映出一系列的问题。特别是，从养殖到加工，如果各环节的利益不能协调，不能形成有利于保障质量安全的激励兼容的利益保障机制，围绕价格和质量的你争我夺就不能停止，乳制品质量安全的隐患就不可能从根本上消除。

（三）奶源在外，市场在内，中国乳业的国际化并不完整

"三聚氰胺事件"后，中国乳业"引进来、走出去"，大型乳企在国际市场重新布局。国外乳企看到中国的市场潜力，以乳制品进口、投资建厂以及建立牧场的方式进入中国，同时，国内的优质乳企也以购买牧场、建立海外生产线等方式进行国际化的布局。

然而，中国乳业的国际化布局是"奶源在外、市场在内"，只能算是"半国际化"。

近年来，外资进入中国的招牌是外国奶源、中国市场，很多外资品牌甚至强调原装进口，而不是国内分装，国内奶源不是重点。少数有大型养殖场建设计划的公司，例如恒天然（有唐山汉沽牧场、玉田牧场、山西应县牧场等）、雀巢［在黑龙江双城的奶牛饲养管理培训中心和三个牧场（两个千头，一个八千头）］等，其牧场起的也主要是示范作用。而中国资本走向国外，并不是以直接满足国外乳制品消费为己任，而是为了掌握优质奶源。以光明、伊利、雅士利、蒙牛等扎堆进驻的新西兰为例，新西兰是产奶大国，2014年年牛奶产量2020万吨，95%以上出口，中国是新

西兰最大的乳制品出口国。中国公司进驻新西兰，主要是为了获得比直接进口更便宜、更稳定、质量更好的奶源。例如，伊利集团总裁潘刚认为，只有满足"健康、洁净和生态"三个要素，才能被称为未来的牛奶。而在伊利股份的战略中，布局新西兰乳业基地就是打造伊利未来的"牛奶谷"。中国乳企在新西兰建厂生产原料粉要比购买恒天然的原料粉在价格方面便宜至少一成，这是很大的诱惑。因此，中国乳企国际化是一脚在外，一脚在内，主要是在内的。

（四）消费者对国产奶信心仍然不足

"三聚氰胺事件"后，消费者对国产奶的信心跌至谷底。近年来，尽管政府和各大乳企采取了多样化的政策提升消费者信心，但根据国产奶市场份额的测算以及课题组进行的国产婴幼儿奶粉消费者信心的调查，消费者首先信任国际乳品品牌，即使选择部分国内乳品品牌，也倾向于购买"国产品牌，进口奶源"的产品，最后选择国内奶源产品。可以看出，消费者对国产奶的信心仍然不足。

第二节　基于合作社的奶业产业链——来自西方国家的经验

一　"合作社纵向一体化"是欧美主流的奶产业链组织模式

"合作社纵向一体化"是欧美主流的奶产业链组织模式。在家庭农场的基础上组建合作社，合作社开办或控股乳品加工企业，同时为家庭农场提供技术和服务支持，是当今世界占主流的奶产业链组织模式。

在西方，典型的产业链组织模式是以家庭牧场为基础组建合作社，合作社建立自己的加工厂和销售渠道，控制乳制品的生产和销售。如荷兰的菲仕兰·坎皮纳（Friesland Campina）奶业合作社拥有20375个奶农社员、将近15000个农场和将近20000名雇员，其社员和农场分布在荷兰、德国和比利时等国家，年产量达到103亿公斤牛奶或奶制品，年产值达到90亿欧元，其销售网络遍布100多个国家，主要在欧洲、亚洲和非洲，是目前世界上最大的奶制品公司。合作社按照承诺价收购奶农的牛奶，除了牛奶收购款，合作社于每年年底以红利的形式向其社员分配溢价利润。如果说菲仕兰·坎皮纳是超大规模合作社的代表，德·普拉德森（De Producent）奶酪生产以及贸易合作社就是一个为细分市场服务的中小合作社。2005年该社社员仅有50人，销售奶酪达40万公斤，合作社资产达500万欧元，是荷兰最大的"农场奶酪"[①] 生产商，占有荷兰"农场奶酪" 60% 的产量。合作社在收购时按照市场价格当场支付农户，所取得的利润在年底提取公积金后，按照交易量返还农户。党国英（2006）把菲仕兰·坎皮纳的合作乳业经验总结为"基于适度规模家庭牧场的合作社一体化模式"，在这一模式中，乳品工厂属于合作社，奶农不但通过销售鲜奶获利，而且每年能从合作社获得分红。农场主作为乳品工厂的股东分享了产业链的大多数利润，合作社监管会员农场主提升乳品的质量。更重要的是，家庭农场主选举组成的董事会和监事会负责管理乳品厂，来自世界 500 强公司的职业经理人为农民"打工"。合作社组织从牧草、育种、饲养各个环节为家庭牧场提供服务，提高了牧场的劳动生产率。

美国乳品生产的基本单位是家庭农场，在此基础上组成奶业合作社，奶业合作社通过自己建立或者入股乳品加工企业，从而在生产环节获得稳定的收入，牧场的经营者既是合作社的股东，又是合作社的供应商，合作社负责鲜奶的统一收购、专业公司运输、专业化加工；而美国乳品营销合作社对乳品加工企业所生产的各类乳制品进行收购、储运和销售，它们吸纳乳品加工企业成为合作社的社员，通过合同形式与乳品加工企业进行行为约束实现利益联结，并按照乳品加工企业持股比例，对销售利润进行分配。由于合作社的服务，美国奶农可以获得稳定的销售渠道，更高效的牛奶销售，通过联合议价获得更好的销售价格，平衡工厂的需求，在立法、规制和公共领域得到更好的保护，以及合作社直接提供的各种服务，包括现场的质量指导、挤奶设备的销售和维修、卫生设施的销售、火灾和风暴防范、健康保险、退休计划、牛奶价格的风险管理和市场信息等。

2013 年，美国有奶业合作社 127 个，成员 4.63 万名，全职员工 2.1 万人，销售收入 427.29 亿美元。2012 年，全美牛奶产量 19926200 万磅，其中由合作社销售的牛奶为 166767300 万磅，占 84%。[②] 由于牛奶易腐，农民投入资本的专用性强，农户通过合作社控制加工和销售渠道的动机更

---

① 这种奶酪与"工厂奶酪"或"工业奶酪"不同，采用传统工艺，风味独特，纯手工制作。

② 数据来源：根据美国农业部（USDA）发布的数据整理，http://www.rurdev.usda.gov/ Home.html。

强。从 20 世纪 20 年代至今，由于牧场规模扩张以及合作社之间的合并，美国的奶业合作社数量和社员不断减少，但是在美国奶业销售额中的份额不断上升，目前稳定在 80% 以上。

　　美国的 Land o'Lakes 奶业合作社成立于 1921 年，是美国第二大奶业合作社，目前拥有大约 9000 名雇员、3200 个生产者社员和 1000 个合作社成员（这些合作社成员为 300000 个农业生产者服务），每年销售约 120 亿磅牛奶，生产系列牛奶制品，品牌附加价值很高，在全美 50 个州以及全球 50 多个国家都有业务往来。[①]

　　奶业是新西兰畜牧业的重要组成部分。新西兰有 400 多万人口，11618 个奶牛场，425 万头泌乳奶牛，奶牛场平均占地 131 公顷，奶牛场的饲养头数一般在 150 头以上，平均规模 366 头，每年生产 130 万吨乳固体（新西兰主要统计乳蛋白和乳脂肪合计的乳固体量），约折合 1560 万吨原奶。超过 93% 的原料奶被加工成干乳制品用于出口，国内消费仅占很小一部分。乳品出口对象主要有美国、中国、日本、马来西亚、欧盟、澳大利亚等，出口产品以奶粉为主。在过去 10 年中，牛群规模平均增长了 60%，奶牛场数量减少 21%。[②]

　　新西兰乳品加工行业以牧场主拥有的合作企业为主体。三家主要的乳品加工企业恒天然（Fonterra）集团、西部（Westland）乳品公司和塔图阿（Tatua）乳品公司均为合作企业，2008—2009 年生产季收奶量占新西兰全国的 96%，其中恒天然（Fonterra）一家就占 92%，只有约 4% 的牛奶产量由一些投资人拥有的公司收购。奶农和乳品企业之间形成紧密的利益联结关系，合理的产业链结构为奶业的健康发展奠定了制度基础。全球最大的乳品加工企业恒天然集团是新西兰 1 万多个奶牛养殖场主共同拥有的合作制乳品加工企业，年出口额占新西兰贸易出口总额的 1/4。Fonterra 完全属于持有该合作企业公平价值股份的牧场主供应者所有，持股比例与乳固体供应量挂钩。奶农依据合同向企业供奶，企业根据国际市场行情，以尽可能高的价格向奶农支付奶款，企业加工增值所获取的利润定期给奶农分红。这种产业链利益分配格局，使得所有奶农都特别注重产品质量，

---

　　① 数据来源：Land o'Lakes 合作社网站，http://www.landolakesinc.com/company/index.htm。

　　② 数据来源：农业部赴新西兰考察团，《新西兰奶业考察报告》，中国奶牛，2010 年 4 月，第 59—61 页。

关注和支持加工企业发展。

新西兰的奶牛牧场主还通过一个行业利益组织——"新西兰乳业协会"（DairyNZ），投资于牧场研究，包括三个重点领域：生产力（饲料、动物和农场营运系统）；可持续性（环境管理、动植物安全和公众影响）；人员和经营（农场业务和人员能力）。这项由新西兰乳业协会进行的研究，靠每千克乳固体征收 3.6 分（单位：新西兰元）的强制性缴费提供资金。生产者每六年投票表决一次，决定是否继续实行这项缴费。

在巴西和阿根廷，奶业合作社建设比较完善，运行比较畅通。通常是几十家或几百家奶牛养殖场组成一个股份合作社，并参股乳品企业，合作社中的养殖会员单位与乳品企业构成了利益共享的联合体，合作社会员承诺将生鲜乳交售给乳品企业，乳品企业除正常支付奶款外，年终还拿出利润的一部分作为股份红利，分发给合作社会员单位。阿根廷 SanCor 公司是一家大型乳品企业，有 1410 个合作社为其提供奶源，这些合作社分布在 6 个区域，合作社运行的机构是合作社董事会：设董事长 1 人，秘书长 1 人，财务部长 1 人，普通董事 9 人，这 12 人来自 6 个区域，每个区域 2 人，由各自区域合作社会员选举产生，董事会人员任期 3 年，期满后重新选举，最多任期 2 届，董事会除定期召开会议之外，每年至少召开 1 次董事会大会，每区域选择 5 个参会代表。在合作社内，会员承诺将牛奶交售给乳品企业，乳品企业按月付给会员奶款，年终按交奶数量等给会员分红，合作社与企业间合作机制运行良好。巴西第三大乳品企业 Itambe 公司，有 8000 多个小农场为其提供生鲜乳，每个农场每天平均提供牛奶 350 公斤，该乳品企业不直接与农场联系，而是通过 30 多个合作社开展收购工作，合作社负责人组成董事会，每月召开一次董事会议，依据市场情况确定生鲜乳收购指导价，不同农场生鲜乳价格有所差异，主要考虑因素有生鲜乳产量、质量、距离等。乳品企业每月定期发放奶款，年终向合作社分红约占企业总利润的 30%，奶农通过合作社与乳品企业形成了利益共同体。[①]

在发达国家和地区，无论自然条件如何，以家庭为核心的牧场经营是主要的养殖模式，"家庭牧场＋合作社"，进而由合作社控制乳品加工和

① 赴巴西和阿根廷奶业考察团，巴西和阿根廷奶业考察报告，《中国奶牛》2011 年第 19 期。

销售企业是主要的产业链模式。

二 日本的合作社与大型乳企并存模式

与欧美相比，日本的奶产业链组织模式更值得借鉴。王威等（2005）对日本乳业的考察发现，日本的奶产业链一体化模式有两种：一是以雪印、明治、森永等大公司通过对中小型企业的重组和兼并，对零售市场拥有更大的市场权，在 1999 年，三家大奶品公司控制下的"集乳量"超过50%。这些大企业都有自己一整套完整的生产和销售体系，与奶农签订产销合同，利用自有资金、技术力量的优势，通过向奶农提供贷款、补助金、技术指导以及购买良种等，加强对奶农的指导和控制。因此，流通数量大，环节少，产量稳定，成本低，竞争力强。二是农协系统依据其产加销一体化的模式，重组和兼并了各类小型企业，扩大了对市场的占有率，"农协牛奶"直接销售量逐年提高，与大公司形成了互为竞争、互为促进的格局。

三 中国更适宜向日本模式学习

欧美型模式的长处是合作社对整个农业产业的控制力很强，市场竞争力也强，同时产业链之间的交易成本低，但短处是产业组织（合作社）规模很大，合作社经营跨度大与异质性强，进而治理结构比较复杂，治理成本较高。亚洲型模式的利弊正好与欧美型模式的利弊相反。它的主要特征是合作社在产业化经营中并非占据主导地位，合作社向下游延伸相对有限，主要是增强上游生产农户间的横向合作和社区合作，并且通过横向合作规模的扩大，与下游龙头企业建立稳定的上下游关系。其长处是合作社经营跨度不大与异质性不强，内部治理结构相对简单，治理成本较低，但对市场，尤其是对整个产业链的控制能力不强，同时存在合作社与下游公司的交易不确定性和交易成本。

中国既没有发展充分的合作社与合作社联盟，也没有类似西方在几百年中逐渐发展完善起来的公司治理结构，同时缺乏人力资本来管理合作社的企业，再考虑目前已经形成大企业寡占乳品加工产业的局面，期望像欧美国家一样形成以合作社为中心的纵向一体化不切实际。比较而言，鼓励合作社以及合作社联社成立议价联盟以及向下游延伸到加工业，在细分市场中以特色占领一席之地，应当是比较切合实际的。而且，中国和日本同为人多地少，劳动力相对丰富、土地资源比较缺乏的国家，向日本学习更有针对性。

第三节 中国的奶业合作社——背景、现状、变异和萌芽

一 农民专业合作社被认为是组织农民进入市场的重要载体而受到鼓励

中国农村家庭承包经营制度的确立，为微观经济主体提供了有效的激励机制，与此同时，农民的组织化渠道也回到空白，乡村重新遍布了原子结构的小生产者，农户被推到市场的前沿，独立面对各种风险。然而，单个农户是弱小的，既不能有效应对市场风险，满足消费者需求，也不能应付由于非对称的市场力量而带来的利益损失。在此背景下，农民专业合作社作为一种将农民组织起来进入市场的制度安排，被看作促进农业发展、提高农民收入水平、促进城乡和谐发展的有效手段之一。

经济学家和政府官员均对通过发展农民专业合作社提高农民的组织化程度寄予厚望。夏英（2001）认为，农户家庭经营适合于农业现代化的前提是农户组织化，而"处于市场弱势且境况近似的同业者，天然具有采取集体行动的动力或倾向"（黄祖辉等，2000），农业的家庭经营制度与合作制度的结合被认为是迄今为止最有效的农业制度安排（克里斯托福等，2001），农业产业化的进程必然伴随农村经济组织演变和创新进程（周立群、曹利群，2001；苑鹏，2003），合作社发展在现代农产品流通体系建设（曹立群，2001）、节约交易成本和农户增收（林坚等，2002；池泽新，2003；蔡荣，2011）、农业技术创新（国鲁来，2003）、保障食品质量安全（卫龙宝等，2004）、乡村民主制度发展以及农民的政治参与（冯开文，2003；董进才，2008）等方面的作用均受到广泛关注。

从20世纪80年代初到90年代上半期，中国的农民合作经济组织开始萌芽。"1980年3月，第一家农村专业合作经济组织——临海市茶叶协会成立，1984年，浙江省农业厅又在苍南县进行试点，组建宜山铁农农民服务社。"这一时期的合作社大都称为"专业协会"，组织较松散，主要从事技术服务和咨询业务。从20世纪90年代中期开始，农民合作经济组织发展速度加快。伴随着中国逐步从短缺经济向过剩经济

转变，这一时期农产品出现销售难的问题，农民对合作社的需求非常迫切，各种形式的农民合作组织开始加速发展，从事的业务也转移到联合采购以及帮助农民销售农产品等方面。一些地方出台了相应的地方条例（如浙江省在 2004 年出台了《浙江省农民专业合作社条例》），合作社发展走在全国前列。

2006 年 10 月，《中华人民共和国农民专业合作社法》由全国人大常务委员会审议通过，之后，《合作社登记管理条例》（国务院令第 498 号）、《农民专业合作社示范章程》（农业部令第 4 号）、《农民专业合作社财务会计制度（试行）》（财会〔2007〕15 号）相继出台，再加上连续多年中央在 1 号文件中强调对农民专业合作社的扶持政策①，中国农民专业合作社的发展进入爆发增长期。根据 2014 年 2 月底统计数据，登记的农民专业合作社已达到 103.88 万家，7829 万农户入社，带动农户已经占到全国农户的 30.1%。

二　奶业合作社作为奶农的组织化载体受到肯定

"三聚氰胺事件"中，奶农散养带来的监控难度加大以及奶站环节的掺杂使假被认为是出现问题的主要环节。同时，奶农散养还存在技术改进困难、牛奶品质难以提高、疫病防治困难以及环境保护问题。特别是，由于奶农组织化程度低，乳制品企业单方面决定生鲜乳价格，奶农利益难以保证。长此以往，奶业发展的根基不稳。因此，奶牛养殖规模化和奶农组织化成为乳业产业政策的调整方向。

---

①　2004 年 1 号文件：从 2004 年起，中央和地方财政应分别安排资金，支持开展信息、培训、质标与认证、生产基建、市场营销、技术推广等服务。2005 年 1 号文件：兴办加工流通实体，可适当减免有关税费。2006 年 1 号文件：建立有利于发展的登记等制度。2007 年 1 号文件：贯彻落实法律，增大示范项目资金规模。2008 年 1 号文件：合作社可以申请承担国家有关涉农项目。2009 年 1 号文件：扶持农民专业合作社加快发展，开展示范社建设行动。加强合作社人员培训，各级财政给予经费支持。2010 年 1 号文件：深入推进示范社建设行动，对好的合作社给予补助。扶持合作社自办农产品加工企业。全面推进农超对接。新增补贴适当向合作社倾斜。支持办资金互助社。2012 年 1 号文件：六个部分八条 12 处涉及农民专业合作社。2013 年 1 号文件：农业补贴向专业大户、家庭农场、农民合作社等新型农业经营主体倾斜，大力支持发展多种形式的新型农民合作组织。2014 年 1 号文件：鼓励发展专业合作、股份合作等多种形式的农民合作社，允许财政项目资金直接投向符合条件的合作社，允许财政补助形成的资产转交合作社持有和管护，推进财政支持农民合作社创新试点，引导发展农民专业合作社联合社。

早在 2007 年发布的《国务院关于促进奶业持续健康发展的意见》，就提出要"积极扶持奶农合作社、奶牛协会等农民专业合作组织的发展，使其在维护奶农利益、协商原料奶收购价格、为奶农提供服务等方面充分发挥作用"。2008 年出台的《奶业整顿和振兴规划纲要》提出实行生鲜乳收购许可证管理制度，将奶农专业生产合作社作为有资格申请生鲜乳收购许可证的三种组织之一（其余两种是乳制品生产企业、奶畜养殖场）。[①] 同时提出"大力发展奶农专业生产合作组织。积极扶持奶农专业生产合作社、奶牛协会等奶农专业合作组织发展，使其在维护奶农利益、协商生鲜乳收购价格、为奶农提供服务等方面充分发挥作用"[②]。2010 年发布的《全国奶业发展规划（2009—2013 年）》提出，要"积极安排资金，扶持奶农专业合作社发展，发挥其为奶农提供服务和维护奶农利益等方面的作用"。

上述政策获得专家学者的支持。孔祥智等（2010）认为，发展规范的奶农专业合作社对于保障奶业质量安全、促进奶农增收具有三个方面的重要意义。

在上述政策的引导下，中国奶业合作社增长速度很快。然而，中国的奶业合作社仅仅是奶产业供应链改造的途径之一。

三　中国农民专业合作社的"内卷化"和奶牛养殖合作社的异化

1. 中国农民专业合作社的"内卷化"

"内卷化"（involution）有退化和复旧之义，黄宗智（1992）用其描述中国小农经济有增长而无发展的现象。本课题中，指中国农民专业合作社数量激增，但徒具形式，农户经营组织化程度没有出现由松散到紧密、从初级到高级的变革过程，也没有发挥出合作社应有功能的现象（樊红敏，2011）。

在家庭承包经营背景下，中国政、学两界均对通过发展农民专业合作社提高农民的组织化程度寄予厚望。然而，政策支持下合作社数量的激增（如前文所述，截至 2014 年 2 月，全国经工商注册登记的农民专业合作社有 103.88 万家，入社农户 7829 万户，占全国农户总数的 30.1%）。未能消除人们对合作社"内卷化"的质疑。合作社质的规定性（自我服务和民主控制）正在发生漂移（黄祖辉等，2009），专业合作经济组织中广泛

---

① 2008 年发布的《乳品质量安全监督管理条例》进一步明确了这一点。

② 《奶业整顿和振兴规划纲要》（2008）第七条，第一款。

存在"名实分离"（熊万胜，2009），出现了所谓的"泛化"和"异化"现象（苑鹏，2008），有很大比例的"合作社"出于追求"政策性收益"目标而成立，农民对合作社表现出茫然和漠然，许多合作社没有开展活动，大股东控股普遍而普通社员受益不多（潘劲，2011），等等。

国内学者对中国农民专业合作社"内卷化"问题的关注由来已久。黄祖辉等（2002）认为，合作社的发展受到产品特性因素、生产集群因素、合作成员因素以及制度环境因素的影响，具备相应的条件，合作社才能发展；林坚等（2006）从交易费用和组织成本的视角，讨论了合作社与投资者所有企业的边界；宫哲元（2008）等认为小农户合作面临的集体行动困境是中国农民合作组织发展缓慢的根本原因，合作社核心原则的变化源自为促进合作行为的实现而产生的激励性需求。黄祖辉等（2006）提出了一种基于能力与关系的合作治理结构的分析框架，认为人力资本和亲缘关系、社会关系是剩余所有权配置的重要依据；林坚等（2007）在国内较早从成员的异质性出发讨论合作社的所有权安排，认为核心成员事实上充当了合作社的资本家和企业家的双重角色，他们通过把剩余索取权和剩余控制权相对应，使得风险承担者和风险制造者相统一，这可以解释合作社广泛存在的大股东控制现象。学者们也对影响合作社发展的各种因素进行了一些实证分析，包括：治理机制与合作社的绩效（黄胜忠等，2007；徐旭初等，2010），外部资源与合作社的发展（门炜，2011），资本控制与合作社功能是否恶化（崔宝玉等，2011），等等。

无论原因如何，合作社普遍规模小、实力弱，以及广泛存在的"异化"现象正侵蚀着合作社的生命力。

2. 奶牛养殖合作社的异化

"三聚氰胺事件"事件前，奶农散养模式在中国奶牛养殖业中占主导地位。然而，由于奶农养殖规模过小，造成养殖技术难以改进、牛奶品质难以提升、疫病防治困难以及质量监控困难等问题，同时，奶农组织化程度低，乳制品企业单方面决定生鲜乳价格，奶农利益难以保证，以邻为壑的竞争行为是乳制品质量难以保障的重要原因。发展奶牛养殖合作社被认为有助于提高奶农的经营利润，有助于维护奶农的市场地位，有助于提升奶农的价值增值（钟真等，2010），因此得到鼓励和发展。

然而，与其他领域一样，由奶农共同出资建立的合作社微乎其微，绝大多数奶牛养殖合作社是由原独立的奶站开办人、奶牛养殖大户、新加入的工商业资本投资建设的养殖小区（包括牛舍、运动场、饲料存放区、挤奶厅、工人生活区、办公区等），奶农入驻小区不需要缴纳场地租金，免费使用养殖小区的牛舍、运动场和生活用房，养殖小区通常向奶农提供饲料和兽药统一采购、统一防疫、统一挤奶、统一销售、粪污统一处理等服务（视小区管理水平的高低，提供的服务项目有多有少，服务质量有好有坏）。奶农有义务（其实也没有其他选择，除非将牛群迁至其他小区，这种情况在养殖小区提供的服务非常差和奶价非常低时会出现）向合作社交售牛奶，合作社在鲜牛奶销售价格的基础上扣除一定的差价后，向奶农发放奶款，这个差价包括了合作社的所有成本和利润。

表7.4是课题组在河北调研时总结的合作社向奶农提供的商品和服务。可以看到，多数合作社与奶农之间的关系是小区业主和租户的关系，合作社没有完善的治理结构，没有分工合理的董事会、监事会，没有社员（社员代表大会），社员（即奶农）不向合作社投资，不承担风险，也不分享利润。按照"社员所有、社员控制和社员受益"的标准来衡量，不能算作是合作社。

表7.4　　　　　　　合作社向奶农提供的服务与收费

合作社提供的商品和服务	提供方式	占比高的模式
消毒	1＝公共区域由小区统一定期消毒＋养殖户私域内自行消毒	1
	2＝由小区雇工统一定期消毒	
防疫	1＝由小区雇工统一定期注射疫苗	2
	2＝养殖户定期自行注射疫苗	
兽医服务	1＝由小区雇用的兽医统一服务	2
	2＝养殖户自行寻找合适的兽医	
提供TMR全混日粮	1＝业主制作并出售给养殖户，赚差价 2＝养殖户集资制作TMR日粮，成本价供应 3＝不使用TMR	1　3
统一挤奶	1＝小区负责奶厅的卫生、秩序以及记账和监督，奶农自行挤奶	2
	2＝奶农只管将牛赶到奶厅外，小区负责挤奶全过程	
原料奶质量检测	1＝免费检测 2＝向奶农收成本费	1
牛粪、尿处理	1＝统一处理牛粪尿	2
	2＝各养殖户自行处理	
为养殖户提供生活设施	1＝是　0＝否	1

续表

合作社提供的 商品和服务	提供方式	占比高 的模式
制作青贮料	1 = 业主制作并出售给养殖户，赚差价 2 = 业主制作并出售给养殖户，成本价 3 = 养殖户集资制作青贮料，成本价供应	1　2
提供精饲料	1 = 养殖户与小区协商确定供应商名单，养殖户在其中自选，市场定价 2 = 小区统一采购饲料给养殖户，以成本价转售 3 = 小区统一采购饲料转售给养殖户，赚差价	1　3
其他（请详细 说明）		

客观地说，即使是"异化"的合作社仍然为社员提供了一些力所能及的服务，例如统一饲料和兽药，指导奶农改进养殖技术，方便奶农挤奶、卖奶，等等，在这种模式下，奶农和奶站的非法添加问题得到较好控制，生鲜乳的质量有所提高。然而，即使是普通的投资者所有的企业也能够为了开展业务为客户提供增值服务，并不是只有合作社才能做，合作社的独特价值在于它将奶农组织起来，共同采购、共同议价、提供奶农所急需的服务，以奶农的收益最大化为目标，共同面对上下游商业投资者对奶农利润的侵蚀，为奶农获得更多的价值增值。恰恰是这一点，当前的合作社没有做到，也没有动力去做。课题组在调研过程中经常听到一些小区老板和奶农对立的故事，几乎没有小区老板没有和奶农出现过纠纷，常见的纠纷在于奶农得到的奶价的高低，还有就是一旦出现生鲜乳质量问题被乳企拒收，认定由哪些奶户承担责任是个大问题。在奶农与小区老板关系紧张的小区，经常出现奶农赶着奶牛"出走"事件，奶农与小区老板之间的对立显而易见。

归纳起来，奶牛养殖合作社的异化主要缘于以下几个原因：（1）众多弱小奶农与集体行动的困境。由于散养奶农规模小，投资能力弱，缺乏专业的经营管理人才，再加上集体行动的悖论①以及奶农缺乏合作社知识等原因，由奶农自发组成的合作社的可能性很小。（2）法律漏洞。从实用主义出发，考虑到中小农户在缺乏资金、技术、营销渠道、管理能力等

---

① 按照奥尔森的"集体行动的逻辑"，合作社的组建和壮大虽然可以实现集体的共同目标，但作为理性的个体，农户认识到，即使他为集体利益而舍弃自己的利益，由于不能保证其他人也这么做，他还是很难为集体的利益增砖添瓦；而即使他什么也不做，他也会照样享受集体带来的好处，因此，最优的选择就是什么也不做，这就是"集体行动的悖论"。

的前提下组建合作社的困难，中国的《合作社法》允许农产品的经营者或者同类农业生产经营服务的提供者成为基层社员，在一定程度上突破了使用者拥有的界限。但是，将工商资本与农户放在一起，由于法律和制度不完善，直接导致大股东对合作社的控制。第一，由于《合作社法》没有明确规定社员的出资义务，在许多合作社，普通惠顾者社员的经济参与水平低（不出资或象征性出资），算不上合作社的所有者，因此他们并不认为自己对合作社有任何权利或义务。实际上他们在合作社既不分红，也没有二次返利，与其说他们是合作社的所有者，不如说他们与合作社之间只是简单的市场交易关系[①]。第二，现行的《农民专业合作社法》未能限制大股东控股合作社。早在 2004 年出台的《浙江省农民专业合作社条例》虽然限制单个社员的股权不能超过 20%，但未能限制几个大股东联合控股，现行的《农民专业合作社法》则根本没在这方面进行限制，不能不说是一个失误。第三，虽然在政府的政策和法律法规的引导下，部分合作社表面上向普通社员让渡了部分合作社的控制权（体现在民主投票方式上）和剩余的索取权（《合作社法》第 37 条规定，二次返利的返还总额不得低于可分配盈余的百分之六十），但实际上，核心社员通过控制合作社的实际权利执行机构——理事会——来实际控制合作社，民主投票可以流于形式，盈余分配可以有诸多变通的方式[②]，普通社员的收益改进有限。第四，由于法律没有限制与非社员的交易，有些合作社一方面将社员人数严格控制在少数几个大股东范围内，同时通过与非社员大量交易谋利。[③] 第五，中国目前只有合作社的注册登记制度，没有完善的监察审计

---

① 苑鹏（2008）提到一种情况，在一次合作社研讨会中，部分代表反映，浙江、广东的有些中小企业向当地农民有偿借用户口本（少则数十元、多则百元），注册假合作社。

② 实践中，有些合作社把给予社员的任何报酬［包括股息、工人工资（社员同时是雇员的情况）等］都算作对社员的二次返利；有些合作社对社员的返利做出事先规定，而不是根据合作社的经营状况再进行盈余返还；有的只是给予社员一些价格优惠；等等。

③ 《合作社法》第十条第一款、第十四条、第十五条规定，只要有五名符合法定条件的成员即可发起组建合作社；第三十四条规定："农民专业合作社与其成员的交易、与利用其提供的服务的非成员的交易，应当分别核算。"财政部和国家税务总局发布的《关于农民专业合作社有关税收政策的通知》把与社员和非社员的交易分开核算作为合作社是否享受税收优惠的依据。但是，《合作社法》以及相关文件并没有规定与非社员的交易量占总交易量的比例，同时，由于多数农民专业合作社的财务会计制度不健全，与社员和非社员的交易分别核算并作为计税依据的做法很难贯彻，流于形式。

制度，致使许多非合作社可以一直叫名合作社，有合作社之名，无合作社之实。（3）政策影响。2008年以后，大量的在奶站基础上新建、扩建的养殖小区之所以注册成合作社，很重要的原因在于《奶业整顿和振兴规划纲要》以及《生鲜乳生产收购管理办法》规范和整顿奶站，将合作社列为三种具有收购生鲜乳资格的主体之一。同时，由于政府针对合作社有诸多的优惠政策，企业注册成合作社有益无害，导致在"三聚氰胺事件"后奶牛养殖合作社的爆发性增长。

四　以牧场和小区为基本细胞的奶牛养殖合作社萌芽

由于多种原因的影响，目前以散养奶农为基础的、在养殖小区层次上的合作社多数都不是真正的合作社。那么，是不是意味着奶农缺乏合作意愿和需求呢？课题组调研中发现，奶农的合作需求非常强烈，在奶牛生产性能测定、良种引进、设备采购、奶牛营养、防疫治病、粪污处理、共同采购、合作运输和销售等方面，都急需专业化服务和指导，而目前能够得到的服务和指导数量有限，质量不高。课题组调研发现，奶农几乎全凭自己的经验确定奶牛的饲料配比，产奶牛多喂精饲料，致使精粗比例失衡（精料多、粗料少）、粗纤维少、瘤胃酸度过大，其结果导致产奶量减少、乳脂率下降、全日粮中干物质含量低，并会引发多种奶牛疾病。奶牛营养师的指导就非常必要。有些奶牛养殖场求大求洋，盲目引进大容量、最尖端的机器设备，结果导致适用性不强，一些设备利用率不高，等等。事实上，虽然在散养奶户基础上组建的合作社由于种种困难难以实现，但是在养殖小区和牧场层面上，由于各基础单位规模大、投资能力强、富有合作知识，且有强烈的合作需求，真正的奶牛养殖合作社正在萌芽。石家庄某奶业联合社就是这样的组织，几年间，它经历了从养殖小区到规模牧场，又联系其他养殖小区走向联合。

石家庄某农牧有限公司位于河北省石家庄市灵寿县，该公司始建于2008年，当时注册资本500万元，固定资产投资约700万元；目前注册资本增加到1000万元，固定资产价值800万元，其中小区挤奶厅投资100万元（挤奶设备约70万元），5吨的冷藏罐3个共15万元，12吨的运输罐和运输车共25万元。占地88亩，奶牛存栏量约1000头，其中，成年泌乳牛797头，日产奶量约10吨。

石家庄某农牧有限公司的前身是某农牧专业合作社，实质上是养殖小区，在 2008 年，进入小区的养殖户有 50 户，奶牛存栏量 500 头左右。在采用养殖小区模式阶段，存在一些问题。据该公司赵董事长介绍，在养殖小区模式下，管理上存在很多困难。由于奶牛分属不同的奶农，小区的饲料、兽药难以统一，不能做到统一防疫，小区不能及时掌握奶牛疫病情况，使原料奶质量不可控（例如为防止因使用抗生素而倒奶，奶农对患乳房炎的牛采用保守治疗的方法，但这样可能导致牛奶体细胞数超标），由于奶农的牛不能做到分群饲喂，导致 TMR 技术不能使用，奶牛的身体素质难以改善，牛奶品质不能提高，牛奶的价格也上不去。与此同时，由于养殖小区的奶农的利益分割的复杂性，双方都没有增加基础设施投入的积极性，养牛场因陋就简，奶牛的福利难以保障（运动场潮湿、泥泞，奶牛没有改造的牛床）也造成奶牛的疫病增多。该公司董事长认为，在奶牛进小区以前，农户散养奶牛的时候，虽然饲喂技术难以进步，但是农户利用自家庭院养牛，不用购买粗饲料，不用占用专门的劳动力，手工挤奶减少乳房炎，疫病传播的风险较小，因此养殖效率很高。散养奶农进小区以后，虽然有利于解决原料奶的非法添加问题，但奶农与养殖小区（同时也是奶站的所有者）之间的关系与之前散养户与奶站之间的关系没有质的变化，只不过是将原来的模式转变为"集中散养"，养殖技术难以从根本上改进，与此同时，由于机械挤奶导致乳房炎增多、饲料成本上升、疫病更容易传播、需要专业的劳动力进行养殖等，一些问题解决了，但更多的问题出现了。在养殖小区模式下，上述问题难以从根本上扭转。

2012 年，该小区开始取消散养奶农，向养殖牧场转型。具体的方式是，对于成年奶牛采用托管方式，按照奶牛的年龄和身体条件作价，与奶农签订期限不等的合同（最长根据奶牛的使用期为 5 年），每年给予固定回报（2000—2500 元/年不等），合同期满后将奶牛返还给奶农，亦可选择 1 万元的现金。合同期间，奶牛的生老病死由牛场负责，与原养殖户无关。对于小牛，则采取直接收购的方式。2012年底，该小区成功转型，改为单一业主的牧场。改为牧场后解决了原小区业主与奶农之间目标函数不一致的矛盾，牧场的基础设施投资、技术引进以及统一管理等方面进步明显。据该公司董事长介绍，改制成牧场后，该牧场的基础设施投资、技术引进和管理水平都上了新台阶（见表 7.5）。

表 7.5　　　　　　　石家庄某牧场的固定资产投资和技术引进

		投资额	
基础设施投资	意大利挤奶设备	70 万元	不进计量瓶，微生物水平降低，无存放过程，挤奶时间短，实施挤奶前后药浴，自动托杯技术（小区使用不了）
	法国库恩 TMR 立式搅拌机	29 万元	饲料搅拌均匀，营养更均衡
	奶牛卧床	1500 元/牛位	有效减少奶牛疾病发生率，改善奶牛体质
技术引进	奶牛分群饲养，TMR 全日粮饲喂		
	采用性控精液，统一配种		配种成功率上升，产出母牛比率上升
统一管理	统一消毒，统一防疫		减少疫病风险
	与大北农饲料公司合作，统一采购饲料		饲料质量改进，价格降低
	统一制作青贮料		
	粪污统一处理		环境友好，有效利用粪肥

　　除探索向养殖牧场转型外，该公司还牵头组建"石家庄某奶业联合社"，目前由 5 个存栏量在 500 头以上的奶牛养殖小区组成，全社奶牛存栏量达 3500 头。采取股份制形式，按照公司法运营①。奶业联合社横向联系各养殖场，为更好地满足养殖场的需求服务。其功能可以总结如下：（1）联合采购（青贮料、干草、苜蓿、棉籽、精料补充料、兽药等），降低采购成本。目前，奶联社依托北京大北农集团，为成员采购优质、低价饲料。（2）为成员提供技术服务。奶联社逐步引进良种奶牛，改善奶牛品质。依托大北农公司为奶联社成员提供专业的配种员、奶牛饲料营养师、兽医。（3）为社员提供融资支持。奶联社现有成员已全部加入民生银行石家庄体育南大街支行奶牛养殖业城市商业合作社，为养殖场扩建、改造、升级解决资金问题。（4）统一销售，联合议价。代表联合社所有成员与乳品加工企业议价，奶联社成立后，养殖场面向乳品加工企业时的被动性有所改善，不断有乳品加工场主动与之接触，洽谈收购条款。（5）纵向延伸产业链条。奶联社计划与大北农公司达成投资意向，拟合作建设年产 10 万吨的饲料加工厂，公司董事长初步估算，饲料加工厂建立后，假定饲料厂的成本和利润水平不变，仅仅将包装变为散装可每吨节

_____

① 之所以没有注册为合作社，是因为按照目前的中国《农民专业合作社法》，合作社基本建立在养殖小区的层次上，在养殖小区基础上的组织似乎就应该是"联合社"了。

省费用40元，业务费每吨可节省80元，因就近建厂运输费可节省60—80元/吨，合计每吨饲料价格下降180—200元，以每头牛一年大约使用3吨精饲料计算，每头牛的饲料成本可以下降约600元。此外，奶联社拟投资建设3000亩优质粗饲料（苜蓿）种植基地。最后，奶业联合社谨慎地提出，希望能够"打造自己的生鲜奶品牌"，为社员谋求更多的利益。

　　评论：与养殖小区本身重叠的合作社中，社员与合作社之间的利益联结非常松散，社员基本不投资于小区建设，也不能从合作社获得二次返利，调研中发现，绝大多数这样的合作社有合作社之名，但无合作社之实。其原因主要有两个：第一，将小区业主与养殖户放在一起组建合作社，其根本利益是冲突的，强烈的异质性导致其无合作基础。第二，养殖户规模小、数量多，一方面难以形成足够的市场需求，成为足以影响市场均衡的力量；另一方面由于人数众多，协调成本很高。因此，这样有名无实的合作社是缺乏生命力的。以各养殖小区为基本单元建立的奶业合作社完全建立在各小区对各种社会性服务（技术改良、联合采购、联合议价、产业链纵向延伸）的需求上，不需要政府推动，完全是各养殖场的自主行为，并且显示出了旺盛的生命力。

第四节　基于家庭农场的合作社与中国
奶产业链重塑——一种可能性

　　根据中国奶业协会信息中心的数据，中国生鲜乳价格在2013年度经历了连续11个月的暴涨，内蒙古、河北等10个奶牛主产省（区）生鲜乳平均价格从3.2元/kg左右上涨到4.3元/kg左右，上涨幅度在30%以上。而根据笔者在河北的调研，局部地区生鲜乳价格上涨更是惊人，例如石家庄市某养牛大县生鲜乳价格从2013年年初的3.2元/kg左右，到年底突破5元/kg，上涨幅度超过50%。2014年3月生鲜乳价格首次出现环比下跌，回落到4.23元/kg。这次牛奶价格上涨时间长、幅度大，堪称近几年最大的奶荒；而且，奶荒期间，奶源大战再起，不少乳企捡进篮子都是菜，不顾质量标准争抢奶源。然而，事情在2014年3月之后又急转直下，出现连续12个月的下跌，到2015年3月才趋于平稳，此时价格已经回落到两年以前。在此期间，"倒奶杀牛"的报道不绝于耳，在奶荒期间增加的奶牛存栏量再度转而向下。

从"三聚氰胺事件"至今，在各级政府投入大量人力、财力、物力整顿和振兴奶业的背景下，中国奶业仍然恍若中了魔咒一般在"奶多—压价、奶少—抢奶"之间周期轮回，奶产业链上的痼疾——由于乳企和奶农之间脆弱的利益联结关系造成的矛盾冲突使中国的奶业始终脆弱而危险。上述现象促使业内不得不反思奶产业发展的方向、路径，政府的政策导向及其有效性。

本书认为，在短期内，中国通过引入工商资本来促进奶牛养殖规模化、标准化，改进奶牛养殖技术，保证生鲜乳安全和品质，通过示范效应和技术外溢提升国内乳企的国际竞争力，在暂时没有其他可依赖的经营主体存在的情况下有其合理性。在长期，为实现促进奶牛养殖业稳定健康发展，保障乳品质量安全的总体目标，同时兼顾环境保护、疫病防治、提高养殖效率、增加农民就业和收入，政府应当转变以乳企为核心的奶业产业发展规划，扭转对大规模特别是超大规模奶牛养殖场的偏好，让100—200头的家庭奶牛牧场成为奶牛养殖的中坚力量①，同时鼓励以家庭牧场为基础细胞的奶业合作社以及奶业合作社联社的发展。合作社与乳品加工企业既竞争又合作，可以通过三种方式促进竞争，改善利益分配，进而促进乳业的发展：（1）形成议价联盟，与乳企形成双边垄断，改进失衡的利益分配；（2）奶业合作社及联社入股乃至控股乳企，增进利益的一致性；（3）合作社自己办加工企业，在乳品加工市场起到竞争标尺的作用。上述做法有利于彻底理顺产业链条上奶农和乳企之间的关系，为奶牛养殖业的良性发展奠定基础。

一 让组织化的家庭牧场成为奶牛养殖的中坚力量

（一）与其他规模养殖模式相比，家庭牧场具有无可比拟的优势

目前，中国的奶牛养殖模式可以概括为农户散养、养殖小区、家庭牧场、规模牧场和超大型现代化牧场五类。

奶农散养模式可以充分利用农村闲散劳动力，养殖成本低，经济效益也较好，但不利于奶牛养殖技术的改进，而且由于养殖主体分散，又在奶

---

① 这意味着工商资本投资的牧场将成为奶牛养殖业的补充，而不是主流。在实践中，虽然工商资本投资的牧场增长迅速，但是中小规模的牧场的奶牛存栏总量仍占主流。在未来，一方面极小的兼业养殖户将逐步退出养殖业；另一方面，一部分积累了部分资本和具有较丰富的养殖经验的农户，应当鼓励他们逐步扩大规模，增加积累，发展为适度规模的家庭牧场。

农和乳企之间增加了奶站环节，不利于疫病防控，也无法有效控制原料奶的非法添加问题。

养殖小区通过集中挤奶和严格检测较好地解决了兽药残留以及原料乳中的非法添加问题，但是，由于养殖小区与奶农之间也未能建立起利益共享、风险共担的利益关系，再加上分别投入、联合产出产生的搭便车问题，导致养殖小区与奶农均不愿为基础设施建设和技术引进投资，奶农缺乏改进生鲜乳品质的动力。

由工商资本主导的规模牧场主要缺陷在于无法有效监督工人的生产活动。鉴于养殖小区的缺陷是根本性的，因此，政府鼓励奶牛养殖小区通过买断、托管、控股、入股等方式向牧场模式转变。改制后的牧场产权清晰，利益与责任更加统一，有利于牧场的基础设施投资、技术引进和统一管理，生鲜乳的质量和品质得以改善，奶牛产奶量上升。然而，现有的牧场以工商资本控制为基本特征，原有的养殖者或者退出养殖业，或者成为养殖场工人。由于养牛是精细化劳动，需要特别的爱心与责任心，但对养牛工人的劳动监督非常困难，导致牧场养殖效益并无显著提高。①

超大规模的现代牧场除存在普通规模牧场的问题外，为专家所诟病的土地资源和人力资源匮乏、饲料资源难以配套、饲料采购半径增加、环境污染威胁、高费用的粪污处理等因素造成的成本上升等问题都非常突出。特别是，以现代牧业为代表的超大牧场均以主攻高端产品为目标，从长远看，除有机牛奶外，奶制品没有贵族，特别是液态奶只按是否脱脂、脱脂多少分类，所谓高端奶只是国内安全牛奶短缺背景下的噱头而已，不可持续，其盈利方式值得商榷。

综合考量，家庭牧场具有以上各种养殖模式无可比拟的优势，应当成为未来中国奶牛养殖的中坚力量，工商资本投资的牧场成为补充。无数经验研究证明，在农业生产领域不存在显著的规模经济效应，从全员生产率角度（即综合考虑土地、劳动力、机械、燃料等投入的生产率）看，规模牧场和超大规模牧场并无明显优势，反而是家庭农场，由于家庭成员享有所有的生产利润，他们的生产积极性高于雇工，有利于降低劳动监督成

---

① 在笔者调研过程中，一个拥有 700 头奶牛的牧场主谈到他的奶牛即使有疾病也很难发现，因为养殖工人并不总是能及时发现并汇报，还谈到由于母牛半夜产仔没被发现，因此小牛被冻死的情况。

本，降低管理费用，同时，家庭农场可以充分利用闲散劳动力，为更多非整劳力提供就业机会，增加了农户的致富可能性。此外，农民对土地有深厚的感情，养牛对他们而言不仅是生产方式，也是生活方式，一旦进入该产业不会轻易舍弃，这与以逐利为单一目标的工商资本不同，一旦行业风险加大，利润下降，甚至仅仅是政府某些扶持政策的消失，就很可能导致其改变投资方向。从长期看，很难想象全部由工商资本和产业工人构成的大规模养殖场能支撑中国的奶牛养殖业。

全世界范围内，家庭农场均是养牛的中坚力量。1965 年美国有奶农110 万户，经过几十年的发展，奶农减少，单体规模不断扩张，到 2012年美国仍有 51481 个奶牛场，平均饲养 179 头泌乳牛。[1] 在荷兰，一个标准的家庭农场奶牛存栏量平均为 85 头[2]；澳大利亚地广人稀，草场资源丰富，2012 年平均畜群规模也只有 240 头奶牛[3]。资源贫乏的以色列有奶牛场 850 个，泌乳牛存栏规模平均约 150 头[4]。这些国家不约而同选择了以家庭农场为中坚力量的养殖模式。

（二）扭转大规模偏好，给予家庭牧场足够的发展空间

当前，政府执行的很多奶牛产业政策都存在明显的对大规模甚至超大规模养殖的偏好。例如：国家发改委和农业部发布的《奶牛标准化规模养殖小区（场）建设项目》，补贴标准一直与养殖规模挂钩，并且起点从一开始的存栏量 200 头以上提高到 300 头以上；农业部颁布的《畜禽养殖标准化示范创建活动工作方案》，一开始就将扶持标准定在存栏量 200 头以上；河北省人民政府 2013 年发布的《关于加快全省乳粉业发展的意见》，更是将扶持标准定在存栏泌乳牛 400 头以上。政府对超大规模的现代化牧场的优惠政策力度更大：如现代牧业集团在马鞍山牧场总投资 2.5亿元，其中马鞍山市农发行贷款 1.5 亿元，马鞍山市财政配套补贴和项目

---

① 刘琳、陈兵：《美国奶业考察报告》，中国奶业协会信息中心，http：//www. dac. com. cn/html/search－20121030124251929296. jhtm，2012. 10. 30。

② 荷兰乳业分享经验合作社模式可参考中国奶业协会网站，http：//dac. com. cn/html/search－13120613535642613042. jhtm，2013. 12. 09。

③ 中国奶业协会办公室：《澳大利亚奶业考察报告》，http：//www. dac. com. cn/html/search－13120216425929612752. jhtm。

④ 中国奶业协会信息中心：《赴以色列高端牧场管理考察培训班考察报告》，http：//www. dac. com. cn/html/search－131122101209042120. jhtm，2013. 11. 22。

资金 6000 万元, 现代牧场的直接投资仅 4000 万元。现代牧业公布的截至 2011 年 6 月的财年业绩显示, 公司在报告期间获得政府补贴收入达到 8870 万元, 同比增加 50%, 大部分补贴为无条件政府津贴, 用作购入小母牛, 在其全部净利润 2.25 亿元中的占比达 39.49%。而截至 2011 年 12 月底的半年中也获得了 3430 万元政府补贴。[①] 此外, 一些乳品加工企业通过限定生鲜乳最低交售量排挤小型牧场 (例如在石家庄市某些乳企规定每个奶站最低日交奶量为 2 吨, 之后又提高到 3 吨, 这意味着奶牛要达到 240 头以上[②], 超出了当前家庭农场的经营能力), 这种行为被政府无视或默许。

在中国政府支配大量对源的条件下, 不平衡的补贴政策扭曲了资源价格, 导致工商资本大量投资奶牛养殖业, 同时也对家庭农场的发展产生了排挤和替代, 遏制了 100 头左右的家庭牧场的成长空间。在另一端, 2009 年修订的《乳制品工业产业政策》通过最低净资本、日加工能力、工厂间空间距离、自备检测能力等条件, 基本将中小型新建乳品加工企业排斥在外, 遏制了养殖企业进入加工领域的途径。在以乳业大集团为主导、奶农依附于大公司产业链条中, 乳企与奶农之间矛盾无可调和, 只能走向超大型奶牛场的养殖方式。目前来看, 以雇工为特点的超大规模牧场前途未卜 (在第六章的实证研究中, 这类超大规模牧场的效率并不是最高的), 政策制定者即使不是加以扭转, 也必须考虑如何给家庭牧场养殖模式一条生路。

(三) 出台鼓励家庭牧场发展的扶持政策

首先, 出台 100 头左右小规模家庭牧场的扶植政策。重点内容包括: 明确界定家庭牧场应以家庭劳动力为主, 以区别于工商资本投资的牧场; 奶农养殖占地视为农业用地, 允许奶农将自家耕地或租赁土地作为养殖用地; 按照科学、适用、环境友好原则确定家庭牧场的硬件建设规范, 研究和推广适合家庭牧场的奶牛养殖技术;[③] 鼓励养殖小区向家庭牧场或几个家庭牧场组成的合作牧场转变; 改变当前以项目申报为主的补贴方式, 达

---

① 戴维斯:《现代牧业试水终端销售》,《四成利润靠政府补贴》,《投资者报》2012 年第 24 期。

② 以奶牛产奶量 25 公斤/天, 泌乳牛占牛群的 50% 估算。

③ "科学、适用" 原则既要保证奶牛养殖技术的不断提高, 又要防止固定资产投资大而无当。

到标准的验收合格即给予补贴，卫生条件合格即发放生鲜乳销售和运输许可证；制定鼓励种养结合的奶牛养殖政策，鼓励土地适度向奶牛养殖户流转，以降低养殖成本，促进粪污腐熟还田。

政府要扭转奶牛养殖领域资源价格的扭曲，降低与补贴挂钩的养殖规模，将100头左右的养殖场纳入补贴范围。从长远看，应当学习发达国家和地区的经验，改变补贴方式，以需定产，从直接补贴用地、用水、用电价格改为对生鲜乳收购采取支持价格，这样才能理顺大小牧场间被扭曲的资源价格，实现两种模式间相对公平的竞争。

针对家庭农场发展中人才匮乏、管理水平不高、技术改进困难的情况，组织相关部门、专家就奶牛养殖发展政策、专业技术、财务管理等制订培训计划，要求家庭农场主要负责人特别是年轻人必须定期接受培训，培训计划必须明确主讲人、参与人、时间、地点，以专家现场演示，实际操作为主，如现有技术服务部门人手不足，可由政府出资从市场购买服务。特别要鼓励针对家庭农场的奶牛品种改良、生产性能测定、防疫治病、奶牛营养、粪污处理等技术服务。鼓励科研机构引进和推广适用于家庭农场的机械，提高家庭农场的养殖效率。在技术推广模式上，美国的"联邦农业推广局 + 州农业推广站 + 县农业推广办公室 + 州立大学农学院 + 科研机构"推广模式、雀巢双城奶牛营养管理培训中心模式均值得借鉴。

重视市场在提供社会化服务中的中坚作用。所有具有私人物品属性的服务可以通过市场化的途径来提供，应当鼓励工商资本进入奶牛养殖上下游产业。特别是养殖机械设备的制造、饲料产业和兽药产业、冷藏和运输加工产业，通过完善产业链条来保障分工和专业化生产，提高养殖效益。

二　鼓励在家庭农场的基础上组建合作社、合作社联社

在家庭农场的基础上组建合作社，可以为家庭农场提供技术和服务支持，是当今世界占主流的奶产业链组织模式。以荷兰为例，荷兰的乳业合作社是由奶农以自愿自发的方式组成的商业自治组织，合作社本身没有盈利目标，它的存在是为保障会员农场主的经济利益。会员农场主负责生产安全优质的牛奶，乳制品公司的作用是加工、销售，合作社的职能是保证公司全额收购会员农场主生产的牛奶，把公司的盈利返还给奶农。在这样的合作社一体化模式中，不存在争抢奶源和压级压价的情况，合作社拒收

不合格的牛奶，奶农的利益和乳制品安全同时得到保障。在奶业发达的国家和地区，比如新西兰、澳大利亚和欧盟，奶业中占主导地位的大都是合作社体系。

以家庭农场为基础的奶牛合作社与目前中国乃至河北省大量存在的与奶牛养殖小区层次重叠的合作社不同。"小区合作社"一般由几十户拥有几头到几十头奶牛的奶农组成，小区由其负责人投资建成，并租赁设施给农户，农户向小区交售牛奶，小区提取"管理费"作为利润，在这里，奶农和小区老板完全是买卖关系，多数小区注册为"合作社"是为了相应的优惠政策，并且由于现行的《农民专业合作社法》存在漏洞才得以实现。

以家庭农场为基础的奶牛养殖合作社由成员共同出资成立，利益共享，风险共担，由合作社向奶农提供其急需却力所不能及的服务，如饲料集中采购、青贮料统一制作、奶牛生产性能测定、配种、奶牛营养、疫病防治、牛奶冷藏运输、牛奶质量检测等，使合作社成为家庭奶牛场发展的组织依托。这类合作社成员是专业牧场，生产规模大，投资能力强，而且迫切需要合作社为其提供社会化服务，对合作社组织需求是有效组织。当前的主要问题是当这样的合作社与没有合作实质的伪合作社区别开，给予针对性的扶持政策。

在2007年的《农民专业合作社法》中没有提及合作社间的联合。但是，单个的、弱小的合作社很难拥有议价力量，也无力向产业链的其他环节延伸，向社员提供的服务有限，也不能凝聚更多的力量。实践中，合作社对联合的需求非常旺盛，部分省市已经出台了有关合作社之间联合的条例和办法，在各个领域都不断出现合作社之间的联合。在规范发展和奶业合作社的基础上，发展合作社联合社，是未来中国奶业合作社发展的必然趋势。

三 鼓励大中小企业同时并存的加工产业格局

在"三聚氰胺事件"之后，中国采取一系列措施促进乳品加工产业市场集中度不断提高。2009年国家发改委出台《乳制品工业产业政策》（修订），通过项目核准制、提高乳制品加工企业资产条件、提高项目加工生鲜乳能力，以及在奶源基地建设、空间布局要求方面设置壁垒等，提高进入门槛，促进企业间的兼并和重组。2011年3月，国家质检总局根据《乳制品生产许可审查细则》和《婴幼儿配方乳粉生产许可审查细则》对乳品企业重新进行生产许可审核，45%的企业（主要是中小企业）退出市场。2013 年 8 月，由工信部牵头制定上报了《推动婴幼儿配方乳粉行业企业兼并重组工作方案》，按照要在未来 5 年内将乳粉企业总数整合到 50 家左右，逐渐培育形成 3—5 家年收入过 50 亿元的大型企业集团，前 10 家国产品牌企业的行业集中度超过 80%。

中国的乳品加工产业市场集中度不断提高。到 2014 年，中国乳制品行业规模以上企业共完成主营业务收入 3298 亿元，其中前三位的伊利、蒙牛、光明分别达到 544.4 亿元、500.5 亿元、203.9 亿元，占全行业营收的 38%。在跨国垄断资本强势进入、国内产业资本信誉丧失举步维艰的情况下，通过严厉的产业准入制度恢复消费者信心，通过抓大放小培育能够与国际资本抗衡的中国乳企，可能是正确的举措。然而，当市场集中度达到寡占阶段①，今后，即使政府的政策不再向大企业倾斜，集中的步伐也将不可阻挡。由于乳品加工企业靠近原料基地的特点，部分企业在局部原料市场形成垄断以及合谋的垄断，上述情况不利于利益链上利益分配改善。

特别是，目前中国主要的液态奶产品是恒温奶，即常说的超高温灭菌奶，占市场容量的 80% 左右。英国、澳大利亚、加拿大、日本等发达国家，巴氏鲜奶的消费量都占整个乳品消费的 90% 以上，美国、中国台湾市场上几乎全是巴氏鲜奶。巴氏鲜奶采用巴氏低温杀菌工艺，其优点是营养丰富，缺点是储存期短，且需要全程低温冷藏，不利于储存和运输；而常温奶（纯牛奶）的特点正好相反，由于采用 135℃以上的超高温灭菌工艺，使之适合在常温下长期储存，有利于扩大销售市场，但遗憾的是，牛奶加热程度越深，营养损失就越多。巴氏鲜奶中的乳清蛋白、乳球蛋白、维生素 C、可溶性钙等都比常温奶多得多。J. Mottar 和 M. Naudts（1979）的研究早就发现，超高温灭菌乳的风味不如新鲜的巴氏杀菌乳，巴氏杀菌法对于有用的赖氨酸、维生素 B12、叶酸和维生素 C 的平均损害较小，而超高温灭菌工艺的损害效果则比较强烈。还有实验表明，巴氏鲜奶的乳铁

---

① 有人根据前 4 位企业市场占有率（CR4）将集中类型分为六个等级，即极高寡占型（CR4 > 75%）、高集中寡占型（65% < CR4 < 75%）、中（上）集中寡占型（50% < CR4 < 65%）、中（下）集中寡占型（35% < CR4 < 50%）、低集中寡占型（30% < CR4 < 35%）、原子型（CR4 < 30%），对比中国乳品市场的市场集中度，中国已进入"中下集中寡占型"市场。

蛋白是常温奶的 1800 倍。"乳铁蛋白是提升人免疫力的重要成分，把它破坏掉简直是暴殄天物。"顾瑞霞等（2007）提出，巴氏杀菌乳一般采用玻璃瓶、塑料瓶、塑料袋、屋顶纸盒、新鲜纸杯等包装形式，这些物质一般可以回收利用，或在环境中易于降解。超高温灭菌乳一般采用无菌砖、无菌枕、复合塑料袋等包装，在室温下就能保存。这些包材中除含有塑料、纸等，还含有不易降解的金属层，易造成垃圾成堆，污染大，危害更大。而且高温杀菌过程中热损耗很大，生产方式并不环保。比较而言，生产巴氏奶对储存、运输和销售过程中的冷链要求较高，对收奶半径和销售半径都有较高要求，但在生产环节的投资要求不高，规模壁垒较低，适合中小企业就地生产，就地供应。因此，生产巴氏乳也是抵御外来乳源占领中国市场，稳定国内养殖产业的重要途径。此外，中国地域广阔，区域复杂，需求多样，决定了乳品企业的结构必然是大中小结合。例如新疆就与其他地方不同，由于地广人稀，牛奶适合就地生产，就地消费。而且，新疆与内陆不同，许多消费者保留用生鲜乳熬制奶茶的习惯，因此，在新疆消费者中，相当部分的液态奶是直接销售的生鲜乳。毛文星等（2011）认为，乳品经营还是要以中小型企业为主。本书认同他们的观点，认为应当给予生产巴氏乳的中小企业发展空间，政府不应以规模和加工能力而应以环境和质量要求规范中小企业的发展。

四　鼓励合作社与乳企形成双边垄断或者延伸产业链

如前文所述，由乳品加工企业发起的产业链纵向一体化既不具备经济合理性也很难在实践中广泛推广，虽然政府大力支持但乳企的自有奶源率仍然较低，很少有企业向养殖小区和牧场入股投资就是鲜明的例证。乳品加工企业对国内养殖业也没有义务和责任维持其稳定，大量国外奶源的进口即缘于此。因此，培养以家庭牧场为基础的以合作社有利于稳定奶业产业链、改善利益分配、促进有效竞争，可能是中国未来奶产业链发展的方向。

（一）从最容易的联合购买生产资料和生鲜乳联合议价做起

合作社组织起来最先容易办到的就是联合采购、共享技术和联合议价。目前，建立的专业农产基础上的真正意义上的合作社越来越多，特别是在经济发达、农业产业化发展较好的地区更是如此。合作社通过联合采购，可以大大降低采购成本；通过共享技术，可以更好地改进养殖技术，有效控制疫情，提高乳品质量，降低养殖成本；通过联合议价，可以在区域范围内实现双边垄断，为养殖企业争取更好的价格，同时在提高价格的同时，提高生鲜乳的供给量。相对来讲，这些是比较容易做到的，合作社也有迫切需求。

（二）鼓励合作社延伸产业链进入加工领域

合作社向下游领域延伸的好处显而易见：一是以销定产，避免奶牛养殖业与加工、销售脱节。二是增加养殖业者在产业链中的价值增值。众所周知，农业生产处于产业链"微笑曲线"的底部，自然风险大，产业附加值低。然而，食品加工产业在中国是朝阳产业。近几年，在整体经济增长乏力的背景下，中国的食品加工产业表现抢眼，持续快速增长，显现该领域巨大发展空间。进入加工领域，可以显著增加养殖业者的附加值。三是为养殖业者提供更多产品出路，增加养殖业者在与乳品加工企业讨价还价中的可置信威胁。中间产品市场上销售契约的订立是一个博弈过程，企业可能通过除了讨价还价之外的其他手段来影响博弈的结果。下游厂商可以实行后向一体化或者自己生产中间产品，同样上游企业也通过前向一体化进入下游市场，直接面对消费者。企业做出的可置信威胁也可能改变彼此之间的议价实力。中国奶牛养殖者面临的巨大问题是在买方寡占甚至局部空间范围内买方垄断的情况下，生鲜乳缺乏可替代的销售渠道，比较而言，买家则有更大的腾挪空间，暂缓加工、消耗库存、加大收购半径甚至转而求诸国外市场，上述情况使养殖业者系统的处于弱势。养殖业者进入加工领域，有助于在一定程度上改善上述状况。四是发挥竞争尺度功能，促进工商资本投资的加工企业提供更好的服务。合作社建设的乳企原则上是为养殖业者服务，就像放入鱼群中的异类，能够较好地反映加工领域的成本和收益，促进工商资本投资的加工企业必须改善服务、降低成本才能够与合作社竞争，有利于社会资本配置效率的提高。

养殖小区调查问卷

A. 基本情况

A1. 小区名称_____，于_____年建成，
地址_____省_____市_____乡/镇_____村，联系人_____，
联系电话_____。

A2	A3	A4	A5	A6
受访人身份	性别	出生年份	共上了几年学？	奶牛养殖年限？
1 = 老板 2 = 经理	1 = 男 0 = 女	年	年	年

A7. 小区情况（注：日交奶量精确到小数点后一位数）

占地面积 （亩）	奶牛存栏 （头）	成年泌乳牛 （头）	日交奶量 （吨）	年产奶量 （吨）	2013 年牛奶销售 收入为（万元）

A8. 小区固定资产投资原值共_____万元，其中：

单位：元

牛舍、道路、 水电、房屋等	发电 机组	挤奶 设备	冷藏灌	运输车	粪污处 理设施	青贮窖	黄贮窖
饲料搅拌机	TMR 设备	铡草机	铲车、 三轮车等	质检 设备	监控 系统	办公家具 和设备	其他

A9. 小区的股东有_____个，分别占股_____
（若股东人数众多，请提供入股清单），其中，既是股东又是养殖户的有
_____个，共养殖奶牛_____头，小区老板自己养牛_____头。

A10. 小区有养殖户_____个，养牛劳动力约_____人。

A11. 除养殖户外，2013 年养殖小区雇用的工作人员_____人，工资支出_____元，其中：

	管理人员	普通文员	饲养人员	挤奶工	清洁工	技工	司机	防疫兽医	门卫保安	其他
人数										
工资（元/月）										

A12. 除人工外，2013 年奶牛场其他流动成本共_____元，其中：

项目	饲料（月）		水电费	煤等	运输（元/天）	治病	防疫	土地租金	其他
	粗料	精料							
支出（元）									

注：没有特别注明的，均以年为单位。

A13. 小区生鲜乳的检测指标（可查看最近的检测单）

	乳脂率	乳蛋白率	菌落总数（万/毫升）	体细胞数（万/毫升）
指标				

A14. 2013 年小区生鲜乳交售价格为：

	1月	2月	3月	4月	5月	6月	7月	8月	9月	10月	11月	12月
价格（元/斤）												

B. 小区与养殖户

B1. 请描述贵小区养殖户和存栏数的增减情况：（若 2009 年后建场，请问建场时和 2012 年、2013 年）

	初建时	2008 年	2009 年	……	2012 年	2013 年
养殖户数（户）						
奶牛存栏数（头）						

B2. 小区与养殖户的合作方式

1. 小区由业主出资建设，养殖户（免费）租用小区的牛舍和生活设施

2. 养殖小区做好租地和规划，养殖户自建牛舍和生活区

3. 投资入股，所有养殖户共建养殖场

4. 其他＿＿＿＿＿＿＿＿＿＿＿＿＿＿＿＿＿＿＿＿＿＿

B3. 小区和养殖户有无正式的协议？1＝有；　0＝没有

B4. 小区是否出现过较多养牛户退出的现象？1＝是；　0＝否

B5. 奶农可以根据养牛规模在小区入股吗？1＝可以　　0＝不可以

B6. 小区与养殖户的关系好吗？

1＝非常不好　2＝不太好　3＝一般　4＝比较好　5＝非常好

B7. 小区业主与养殖户之间爆发过恶性冲突吗？　　1＝有　0＝没有

如果有，为什么？＿＿＿＿＿＿＿＿＿＿＿＿＿＿＿＿＿＿＿＿

C. 小区与饲料加工企业

C1. 小区有没有意愿（或实际上）与其他小区或牧场联合采购饲料，以获得更优惠的价格？

1＝有　　　　　0＝没有

C2. 小区是否有兴趣向饲料加工行业延伸？1＝是　　0＝否

D. 小区与乳品加工企业

D1. 小区牛奶销售对象固定吗？　　1＝是　　0＝否

如果是，具体销售对象为＿＿＿＿＿＿＿＿＿＿＿＿＿＿＿＿＿。

D2. 选择原奶销售对象时主要考虑哪些因素？（请按重要性选三项并排序）

1. 价格　2. 销售渠道稳定　3. 运输方便

4. 政府部门、协会等协调安排　5. 其他＿＿＿＿＿＿＿＿＿＿

D3. 与原奶销售对象的关系是否通过协议维系？1＝是　0＝否

如果是，协议的时间通常为＿＿＿＿＿年。

D4. 您认为目前协议的期限＿＿＿＿＿

1＝太长　　　　2＝正好　　　　　3＝太短

D5. 乳企对贵小区有投资入股吗？　　1＝有　　　0＝无

如果有，投资在什么领域？＿＿＿＿＿＿，占股多少？＿＿＿＿＿％

D6. 乳企有没有按照贵小区的牛奶交售量给过利润返还（或奖励）？

1 = 有　　　　0 = 无

D7. 乳企对小区经营有哪些扶持措施？（可多选）

1. 技术推广和培训　　　　　2. 资金借贷

3. 银行融资担保　　　　　　4. 驻站员协助管理和质量监督

5. 其他＿＿＿＿＿＿＿＿＿＿＿＿＿＿＿＿＿＿＿＿＿＿＿＿＿＿

D8. 近几年，乳企有没有要求贵小区投资新设备或采用新技术？

1. 有　　　　　　　2. 没有

D9. 最近几年，乳品加工企业要求养殖场采取哪些技术和设备来提高原料奶品质？

1. 推广 TMR 和分群饲喂　　2. 推广奶牛卧床

3. 奶牛凉棚、水空调　　　　4. 自动饮水器

5. 更先进的挤奶设备　　　　6. 其他＿＿＿＿＿＿＿

在您的养殖小区，引进了以上哪些技术？　＿＿＿＿＿＿＿＿＿＿＿＿＿

在改进过程中，遇到的主要困难是什么？

1. 资金不足　2. 乳企对小区不能执行优质优价，不愿意投资

3. 对技术改进的效果不确定　4. 与养殖户难协调

5. 其他＿＿＿＿＿＿＿＿＿＿＿＿＿＿＿＿＿＿＿＿＿＿＿＿＿＿

D10. 现在的生鲜乳奶销售合同到期时是否会考虑续签？

1 = 是　　　2 = 否　　3 = 不确定

如果您想选择新的销售对象，主要原因是：

1. 原来的乳企价格低　2. 原乳企质量检测太严格，拒收可能性大

3. 原乳企常有压级压价现象　4. 原乳企服务态度不好

5. 原乳企对小区建设的支持力度不大（如入股小区，支持奶厅建设、支持技改等）

6. 加入了合作组织或其他组织，大家统一行动　7. 其他

D11. 您对目前生鲜乳的收购价格满意吗？

1 = 极不满意　2 = 不太满意　3 = 一般　4 = 比较满意　5 = 非常满意

D12. 最近一年，您的牛奶是否被拒收过？ 1 = 有　　　0 = 没有

如果是，原因为：

1. 含抗生素　　2. 细菌总数超标　　　3. 体细胞超标

4. 异味　　　5. 冰点不合格　　　6. 酸度不合格　　7. 其他＿＿＿

D13. 最近一年，您的牛奶有没有被降价收购过？ 1 = 有　　　0 = 没有

如果是，原因为：

1. 含抗生素　2. 细菌总数超标　3. 体细胞超标

4. 异味　　　5. 冰点不合格　　6. 酸度

7. 其他_____

C14. 您认为乳品加工企业对生鲜乳的检测结果客观公正吗？

1. 公正　　　　　2. 不公正　　　3. 说不清

D15. 如果您对检测结果有异议，您会如何解决问题？

1. 只能接受乳企的检测结果，降价或倒奶　2. 向乳企提出异议

3. 向主管部门反映情况　　　　　　　　　4. 向奶协反映情况

5. 向媒体反映情况　　　　　　　　　　　6. 其他_____

D16. 您对申诉的结果满意吗？

1 = 极不满意　2 = 不太满意　3 = 一般　4 = 比较满意　5 非常满意

D17. 据您的经验，当奶源缺乏时，乳企会不会放宽收奶标准？（反之，奶源充裕则提高标准）

1 = 会　2 = 不会　3 = 说不清

D18. 在您看来，第三方检测制度难以实现的主要阻力在哪里？（限选两项，按重要性排序）

1. 乳品加工企业不愿意建　2. 政府主管部门工作不力

3. 乳协未能尽责　　　　　4. 技术和人才问题

5. 资金有困难

D19. 假定您有足够的资金，如果有机会入股乳品加工厂，您愿意入股吗？

1 = 愿意　　　　　　　0 = 不愿意

D20. 假定您有足够的资金，您想自己建加工厂制作和销售奶制品吗？

1 = 是　　　0 = 否

E. 标准化与质量控制

E1. 小区采取哪些措施保证养殖户按照规定进行养殖和疫病防治？（不限项）

1. 只允许养殖户使用合格的饲料和按规定用药

2. 向养殖户普及安全生产知识

3. 互相监督 + 举报有奖

4. 每日牛奶留样制度，如有问题奶实行追溯和赔偿

5. 驻站员监督

6. 摄像头监控

7. 其他

E2. 小区了解哪些养殖户的牛奶品质（如蛋白含量、乳脂率、干物质含量等）更好吗？

1 = 了解──→如果了解，会提高高品质奶的收购价吗? 1 = 会　　0 = 不会

0 = 不了解

E3. 您同意下述说法吗？请选择最能代表您的看法的数字，非常差为1分，非常好为5分，数字越大表示您越赞同这种看法。

养殖户会尽全力提高牛奶产量	1　2　3　4　5
养殖户会尽全力保证牛奶质量安全（降低体细胞数、细菌数，无非法添加）	1　2　3　4　5
养殖户会尽全力提高牛奶品质（提高牛奶脂肪、蛋白、干物质含量）	1　2　3　4　5

F. 标准化与质量控制

F1. 为保证原料奶的质量，奶牛养殖过程中有一些关键控制点，贵养殖场执行得如何？请您自我评价。（执行效果从1到5排列，5分表示执行非常好，1分表示执行非常不好，3分表示一般。）

		执行效果
奶牛卫生防疫	选址符合卫生规范	1　2　3　4　5
	净道和污道严格分开	1　2　3　4　5
	有防疫隔离带，生活管理区、生产区和粪污处理区严格分开，布局合理	1　2　3　4　5
饲料和饮水卫生	符合《饲料和饲料添加剂管理条例》、《GB 13708—2001饲料卫生标准》和（或）获得了饲料产品认证，所购买的饲料应能追溯到相应的供应商	1　2　3　4　5
	不使用国家有关政策法规禁用的药物和奶及其制品以外的动物源性饲料	1　2　3　4　5
员工卫生和培训	有书面的员工卫生规程	1　2　3　4　5
	所有员工都接受过卫生规程培训	1　2　3　4　5
兽医健康计划	在专业兽医的指导下制订完整有效的奶牛健康方案	
	疾病预防、常见问题的处理措施、免疫程序、寄生虫控制程序规范	1　2　3　4　5
	执行严格的消毒制度	1　2　3　4　5

续表

		执行效果
奶牛福利	奶牛有足够的活动空间、有运动场、犊牛饲养、户外越冬 奶牛应有干燥的休息区等	1　2　3　4　5
牛奶卫生	挤奶设备和牛奶收集设备的良好操作	1　2　3　4　5
	挤奶厅和储奶厅的卫生保持良好	1　2　3　4　5

F2. 小区采用哪种粪污处理方式？

1. 干清粪 + 贮粪池 + 贮液池 + 农业还田　　2. 沼气工程 + 能源利用 + 还田利用

3. 干清粪 + 生物利用

F3. 小区的粪污处理设施：

1. 有固定的牛粪储存、堆放场所和设施

2. 储存场所有防雨、防渗漏、防溢流措施

3. 采用农牧结合粪污腐熟还田

4. 有固液分离、有机肥或沼气设施进行粪污处理

5. 有贮液池

6. 有污水处理设施

7. 污水处理设施运转正常

F4. 小区的粪污腐熟还田率达到＿＿％，污水处理率达到＿＿％。

F5. 小区有粪污处理台账吗？　　1 = 有　　　0 = 没有

F6. 小区平均每头奶牛有与之配套的农田＿＿＿＿亩。

F7. 小区有病死牛无害化处理记录吗？　　1 = 有　　　0 = 没有

G. 小区与政府

G1. 您在养殖奶牛过程中，获得过哪些补贴？补贴的方式、金额？

补贴名称	1 = 是　0 = 否	补贴方式	金额
养殖场新建和扩建补贴			
标准化养殖场建设补贴			
挤奶厅建设补贴			
TMR 搅拌机购置补贴			
青贮机购置补贴			

续表

补贴名称	1 = 是　0 = 否	补贴方式	金额
青贮窖建设补贴			
制冷罐购置补贴			
运输车购置补贴			
粪污处理设施补贴			
病牛扑杀补贴			
奶牛保险补贴			
政府担保的低息贷款			
政府给予的贷款贴息			
太阳能热水器			
其他？			

G2. 对政府补贴，您有哪些改进意见？

1 = 加大力度　　2 = 增强透明度　　3 = 普惠，符合条件的都能补贴

4 = 其他＿＿＿＿

G3. 为保证原料奶质量，政府推进"散养入区、挤奶进厅、站企挂钩、全程监管"，并实施了一系列措施，这些措施对提高生鲜乳质量效果如何？

1 = 很不好　2 = 不太好　3 = 一般　4 = 比较好　5 = 非常好

G4. 政府制定了一系列奶牛养殖的规范、标准和条例，您了解这些政策吗？请您根据自己的情况打分。

1 = 一点都不了解　　2 = 不太了解　　　3 = 一般　　　4 = 比较了解

5 = 非常了解

奶牛场卫生规范（GB 16568—2006）	1	2	3	4	5
奶牛标准化规模养殖生产技术规范	1	2	3	4	5
奶牛良好农业规范（GAP）	1	2	3	4	5
乳品质量安全监督管理条例	1	2	3	4	5
兽药管理条例	1	2	3	4	5

G5. 为保证生鲜乳安全，提高生鲜乳品质，您认为应该（按重要性限选两项并排序）

1 = 政府进一步加强管理，特别是日常监测和抽查制度

2 = 推进标准化养殖

3 = 推进第三方检测制度，真正做到优质优价，严格淘汰劣质生鲜乳

4 = 奶农入股奶站、奶企，分享奶业利润增值

5 = 乳品加工企业入股养殖业，加强与养殖企业的利益联结

6 = 其他＿＿＿＿＿＿＿＿＿＿＿＿

G6. 以存栏量而言，您认为一个养殖场理想的养殖规模应当是多少？

＿＿＿＿＿＿头

G7. 2011 年，乳品企业的生产许可证重新审核，使乳品企业数从 1000 多家减少到 600 多家，这一变化对您的牛奶销售有影响吗？

1. 销售渠道更窄了，更加没有议价力量

2. 没有影响　　　　3. 说不清

G8. 贵小区本身是农民专业合作社吗？　　1 = 是　　　　0 = 否

附件二

家庭牧场和规模牧场问卷

A. 基本情况

A1. 牧场名称_____，于_____年建成，地址_____省_____市_____市/县_____乡/镇_____村，联系人_____，联系电话_____。最初成立时是 养殖小区/合作社/牧场。于_____年，通过 奶牛买断/奶农以牛入股/奶牛托管 形式改制成为牧场。

A2	A3	A4	A5	A6
受访人身份	性别	出生年份	共上了几年学？	奶牛养殖年限？
1 = 老板 2 = 经理	1 = 男 0 = 女	年	年	年

注：没有特别注明的，均以年为单位。

A7. 牧场情况（注：日交奶量精确到小数点后一位数）

占地面积 （亩）	奶牛存栏 （头）	成年泌乳牛 （头）	日交奶量 （吨）	年产奶量 （吨）	2013 年牛奶销售 收入为（万元）

A8. 牧场固定资产投资共_____万元，其中：

牛舍、道路、 水电、房屋等	发电 机组	挤奶 设备	冷藏灌	运输车	粪污处 理设施	青贮窖	黄贮窖
饲料搅拌机	**TMR 设备**	**铡草机**	**铲车、三轮 车等**	**质检 设备**	**监控 系统**	**办公家具 和设备**	**其他**

A9. 牧场的股东有_____个，分别占股_____（若股东人数众

多，请提供入股清单）

A10. 2013 年养殖场有工作人员_____人，工资支出_____元，其中：

	管理人员	普通文员	饲养人员	挤奶工	清洁工	技工	司机	防疫兽医	门卫保安	其他
人数										
工资（元/月）										

A11. 除人工外，2013 年奶牛场其他流动成本共_____元，其中：

项目	饲料（月）		水电费	煤等	运输（元/天）	治病	防疫	土地租金	其他
	粗料	精料							
支出（元）									

A12. 牧场生鲜乳的检测指标（可查看最近的检测单）

	乳脂率	乳蛋白率	菌落总数（万/毫升）	体细胞数（万/毫升）
指标				

A13. 2013 年牧场生鲜乳交售价格为：

1 月	2 月	3 月	4 月	5 月	6 月	7 月	8 月	9 月	10 月	11 月	12 月

B. 牧场与饲料加工企业

B1. 牧场有没有意愿（或实际上）与其他小区或牧场联合采购饲料，以获得更优惠的价格？

1 = 有　　　　0 = 没有

B2. 牧场是否有兴趣向饲料加工行业延伸？　1 = 是　　0 = 否

C. 与乳品加工企业的关系

C1. 牧场原奶销售对象是否固定？　1 = 是　　0 = 否

如果是，具体销售对象为＿＿＿＿＿＿＿＿。

C2. 选择原奶销售对象时主要考虑哪些因素？（请按重要性选三项并排序）

1. 价格　　　2. 销售渠道稳定　　　3. 运输方便

4. 政府部门、协会等协调安排　　　5. 其他＿＿＿＿＿

C3. 与原奶销售对象的关系是否通过协议维系？　　1 = 是　　　0 = 否

如果是，协议的时间通常为＿＿＿＿＿年。

C4. 您认为目前协议的期限＿＿＿＿＿

1 = 太长　　　　2 = 正好　　　　3 = 太短

C5. 乳企对贵牧场有投资入股吗？　　1 = 有　　　0 = 无

如果有，投资在什么领域？＿＿＿＿＿＿，占股多少？＿＿＿＿＿%

C6. 乳企有没有按照贵牧场的牛奶交售量给过利润返还（或奖励）？

1 = 有　　　0 = 无

C7. 乳企对牧场经营有哪些扶持措施？（可多选）

1. 技术推广和培训　　　2. 资金借贷　　　3. 银行融资担保

4. 驻站员协助管理和质量监督　　　　　5. 其他＿＿＿＿＿

C8. 近几年，乳企有没有要求贵牧场投资新设备或采用新技术？

1. 有　　　　2. 没有

C9. 最近几年，乳品加工企业要求养殖场采取哪些技术和设备来提高原料奶品质？

1. 推广 TMR 和分群饲喂　2. 推广奶牛卧床　3. 奶牛凉棚、水空调

4. 自动饮水器　5. 更先进的挤奶设备　6. 其他＿＿＿＿＿

在您的牧场，引进了以上哪些技术？＿＿＿＿＿＿＿＿＿＿＿

在改进过程中，遇到的主要困难是什么？

1. 资金不足　　　2. 乳企不能执行优质优价，不愿意投资

3. 对技术改进的效果不确定　　　4. 其他＿＿＿＿＿＿＿

C10. 现在的生鲜乳奶销售合同到期时是否会考虑续签？

1 = 是　　　2 = 否　　3 = 不确定

如果您想选择新的销售对象，主要原因是：

1. 原来的乳企价格低　2. 原乳企质量检测太严格，拒收可能性大

3. 原乳企常有压级压价现象　4. 原乳企服务态度不好

5. 原乳企对小区建设的支持力度不大（如入股小区、支持奶厅建设、

支持技改等）

6. 加入了合作组织或其他组织，大家统一行动

7. 其他_____

C11. 您对目前生鲜乳的收购价格满意吗？

1 = 极不满意　2 = 不太满意　3 = 一般　4 = 比较满意　5 非常满意

C12. 最近一年，您的牛奶是否被拒收过？1 = 有　　0 = 没有

如果是，原因为：

1. 含抗生素　　2. 细菌总数超标　　3. 体细胞超标

4. 异味　　　　5. 冰点不合格　　　6. 酸度不合格

7. 其他____

C13. 最近一年，您的牛奶有没有被降价收购过？1 = 有　　0 = 没有

如果是，原因为：

1. 含抗生素　　2. 细菌总数超标　　3. 体细胞超标

4. 异味　　　　5. 冰点不合格　　　6. 酸度

7. 其他____

C14. 您认为乳品加工企业对生鲜乳的检测结果客观公正吗？

1. 公正　　2. 不公正　　3. 说不清

C15. 如果您对检测结果有异议，您会如何解决问题？

1. 只能接受乳企的检测结果，降价或倒奶　　2. 向乳企提出异议

3. 向主管部门反映情况　　　　　　　　　　4. 向奶协反映情况

5. 向媒体反映情况　　　　　　　　　　　　6. 其他_____

C16. 您对申诉的结果满意吗？

1 = 极不满意　2 = 不太满意　3 = 一般　4 = 比较满意　5 非常满意

C17. 据您的经验，当奶源缺乏时，乳企会不会放宽收奶标准？（反之，奶源充裕怎样严格标准）

1 = 会　　　　　2 = 不会　　　　　3 = 说不清

C18. 在您看来，第三方检测制度难以实现的主要阻力在哪里？（限选两项，按重要性排序）

1. 乳品加工企业不愿意建　　2. 政府主管部门工作不力

3. 乳协未能尽责　　　　　　4. 技术和人才问题

5. 资金有困难

C19. 假定您有足够的资金，如果有机会入股乳品加工厂，您愿意入

股吗？

1 = 愿意　　　　　　　0 = 不愿意

C20. 假定您有足够的资金，您想自己建加工厂制作和销售奶制品吗？

1 = 是　　　0 = 否

D. 标准化与质量控制

D1. 为保证原料奶的质量，奶牛养殖过程中有一些关键控制点，贵牧场执行得如何？请您自我评价。（执行效果从 1 到 5 排列，5 分表示执行非常好，1 分表示执行非常不好，3 分表示一般。）

		执行效果
奶牛卫生防疫	选址符合卫生规范	1　2　3　4　5
	净道和污道严格分开	1　2　3　4　5
	有防疫隔离带，生活管理区、生产区和粪污处理区严格分开，布局合理	1　2　3　4　5
饲料和饮水卫生	符合《饲料和饲料添加剂管理条例》、《GB 13708—2001 饲料卫生标准》和（或）获得了饲料产品认证，所购买的饲料应能追溯到相应的供应商	1　2　3　4　5
	不使用有关政策法规禁用的药物和奶及其制品以外的动物源性饲料	1　2　3　4　5
员工卫生和培训	有书面的员工卫生规程	1　2　3　4　5
	所有员工都接受过卫生规程培训	1　2　3　4　5
兽医健康计划	在专业兽医的指导下制订完整有效的奶牛健康方案	
	疾病预防、常见问题的处理措施、免疫程序、寄生虫控制程序规范	1　2　3　4　5
	执行严格的消毒制度	1　2　3　4　5
奶牛福利	奶牛有足够的活动空间、有运动场、犊牛饲养、户外越冬奶牛应有干燥的休息区等	1　2　3　4　5
牛奶卫生	挤奶设备和牛奶收集设备的良好操作	1　2　3　4　5
	挤奶厅和储奶厅的卫生保持良好	1　2　3　4　5

D2. 牧场采用哪种粪污处理方式？

1. 牛粪露天堆放，然后车辆拉走；污水排放到沟渠中

2. 贮粪池 + 贮液池 + 堆肥腐熟后农业还田

3. 干湿分离 + 生产沼气并发电 + 沼渣沼液还田利用 + 生物利用（养殖蚯蚓、培植食用菌等）

D3. 牧场的粪污处理设施：

1. 有固定的牛粪储存、堆放场所和设施

2. 储存场所有防雨、防渗漏、防溢流措施

3. 农牧结合粪污堆肥腐熟后还田

4. 有固液分离、有机肥或沼气设施进行粪污处理

5. 有贮液池

6. 有污水处理设施

7. 污水处理设施运转正常

D4. 牧场的病死牛如何处理？

1. 出售　2. 丢弃　3. 深埋　4. 焚烧　5. 其他

D5. 牧场有粪污处理台账吗？　　1 = 有　　　0 = 没有

E. 牧场与政府

E1. 您在养殖奶牛过程中，获得过哪些补贴？补贴的方式、金额？

补贴名称	1 = 是　0 = 否	补贴方式	金额
养殖场新建和扩建补贴			
标准化养殖场建设补贴			
挤奶厅建设补贴			
TMR 搅拌机购置补贴			
青贮机购置补贴			
青贮窖建设补贴			
制冷罐购置补贴			
运输车购置补贴			
粪污处理设施补贴			
病牛扑杀补贴			
奶牛保险补贴			
政府担保的低息贷款			
政府给予的贷款贴息			
太阳能热水器			
其他			

E2. 对政府补贴，您有哪些改进意见？

1 = 加大力度　　　2 = 增强透明度　　　3 = 普惠，符合条件的都能补贴

4 = 其他＿＿＿＿＿＿＿＿

E3. 为保证原料奶质量，政府推进"散养入区、挤奶进厅、站企挂钩、全程监管"，并实施了一系列措施，这些措施对提高生鲜乳质量效果如何？

1 = 很不好　　2 = 不太好　　3 = 一般　　4 = 比较好　　5 = 非常好

E4. 政府制定了一系列奶牛养殖的规范、标准和条例，您了解这些政策吗？请您根据自己的情况打分。

1 = 一点都不了解　　2 = 不太了解　　3 = 一般　　4 = 比较了解

5 = 非常了解

奶牛场卫生规范（GB16568—2006）	1	2	3	4	5
奶牛标准化规模养殖生产技术规范	1	2	3	4	5
奶牛良好农业规范（GAP）	1	2	3	4	5
乳品质量安全监督管理条例	1	2	3	4	5
兽药管理条例	1	2	3	4	5

E5. 为保证生鲜乳安全，提高生鲜乳品质，您认为应该（按重要性限选两项并排序）

1 = 政府进一步加强管理，特别是日常监测和抽查制度

2 = 推进标准化养殖

3 = 推进第三方检测制度，真正做到优质优价，严格淘汰劣质生鲜乳

4 = 奶农入股奶站、奶企，分享奶业利润增值

5 = 乳品加工企业入股养殖业，加强与养殖企业的利益联结

6 = 其他＿＿＿＿＿＿＿＿＿＿＿

E6. 以存栏量而言，您认为一个养殖场理想的养殖规模应当是多少？＿＿＿＿＿＿头

E7. 2011 年，乳品企业的生产许可证重新审核，使乳品企业数从 1000 多家减少到 600 多家，这一变化对您的牛奶销售有影响吗？

1. 销售渠道更窄了，更加没有议价力量　　2. 没有影响　　3. 说不清

F. 牧场间的联合

F1. 牧场（合作社）之间有没有联合行动或加入其他合作社及类似组织？

1 = 是
0 = 否 ⟶

该组织的主要业务有哪些?
1. 联合销售生鲜乳　2. 联合采购饲料、兽药等
3. 参与饲料加工业　4. 参与生鲜乳的加工和销售
5. 其他_____

附件三

养殖户问卷

A. 养殖户家庭基本特征

A1. 请填表

年龄	性别	教育年限	家庭人口数	劳动力人数	养牛劳动力人数	养牛多少年	进入小区年限	入小区时存栏量（头）

A2. 最近几年您的养殖规模变化（单位：头）

2008 年	2009 年	……	2012 年	2013 年

A3. 您的牛群在养殖小区占地面积约为_____亩（或㎡）。

A4. 目前，您有泌乳牛_____头，平均每天产奶共_____公斤，2013 年您的牛奶总产量为_____吨。

A5. 目前，您和小区的牛奶结算价格约为_____元/公斤（平均），2013 年，您的牛奶销售收入为_____元。

1月	2月	3月	4月	5月	6月	7月	8月	9月	10月	11月	12月

注：上表一个小区内只问一个农户即可。

A6. 2013 年，您养奶牛的其他收入（包括出售犊牛、出售淘汰牛、出售牛粪沼液等）约为_____元。

A7. 2013 年家庭纯收入（毛收入－成本＋务工等非农收入）_____元，养牛收入占总收入的比重约_____%。

A8. 2013 年成本支出（元）

1. 工资支出

您家养牛常年用工人数		临时雇工人数		工资总计
自家几人	雇用几人	短工（多少工）		
	雇工月工资（元）	当地劳动力雇用价格（元／日）		
工资合计		工资合计		

2. 其他支出

饲料（元／月）	牛舍和生活用房租金（元／年）	水	电费	煤	消毒	疫苗	治病	配种费	冻精	检验检疫	其他

A9. 去年，您和家人共参加过_____次奶牛养殖技术培训？

目前，主要有哪些机构提供培训？

1. 饲料厂　　2. 养殖小区　　　3. 乳品加工企业

4. 奶牛协会　5. 政府主管部门　6. 其他_____

您觉得培训对改进养殖技术的效果明显吗？

1 = 完全没效果　　2 = 效果不太大　　3 = 一般

4 = 比较明显　　　5 = 非常明显

A10. 您是否愿意继续养殖奶牛？　　1 = 是　　0 = 否

如果否，您为什么不愿意养殖奶牛？

1. 养牛利润低　　2. 风险大（疫病，价格波动）　　3. 劳动力不足

4. 住在养牛场，污染严重，生活环境不好　　5. 劳动强度太大

6. 其他_____

（选否，回答上题后跳到 B1 继续）

如果是，您目前是否有扩大养殖规模的意愿？

1 = 是　　0 = 否

选否，跳到 B1 继续；如果是，您想扩大规模的原因是什么？

1. 行情好　　　　　　　2. 规模太小就不能采用新技术

3. 可以充分利用现有劳动力　4. 规模太小就没有讨价还价能力

5. 规模扩大政府会有补贴　　6. 其他_____

A11. 您在扩大规模时遇到的主要问题是什么？（限选三项，按重要性排序）

1. 资金不足　　　　2. 劳动力不足　　　3. 养殖场地受限制
4. 养殖技术不易掌握　　5. 得到的政府扶持较少，起步困难
6. 市场价格风险大　　　7. 疫病风险高　　　8. 其他

A12. 假如政府鼓励建设 100 头到 200 头的家庭奶牛场（以家庭劳动力为主），您愿意自己建场养牛吗？

1 = 愿意　　　　2 = 不愿意

如果愿意，您觉得您最需要获得哪些方面的支持（限选两项。按重要性排序）：

1 = 贷款支持　　　　　2 = 技术培训　　　3 = 租地
4 = 生鲜乳销售渠道　　　　　　　　　5 = 其他

A13. 对您来讲，如果不考虑资金、租地、销售等问题，最合适的养殖规模是多少头牛？＿＿＿头

B. 与小区的合作

B1. 您与养殖小区的合作模式是

1. 小区由业主出资建设，养殖户（免费）租用小区的牛舍和生活设施
2. 养殖小区做好租地和规划，养殖户自建牛舍和生活区
3. 投资入股，所有养殖户共建养殖场
4. 其他

B2. 您为什么进入养殖小区？（请选两个最重要的理由）

1. 政府取缔散养，不进小区没有销售渠道
2. 进入小区养殖有补贴（怎样补贴的？）
3. 小区在技术、防疫、卖奶价格方面有优势
4. 远离自家庭院，更卫生
5. 小区内可以扩大养殖规模
6. 其他

（B1 题选 2、3 者请回答 B3，选 1 者请回答 B4）

B3. 您在养殖小区入股金额如何确定？＿＿＿＿＿＿，您在小区占有的股份是＿＿＿％。

B4. 如果您没有入股，您想入股养殖小区或挤奶厅吗？

1 = 想　　2 = 不想

如果想，为什么？

1. 可以赚更多的牛奶差价　　2. 方便自己挤奶、卖奶

3. 积累投资与管理经验　　　4. 可以获得更多政府补贴

5. 其他

如果不想，为什么？

1. 没有资金　　2. 风险太大　　　　3. 人家不让

4. 利润不高　　5. 想以后自己单干　　6. 其他

B5. 您对小区提供的服务满意吗？

1 = 不满意　2 = 不太满意　3 = 一般　4 = 比较满意　5 = 非常满意

B6. 您觉得养殖户与小区老板之间的关系融洽吗？

1 = 非常不好　2 = 不太好　3 = 一般　4 = 比较好　5 = 非常好

B7. 您养牛过程中，有没有与小区老板发生过直接的、激烈的冲突？

1 = 有　　　　　　　　　2 = 没有

如果没有，第二问请省略，若有，您是怎么样解决这种纠纷的？

1 = 与老板理论　　　2 = 向奶协或主管部门反映　　　3 = 寻求法律保护

4 = 转向价格更有吸引力的小区　　　5 = 其他＿＿＿＿＿＿＿＿＿＿＿

C. 质量与价格

C1. 过去一年，您的牛群发生过以下传染病吗？

1. 口蹄疫　　2. 结核病　　3. 布氏杆菌　　4. 其他＿＿＿＿＿

C2. 您能严格执行疫苗接种计划吗？

1 = 完全不能　　　　2 = 不太严格　　　　3 = 一般

4 = 比较严格　　　　5 = 非常严格

C3. 您的牛舍多长时间清理一次粪便？

1 = 半天　　2 = 一天　　3 = 两天　　4 = 其他＿＿＿＿

C4. 您的牛舍多长时间彻底打扫一次？

1 = 一天　　2 = 一周以内　　3 = 一个月以内　　4 = 其他＿＿＿＿

C5. 您的奶牛运动场多久清理一次？

1 = 2 次/天　　2 = 1 次/天　　3 = 其他

C6. 您的牛舍定期消毒吗？

1 = 定期　　2 = 不定期　　3 = 不消毒

C7. 您清楚《无公害食品奶牛饲养兽药使用准则》中的用药规定吗?

1 = 完全不清楚　　　　2 = 不太清楚　　　　3 = 一般

4 = 比较清楚　　　　5 = 非常清楚

C8. 如果您的奶牛生病了，一般是如何治疗的?

1. 找兽医　　2. 凭自己经验　　3. 听别人说　　4. 其他

C9. 您一般在哪里购买兽药?

1. 由小区统一采购兽药，领药登记　2. 从兽药商店买　3. 从药贩子那里买

C10. 如果您使用了激素和抗生素类药物，您通常会做记录吗?

1. 马上记录　　2. 过三两天后补记　　3. 需要时根据回忆记录

4. 不记录

C11. 您清楚以下指标的含义吗?

抗生素、细菌总数、体细胞数、冰点、脂肪、蛋白、全乳固、异味、酸度

1 = 完全不清楚　　　　2 = 不太清楚　　　　3 = 一般

4 = 比较清楚　　　　5 = 非常清楚

您知道哪些因素会影响上述指标吗?

1 = 完全不清楚　　　　2 = 不太清楚　　　　3 = 一般

4 = 比较清楚　　　　5 = 非常清楚

C12. 挤奶时，以下操作规程您能做到几项呢?

1. 清洁牛身体　　　　2. 挤奶工服装和手臂保持卫生

3. 牛乳房清洗　　　　4. 前后药浴

5. 挤奶设备清洗　　　　6. 头三把奶弃掉

7. 及时更换奶衬　　　　8. 及时发现隐性乳房炎并停止挤奶

9. 防止奶牛过挤

C13. 据您所知，有养殖户将有乳房炎的奶牛送去挤奶吗?

1 = 有　　　　2 = 没有　　　　3 = 说不准

C14. 据您了解，有养殖户向牛奶中加水或其他物质吗?

1 = 有　　　　2 = 没有　　　　3 = 说不准

C15. 您愿意为了提高牛奶品质增加使用苜蓿和优质的羊草吗?

1 = 愿意　　　　0 = 不愿意

C16. 您愿意配合小区采用分群饲喂和 TMR 全日粮饲喂技术吗?

1 = 愿意　　　　0 = 不愿意

C17. 您愿意配合小区投资奶牛卧床和自动饮水设备吗？

1 = 愿意　　　　0 = 不愿意

C18. 高品质的牛奶（蛋白含量、脂肪含量和干物质含量均较高）不仅口感好，营养也更丰富，但生产高品质的牛奶会提高饲喂成本。以目前牛奶收购价为基准（＿＿元/公斤），请您认真考虑一下，在牛奶收购价上涨到＿＿＿元/公斤时，您愿意改进饲喂方式，供给高品质的牛奶？

C19. 您平时关注牛奶质量安全吗？

1 = 从不关注　　　　2 = 不太关注　　　　3 = 一般

4 = 比较关注　　　　5 = 十分关注

C20. 您认为当前中国牛奶质量安全问题严重吗？

1 = 不严重　　　　2 = 不太严重　　　　3 = 一般

4 = 很严重　　　　5 = 十分严重

C21. 您对您出售鲜奶的价格满意吗？

1 = 不满意　　　　2 = 不太满意　　　　3 = 一般

4 = 比较满意　　　　5 = 非常满意

C22. 在现有价格水平下，您愿意尽最大努力供给质量安全的牛奶吗？

1 = 不愿意　　　　2 = 不很愿意　　　　3 = 一般

4 = 比较愿意　　　　5 = 非常愿意

C23. 您了解以下条例和规范吗？

1 = 一点都不了解　　　　2 = 不太了解　　　　3 = 一般

4 = 比较了解　　　　5 = 非常了解

奶牛场卫生规范（GB16568—2006）	1	2	3	4	5
《奶牛标准化规模养殖生产技术规范》	1	2	3	4	5
《乳品质量安全监督管理条例》	1	2	3	4	5
《兽药管理条例》	1	2	3	4	5

C24. 为保证原料奶质量，政府实施了一系列措施，例如驻站员制度、分户留样制度、抗生素检测制度、兽药统一购买制度、统一挤奶厅操作规程等，这些措施对您的安全生产行为影响大吗？

1 = 没什么影响　　　　2 = 不太大　　　　3 = 一般

4 = 比较大　　　　5 = 非常大

C25. 您认为原料奶质量出现问题的主要原因是（单选）

1 = 养殖环节风险难以控制　　2 = 政府监管体系不健全

3 = 由于没有利益关系，奶农、奶站都没有保证质量的积极性

4 = 其他

C26. 为保证生鲜乳安全，提高生鲜乳品质，您认为应该（按重要性限选三项并排序）

1 = 政府进一步加强管理，特别是日常监测和抽查制度

2 = 推进标准化养殖

3 = 推进第三方检测制度，真正做到优质优价，严格淘汰劣质生鲜乳

4 = 奶农入股奶站、奶企，分享奶业利润增值

5 = 乳品加工企业入股养殖业，加强与养殖企业的利益联结

6 = 其他

D. 对以下各题目，请选择最能代表您的看法的数字，数字越大表示您越赞同这种看法。

1	2	3	4	5
完全不同意	有点不同意	一般	有点同意	完全同意

1. 我供给质量安全的牛奶是为了获得更多的收入　　　　1　2　3　4　5

2. 我供给质量安全的牛奶不会受到良心的谴责　　　　　1　2　3　4　5

3. 我供给质量安全的牛奶有利于保护环境　　　　　　　1　2　3　4　5

4. 我供给质量安全的牛奶能赢得别人的尊重　　　　　　1　2　3　4　5

5. 我愿意供给质量安全的牛奶　　　　　　　　　　　　1　2　3　4　5

6. 供给质量安全的牛奶对我很重要　　　　　　　　　　1　2　3　4　5

7. 即使降低收入我也要供给质量安全的牛奶　　　　　　1　2　3　4　5

8. 我努力劝诫其他农户供给质量安全的牛奶　　　　　　1　2　3　4　5

9. 我应该听从家人和朋友的劝告供给质量安全的牛奶　　1　2　3　4　5

10. 我的同行认为我应该供给质量安全的牛奶　　　　　　1　2　3　4　5

11. 我应该服从政府号召供给质量安全的牛奶　　　　　　1　2　3　4　5

12. 有关牛奶质量安全的法律法规对我供给安全牛奶有影响　1　2　3　4　5

13. 乳企和小区的检测机制对我供给安全牛奶有影响　　　1　2　3　4　5

14. 我能够生产质量安全的牛奶　　　　　　　　　　　　1　2　3　4　5

15. 我有机会销售质量安全的牛奶　　　　　　　　　　　1　2　3　4　5

16. 我能得到有关保障牛奶质量安全方面的服务　　　　　1　2　3　4　5

17. 我能获得生产所需的牛奶质量安全的信息　　　　　　1　2　3　4　5

18. 当需要时我能得到安全生产的指导　　　　　　　　　1　2　3　4　5

19. 我计划供给质量安全的牛奶　　　　　　　　　　　1　2　3　4　5

20. 我愿意克服困难供给质量安全的牛奶　　　　　　　1　2　3　4　5

21. 在现有条件下我打算供给质量安全的牛奶　　　　　1　2　3　4　5

22. 同行的牛奶出现质量安全问题对我有影响　　　　　1　2　3　4　5

23. 安全牛奶的价格对我供给安全牛奶有影响　　　　　1　2　3　4　5

24. 安全牛奶供给的风险对我供给安全牛奶有影响　　　1　2　3　4　5

25. 安全牛奶供给的成本对我供给安全牛奶有影响　　　1　2　3　4　5

26. 安全牛奶供给的预期收益对我供给安全牛奶有影响　1　2　3　4　5

27. 牛奶销售方面的一系列制度对我生产安全牛奶有影响　1　2　3　4　5

28. 有关牛奶市场的检验检测制度对我供给安全牛奶有影响　1　2　3　4　5

参考文献

[1] 宝音都仍、郭晓川、郑承云:《基于博弈论的奶业企业与奶农利益关系研究》,《黑龙江畜牧兽医》2006 年第 11 期。

[2] 蔡荣:《"合作社 + 农户"模式:交易费用节约与农户增收效应——基于山东省苹果种植农户问卷调查的实证分析》,《中国农村经济》2011 年第 1 期。

[3] 曹暕、孙顶强、谭向勇:《农户奶牛生产技术效率及影响因素分析》,《中国农村经济》2005 年第 10 期。

[4] 曹建海:《我国重复建设的形成机理与政策措施》,《中国工业经济》2002 年第 4 期。

[5] 曹利群:《农产品流通组织体系的重建》,《学术月刊》2001 年第 8 期。

[6] 柴文静:《德国的独立第三方检测体系》,《21 世纪商业评论》2009 年第 2 期。

[7] 陈念红、曹暕:《中国不同奶牛养殖规模的技术效率分析》,《湖南农业大学学报》(自然科学版)2010 年第 1 期。

[8] 陈诗一:《能源消耗、二氧化碳排放与中国工业的可持续发展》,《经济研究》2009 年第 4 期。

[9] 陈诗一:《中国的绿色工业革命:基于环境全要素生产率视角的解释(1980—2008)》,《经济研究》2010 年第 11 期。

[10] 迟玉聚、许美艳:《三聚氰胺奶粉事件评析》,《食品与药品》2008 年第 11 期。

[11] 池泽新:《农户行为的影响因素、基本特点与制度启示》,《农业现代化研究》2003 年第 5 期。

［12］ 崔宝玉、陈强：《资本控制必然导致农民专业合作社功能弱化吗?》，《农业经济问题》2011 年第 2 期。

［13］ 崔卓兰、宋慧宇：《中国食品安全监管方式研究》，《社会科学战线》2011 年第 2 期。

［14］ 戴建华、薛恒新：《基于 Shapley 值法的动态联盟伙伴企业利益分配策略》，《中国管理科学》2004 年第 4 期。

［15］ 戴维·L. 韦默、艾丹·R. 维宁：《公共政策分析：理论与实践（第 4 版）》，上海译文出版社 2003 年版。

［16］ 戴维斯：《现代牧业试水终端销售，四成利润靠政府补贴》，《投资者报》2012 年 6 月 17 日。

［17］ 董进才：《农民专业合作组织的政治参与问题研究》，《农村经济》2008 年第 2 期。

［18］ 杜凤莲、马慧峰、付红全：《中国不同模式原料奶生产技术效率分析》，《农业现代化研究》2013 年第 4 期。

［19］ 樊红敏：《新型农民专业合作经济组织内卷化及其制度逻辑》，《中国农村观察》2011 年第 6 期。

［20］ 冯开文：《村民自治、合作社和农业产业化经营制度的协调演进——来自山东烟台的调查报告》，《中国农村经济》2003 年第 2 期。

［21］ 冯艳秋：《全产业链合力管理 成就美国食品安全——美国食品安全管理考察纪实》，《中国乳业》2011 年第 12 期。

［22］ 冯艳秋、陈慧萍、聂迎利、林少华、王礴礴、陈晓明、王晶：《2012 年全国 15 省（市、区）规模奶牛场生产管理状况调查报告》，《中国乳业》2013 年第 5 期。

［23］ 冯艳秋、陈慧萍、彭华、聂迎利：《2011 年我国奶业主产区奶牛不同养殖模式生产管理状况调查与分析》，《中国乳业》2013 年第 5 期。

［24］ 宫哲元：《集体行动逻辑视角下合作社原则的变迁》，《中国农村观察》2008 年第 5 期。

［25］ 顾瑞霞、卞海榕：《生产巴氏杀菌乳的科学依据》，《中国乳业》2007 年第 6 期。

［26］ 郭琛：《食品安全监管：行业自律下的维度分析》，《西北农林科技

大学学报》（社会科学版）2010 年第 5 期。

[27] 国鲁来：《农业技术创新诱致的组织制度创新——农民专业协会在
农业公共技术创新体系建设中的作用》，《中国农村观察》2003 年
第 5 期。

[28] 何安华：《基于产业链的乳品质量安全控制的博弈分析》，《农业经
济与管理》2012 年第 1 期。

[29] 何亮、李小军：《奶业产业链中企业与奶农合作的博弈分析》，《农
业技术经济》2009 年第 2 期。

[30] 何玉成、郑娜、曾南燕：《乳品产业集中度与利润率关系研究》，
《中国物价》2010 年第 5 期。

[31] 侯茂章：《中国乳业产业链与价值链分析》，《中国乳品工业》2010
年第 9 期。

[32] 侯淑霞、钟敏：《中国乳品产业链纵向组织关系的演变动因——基
于制度供给与需求角度的分析》，《农业经济问题》2010 年第 9 期。

[33] 胡定寰、Fred Gale、Thomas Reardon：《试论"超市 + 农产品加工企
业 + 农户"新模式》，《农业经济问题》2006 年第 1 期。

[34] 黄胜忠：《转型时期农民专业合作社的组织行为研究》，博士论文，
浙江大学，2007 年。

[35] 黄宗智、李怀印：《中国社会经济史研究的范式及其危机》，《世界
经济与政治论坛》1992 年第 5 期。

[36] 黄祖辉：《农民合作：必然性、变革态势与启示》，《中国农村经
济》2000 年第 8 期。

[37] 黄祖辉、邵科：《合作社的本质规定性及其漂移》，《浙江大学学
报》（人文社会科学版）预印本 2009 年第 1 期。

[38] 黄祖辉、徐旭初、冯冠胜：《农民专业合作组织发展的影响因素分
析——对浙江省农民专业合作组织发展现状的探讨》，《中国农村经
济》2002 年第 3 期。

[39] 黄祖辉、徐旭初《基于能力和关系的合作治理——对浙江省农民专
业合作社治理结构的解释》，《浙江社会科学》2006 年第 1 期。

[40] 焦志伦、陈志卷：《国内外食品安全政府监管体系比较研究》，《华
南农业大学学报》（社会科学版）2010 年第 4 期。

[41] J. Mottar、M. Naudts（1979）（中国乳业编辑部译）：《巴氏杀菌乳与

超高温灭菌乳及瓶（罐）装灭菌乳的品质比较研究》，《中国乳业》2005 年第 7 期。

[42] 克里斯托福·D. 捷拉德、黄祖辉、蒋文华：《农业和农村发展的制度透视及其对中国的政策含义》，《中国农村经济》2001 年第 5 期。

[43] 孔祥智、钟真、谭智心：《当前奶站管理与奶源发展的问题探讨》，《中国牧业通讯》2010 年第 4 期。

[44] 孔祥智、钟真、谭智心：《发展规范的奶农专业合作社是当务之急》，《农村工作通讯》2010 年第 6 期。

[45] 匡远凤、彭代彦：《中国环境生产效率与环境全要素生产率分析》，《经济研究》2012 年第 7 期。

[46] 李翠霞、谭留兵：《奶牛养殖规模效益分析——以黑龙江省为例》，《中国农学通报》2013 年第 14 期。

[47] 李翠霞、刘真真：《黑龙江奶农生产行为分析》，《农业经济与管理》，2012 年第 3 期。

[48] 李海舰、聂辉华：《论企业与市场的相互融合》，《中国工业经济》2004 年第 8 期。

[49] 李红、常春华：《奶牛养殖户质量安全行为的影响因素分析——基于内蒙古的调查》，《农业技术经济》2012 年第 10 期。

[50] 李静：《中国食品安全监管制度有效性分析——基于对中国奶业监管的考察》，《武汉大学学报》（哲学社会科学版）2011 年第 2 期。

[51] 李满枝：《拷问中国现行的食品市场准入制度——从"三鹿奶粉事件"谈起》，《特区经济》2009 年第 4 期。

[52] 李强：《中国食品安全现状及对策》，《中国畜禽种业》2009 年第 12 期。

[53] 李胜利、刘玉满、毕研亮、姚琨、都文、黄文明、曹志军、杨敦启：《2012 年中国奶业回顾与展望》，《中国畜牧杂志》2013 年第 2 期。

[54] 李胜利、张万金、刘玉满、周鑫宇、曹志军：《2009 年中国奶业回顾与展望》，《中国畜牧杂志》2010 年第 2 期。

[55] 李艳春、黄秀声、潘勇、应朝阳、黄毅斌：《"奶牛—沼气—牧草"循环型农业系统的能值分析》，《生态与农村环境学报》2010 年第 2 期。

［56］李易方：《赞奶牛适度规模饲养小区的新发展》，《中国乳业》2003年第 7 期。

［57］李志强、冯艳秋、董晓霞、韩胜文：《乳品价格形成及利润分配的调查报告》，《农业展望》2008 年第 5 期。

［58］刘勇：《盲目发展万头牧场是奶荒"元凶"之一》，《羊城晚报》2013 年 12 月 1 日，A22 版。

［59］刘玉满：《后"三聚氰胺"时代呼唤我国奶业要走科学发展之路——基于华北地区某市的调研》，《中国畜牧杂志》2009 年第 2 期。

［60］林坚、黄胜忠：《成员异质性与农民专业合作社的所有权分析》，《农业经济问题》2007 年第 9 期。

［61］林坚、马彦丽：《农业合作社和投资者所有企业的边界》，《农业经济问题》2006 年第 3 期。

［62］林坚、王宁：《公平与效率：合作社组织的思想宗旨及其制度安排》，《农业经济问题》2002 年第 10 期。

［63］罗兴武：《农户合作行为、供应链剩余与合作剩余分配》，《商业研究》2012 年第 12 期。

［64］吕政、曹建海：《竞争总是有效率的吗？——兼论过度竞争的理论基础》，《中国社会科学》2000 年第 6 期。

［65］马恒运、唐华仓、Allan Rae：《中国牛奶生产的全要素生产率分析》，《中国农村经济》2007 年第 2 期。

［66］马恒运、王济民、刘威、陈书章：《中国原料奶生产 TFP 增长方式与效率改进——基于 SDF 与 Malmquist 方法的比较》，《农业技术经济》2011 年第 8 期。

［67］马士华、王鹏：《基于 Shapley 值法的供应链合作伙伴间收益分配机制》，《工业工程与管理》2006 年第 4 期。

［68］马彦丽、黄胜忠：《农民专业合作社：理论研究中的泛化和实践中的异化》，《新疆农垦经济》2013 年第 8 期。

［69］曼瑟尔·奥尔森：《集体行动的逻辑》，陈郁等译，上海三联书店、上海人民出版社 1995 年版。

［70］毛文星、苏效良：《乳品经营还是要以中小型企业为主》，《中国奶牛》2011 年第 11 期。

［71］门炜、任大鹏：《外部资源对农民专业合作社发展的介入影响分

析》,《农业经济问题》2011 年第 12 期。

[72] 农业部国际合作司欧洲处:《欧盟奶业合作社发展经验及对我国的启示》,《中国奶牛》2009 年第 2 期。

[73] 聂德宝、胡海彦:《黑龙江省生鲜乳质量与安全第三方检测体系建设与应用进展》,《黑龙江畜牧兽医》(综合版) 2014 年第 10 期。

[74] 潘斌:《荷兰乳业产业链纵向组织关系研究——基于利益关联视角》,《科学与管理》2009 年第 2 期。

[75] 潘劲:《中国农民专业合作社:数据背后的解读》,《中国农村观察》2011 年第 6 期。

[76] 彭建仿、杨爽:《共生视角下农户安全农产品生产行为选择——基于 407 个农户的实证分析》,《中国农村经济》2011 年第 12 期。

[77] 彭秀芬:《中国原料奶的生产技术效率分析》,《农业技术经济》2008 年第 6 期。

[78] 卜卫兵、李纪生:《中国原料奶生产的组织模式及效率分析——以江苏省为例的实证研究》,《农业经济问题》2007 年第 6 期。

[79] 齐春宇:《"三鹿奶粉事件"反思:基于中美乳业产业链结构比较视角》,《宁夏社会科学》2009 年第 2 期。

[80] 钱贵霞、陈思:《鲜奶零售价格波动规律与趋势预测》,《农业经济与管理》2011 年第 5 期。

[81] 钱贵霞、郭晓川、邹建国、郭建军:《中国奶业危机产生的根源及对策分析》,《农业经济问题》2010 年第 3 期。

[82] 宋亮:《万头规模牧场不属于中国》, http://finance.ifeng.com/opinion/fhzl/20110607/4116237.shtml, 2011.6.7。

[83] 孙世民、张吉国、王继永:《基于 Shapley 值法和理想点原理的优质猪肉供应链合作伙伴利益分配研究》,《运筹与管理》2008 年第 6 期。

[84] 谭德凡:《中国食品安全监管模式的反思与重构》,《湘潭大学学报》(哲学社会科学版) 2011 年第 3 期。

[85] 汪普庆、周德翼、吕志轩:《农产品供应链的组织模式与食品安全》,《农业经济问题》2009 年第 3 期。

[86] 王兵、颜鹏飞、吴延瑞:《中国区域环境效率与环境全要素生产率增长》,《经济研究》2010 年第 5 期。

[87] 王兵、张技辉、张华：《环境约束下中国省际全要素能源效率实证研究》，《经济评论》2011 年第 4 期。

[88] 王德祥、徐德徽：《北京奶牛业的利润率和效率分析：一个 DEA 方法的应用》，《农业技术经济》1997 年第 1 期。

[89] 王贵荣、陈彤、杨江涛：《奶牛养殖业发展现状及政策取向——基于新疆奶牛养殖户的问卷调查》，《调研世界》2009 年第 9 期。

[90] 王贵荣、王建军：《家庭奶牛养殖水平的影响因素分析——基于新疆奶牛养殖户的问卷调查》，《中国畜牧杂志》2010 年第 10 期。

[91] 王莉、刘洋：《奶农安全生产行为特征及影响因素研究》，《中国畜牧杂志》2012 年第 6 期。

[92] 王林枫：《中国奶业主产区奶牛生产效益与牛奶品质的调研分析》，博士学位论文，中国农业科学院，2006 年。

[93] 王威、方志权：《日本治理奶业过度竞争的经验与启示》，《上海农村经济》2005 年第 12 期。

[94] 王威、刘丽萍：《基于产业链模式的奶业利益分配机制研究》，《哈尔滨理工大学学报》2010 年第 3 期。

[95] 王秀清、H. T. Weldegebriel、A. J. Rayner：《纵向关联市场间的价格传递》，《经济学（季刊）》2007 年第 3 期。

[96] 王耀忠：《食品安全监管的横向和纵向配置——食品安全监管的国际比较与启示》，《中国工业经济》2005 年第 12 期。

[97] 王瑜、应瑞瑶：《垂直协作与农产品质量控制：一个交易成本的分析框架》，《经济问题探索》2008 年第 4 期。

[98] 卫龙宝、卢光明：《农业专业合作组织实施农产品质量控制的运作机制探析——以浙江省部分农业专业合作组织为例》，《中国农村经济》2004 年第 7 期。

[99] 夏英：《农村合作经济：21 世纪中国农业发展的必然选择》，《调研世界》2001 年第 9 期。

[100] 肖六亿、常云昆：《生产资料与生活资料市场价格传导关系的断裂》，《经济学家》2006 年第 3 期。

[101] ［日］小宫隆太郎：《日本的产业政策》，国际文化出版公司 1988 年版。

[102] 辛国昌、张立中：《不同规模奶牛养殖的成本和收益比较》，《财会

月刊》2011 年第 14 期。

[103] 熊万胜:《合作社:作为制度化进程的意外后果》,《社会学研究》2009 年第 5 期。

[104] 徐旭初:《中国农民专业经济组织的制度分析》,经济科学出版社2005 年版。

[105] 徐旭初、吴彬:《治理机制对农民专业合作社绩效的影响——基于浙江省 526 家农民专业合作社的实证分析》,《中国农村经济》2010 年第 5 期。

[106] 许世卫、张峭、李志强、王川、李哲敏、李干琼、王启现、董晓霞:《番茄价格形成及利润分配调查报告》,《农业展望》2008 年第 5 期。

[107] 薛强、乔光华、樊宏霞:《内蒙古奶牛家庭饲养生产效率实证研究》,《干旱区资源与环境》2012 年第 9 期。

[108] 薛强、乔光华、樊宏霞、于洪霞:《基于 Malmquist 指数的家庭奶牛饲养全要素生产率研究——以中国 10 个奶业省为例》,《农业现代化研究》2012 年第 4 期。

[109] 杨东宁、周长辉:《企业自愿采用标准化环境管理体系的驱动力:理论框架及实证分析》,《管理世界》2005 年第 2 期。

[110] 杨建青:《中国原料奶生产组织模式及其效率分析》,博士学位论文,中国农业科学院,2009 年。

[111] 杨金海、刘纯阳、向林峰:《农产品供应链失调与政府调控》,《农村经济与科技》2007 年第 1 期。

[112] 杨伟民、胡定寰:《食品安全背景下的乳业产业链与组织模式创新研究》,《内蒙古大学学报》(哲学社会科学版)2010 年第 6 期。

[113] 杨伟民、胡定寰:《内蒙古舍必崖奶农合作社的经济解释》,《中国奶业协会首届中国奶业大会论文集(上册)》2010 年 7 月。

[114] 杨吻、陈大名:《现代牧业投资 24 亿建蚌埠五河新牧场》,2011 年 7 月,马鞍山声屏网(http://www.massp.cn/col/1275403860469/2011/07/18/1310956673852.htm)。

[115] 姚洋:《中国农地制度:一个分析框架》,《中国社会科学》2000 年第 2 期。

[116] 于洪霞、乔光华:《内蒙古自治区呼和浩特市散养奶户盈利能力分

析》，《内蒙古社会科学》（汉文版）2012 年第 2 期。

[117] 苑鹏：《农民专业合作经济组织：农业企业化的有效载体》，《农村经营管理》2003 年第 5 期。

[118] 苑鹏：《对公司领办的农民专业合作社的探讨》，《管理世界》2008 年第 7 期。

[119] 曾祥华：《食品安全监管主体的模式转换与法治化》，《西南政法大学学报》2009 年第 1 期。

[120] 曾宪奎：《荷兰奶业为什么成功》，《发现》2008 年第 12 期。

[121] 翟雪玲、韩一军：《肉鸡产品价格形成、产业链成本构成及利润分配调查研究》，《农业经济问题》2008 年第 11 期。

[122] 张东辉、徐启福：《过度竞争的市场结构及其价格行为》，《经济评论》2001 年第 1 期。

[123] 张菲、卫龙宝：《中国奶牛养殖规模与原料奶生产效率研究——基于 DEA-Malmquist 方法的实证》，《农业现代化研究》2013 年第 4 期。

[124] 张磊、车斌：《基于行业生命周期的中国居民乳品消费研究》，《经济与管理》2010 年第 11 期。

[125] 张利庠：《利益联结机制：中国奶业发展的症结与出路》，《中国奶牛》2009 年第 11 期。

[126] 张利庠：《利益联结机制：中国奶业发展的症结与出路（一）》，《中国乳业》2010 年第 2 期。

[127] 张曼、唐晓纯、普蕊喆、张璟、郑风田：《食品安全社会共治：企业、政府与第三方监管力量》，《食品研究》2014 年第 13 期。

[128] 张晓敏、周应恒：《基于易腐特性的农产品纵向关联市场间价格传递研究——以果蔬产品为例》，《江西财经大学学报》2012 年第 2 期。

[129] 张一品：《中国液态奶产业链利润分配机制研究》，硕士学位论文，内蒙古大学，2012 年。

[130] 张永根、李胜利、曹志军、周鑫宇：《奶牛散养户长期存在的必然性和未来出路的思考》，《中国畜牧杂志》2009 年第 2 期。

[131] 张永根、唐赛涌：《黑龙江省不同养殖方式的奶牛生产成本效益分析》，《中国奶牛》2008 年第 7 期。

[132] 张云华、孔祥智、杨晓艳、罗丹：《食品供给链中质量安全问题的博弈分析》，《中国软科学》2004 年第 11 期。

[133] 赵建欣、张晓凤：《蔬菜种植农户对无公害农药的认知和购买意愿——基于河北省 120 家菜农的调查分析》，《农机化研究》2007 年第 11 期。

[134] 赵建欣、张忠根：《对农户种植安全蔬菜的影响因素分析——基于对山东、河北两省菜农的调查》，《国际商务》（对外经济贸易大学学报）2008 年第 2 期。

[135] 赵同刚：《对新西兰乳制品监管现状的法律思考》，《中国卫生法制》2011 年第 5 期。

[136] 赵勇、王鹏：《"奶业企业 + 奶农"模式下的利益分配及其对契约的影响——基于动态议价模型的理论解释》，《经济师》2008 年第 11 期。

[137] 赵卓、陆骏飞、于冷：《丹麦阿拉·福兹乳品公司的原奶供应模式、质量保证计划及其启示》，《中国畜牧杂志》2008 年第 22 期。

[138] 郑方：《从纵向一体化到纵向分离——基于对立统一关系的分析》，《中国工业经济》2010 年第 11 期

[139] 郑风田、胡文静：《欧盟新型安全型食品供给链：种类与个案》，《经济问题》2005 年第 11 期。

[140] 郑少华、赵少钦：《农产品价格垂直传递的非对称问题研究》，《价格理论与实践》2012 年第 9 期。

[141] 钟真：《生鲜乳质量安全问题的产生原因与治理措施》，《农产品质量与安全》2011 年第 5 期。

[142] 钟真、程瑶瑶：《奶农专业合作社的农业社会化服务功能研究》，《农业经济与管理》2013 年第 4 期。

[143] 钟真、孔祥智：《中间商对生鲜乳供应链的影响研究》，《中国软科学》2010 年第 6 期。

[144] 钟真、孔祥智：《产业组织模式对农产品质量安全的影响——来自奶业的例证》，《管理世界》2012 年第 1 期。

[145] 周继红：《对完善我国股份公司监督机制的思考》，《青海社会科学》2004 年第 3 期。

[146] 周洁红：《农户蔬菜质量安全控制行为及其影响因素分析——基于

浙江省 396 户菜农的实证分析》，《中国农村经济》2006 年第 11 期。

[147] 周立群、曹利群：《农村经济组织形态的演变与创新——山东省莱阳市农业产业化调查报告》，《经济研究》2001 年第 1 期。

[148] 周鑫宇、杨君香、黄文明、李胜利：《对我国规模奶牛养殖模式的思考》，《中国畜牧杂志》2010 年第 12 期。

[149] 周应恒、宋玉兰、严斌剑：《中国食品安全监管激励相容机制设计》，《商业研究》2013 年第 1 期。

[150] 朱文涛、孔祥智：《以宁夏枸杞为例探讨契约及相关因素对中药材质量安全的影响》，《中国药房》2008 年第 21 期。

[151] 邹传彪、王秀清：《小规模分散经营情况下的农产品质量信号问题》，《科技和产业》2004 年第 8 期。

[152] Alvarez A. , Arias C. . Diseconomies of size with fixed managerial ability. American Journal of Agricultural Economics, 2003, 85 (1).

[153] Alejandro, A. , Alberto, V. , Vertical Price Transmission of Milk Prices: Are Small Dairy Producers Efficiently Integrated Into Markets? Agribusiness, 2013, Vol. 30 (1).

[154] Banker, R. D. , Charnes, A. and Cooper. W. W. , Some Models for Estimating Technical and Scale Inefficiencies in Data Envelopment Analysis. Management Science, 1984, (9).

[155] Biglaiser G. , Horowitz J. K. , Pollution, public disclosure, and firm behavior. Journal of Regulatory Economics, 1993, 5 (3).

[156] Bravo-Ureta B. E. , Rieger L. , Dairy farm efficiency measurement using stochastic frontiers and neoclassical duality. American Journal of Agricultural Economics, 1991, 73 (2).

[157] Caswell, J. A. , M. E. Bredahl, N. H. Hooker. How Quality Management Metasystems Are Affecting the Food Industry. Review of Agricultural Economics, 1998, 20 (2).

[158] Caswell J. A. , Mojduszka E. M. , Using informational labeling to influence the market for quality in food products. American Journal of Agricultural Economics, 1996.

[159] Charnes, A. , Cooper, W. W. , Rhodes, E. . Measuring the efficiency

of decision making units European. Journal of Operational Research, 1978, 2 (6).

[160] Coase R. H.. The Nature of the Firm: Origin, Meaning, and Influence. Journal of Law, Economics, and Organization, 1988, 4.

[161] Deaton, B. J., A Theoretical Framework for Examining the Role of Third-party Certifiers, Food Control, Vol. 15 (8), 2004, pp. 615 – 619.

[162] Demsetz H.. The Theory of Firm Revisited. Journal of Law, Economics, and Organization, 1988, (4).

[163] Fare, R., Grosskopf, S. Modeling Undesirable Factors in Efficiency Evaluation: Comment, European Journal of Operational Research, 2004, Vol. 157, No. 2.

[164] Farrell, M. J. The Measurement of Productive Efficiency. Journal of the Royal Statistical Society, 1957, 120 (3).

[165] Fraser I., Cordina D., An application of data envelopment analysis to irrigated dairy farms in Northern Victoria, Australia. Agricultural Systems, 1999, 59 (3).

[166] Gardner, B. L., The Farm-Retail Price Spread in a Competi tive Food Industry. American Journal of Agricultural Economics, 1975, 57 (3).

[167] Goodwin, B. K., Grennes, T. and Craig, L. Mechanical refrigeration and the integration of perishable commodity markets, Explorations in Economic History, 2002, 39.

[168] Grolleau, G., N. Mzoughi, A. Thomas, What Drives Agrifood Firms to Register for an Environmental Management System?. European Review of Agricultural Economics, 2007, Vol. 3 (2).

[169] Hatanaka, M., C. Bain and L. Busch. Third -party Certification in the Global Agrifood System, Food Policy, 2005, Vol. 30 (3).

[170] Prakash A., 2000, Responsible Care: An Assessment, Business & Society, Vol. 39 (2).

[171] Hailu, A. and Veeman, T. S., Non-Parametric Productivity Analysis with Undesirable Outputs : An Application to the Canadian Pulp and PaperIndustry, American Journal of Agriculture Economics, Vol. 83, 2001,

No. 10.

[172] Hall B. F. , Leveen E. P. Farm size and economic efficiency: the case of California. American Journal of Agricultural Economics, 1978, 60 (4).

[173] Hansson H. , Öhlmér B. The effect of operational managerial practices on economic, technical and allocative efficiency at Swedish dairy farms. Livestock Science, 2008, 118 (1).

[174] Hennessy, D. A. Information Asymmetry as a Reason for Food Industry Vertical Integration. American Journal of Agricultural Economics, 1996, 78 (4).

[175] Holloway, G. , The Farm-Retail Price Spread in anImperfectly Competitive Food Industry. American Journal of Agricultural Economics, 1991, 73 (4).

[176] Houck, P. J. , An approach to specifying and estimating nonreversible functions. American Journal of Agricultural Economics, 1977, 59 (3).

[177] Jaforullah M. , Whiteman J. L. Scale efficiency in the New Zealand dairy industry: a non-parametric approach. Australian Journal of Agricultural and Resource Economics, 1998 (4).

[178] Julie A. Casvell. Valuing the benefits and costs of improved food safety and nutrition. The Australian Journal of Agricultural and Resource Economics, 1998, 42: 4.

[179] Klein B. Vertical Integration as Organization Ownership: The Fisher Body Relationship Revisited. Journal of Law, Economics and Organization, 1988, 4.

[180] Kinnucan H. Forker O. , Asymmetry in farm-retail price transmission for major dairy products. American Journal of Agricultural Economics, 1987, 69.

[181] Matulová K. N. , Bubáková P. , Škubna Q. , Taussigová T. , Econometric Analysis of Milk Value Chain. Agris on-line Papers in Economics and Informatics, 2010, Vol.2, Issue 4.

[182] Koop, G. , Carbon Dioxide Emissions and Economic Growth: A Struc-

tural Approach, Journal of Applied Statistics, 1998 25.

[183] Kurkalova L. A. , Jensen H. Production Efficiency in Ukrainian Agriculture and the Process of Economic Reform, Center for Agricultural and Rural Development, Iowa State University, 1996.

[184] Larsson, R. The Handshake between Invisible and Visible Hands. International Studies of Management and Organization, 1993, 23 (1).

[185] Lawson L. G. , Agger J. F. , Lund M. , et al. Lameness, metabolic and digestive disorders, and technical efficiency in Danish dairy herds: a stochastic frontier production function approach. Livestock Production Science, 2004, 91 (1).

[186] Lindmark, M. , Vikström, P. . Growth and structural change in Sweden and a story of convergence Finland, 1870 – 1990: A story of convergence. Scandinavian Economic History Review, 2003, 51 (1).

[187] Lindmark M. , Vikström P. Lobar convergence in Productivity-A Distance Function Approach to Technical Change and Efficiency Improvements. Paper for the conference "Catching-up growth and technology transfers in Asia and Western Europe", Groningen, 2003, (10).

[188] L. Martin Cloutier & Robin Rowley, Relative Technical Efficiency: Data Envelopment Analysis and Quebec's Dairy Farms. Canadian Journal of Agricultural Economics/Revue comedienne d'agro economy Volume 41, Issue 2, 1993.

[189] Lyon T. P. , Rasmusen E. B. Buyer-option. Option Contracts Restored: Renegotiation, Inefficient Threats, and the Holdup Problem. Journal of Law, Economics, and Organization, 2004, 20.

[190] Marc T. . Law History of food and drug regulation in the united States. Refereed article for EH. NET, Encyclopedia of Eeconomic and Business History. edited by Robot Whaples, Octobet 2004.

[191] Ménard C. , Klein P. G. Organizational issues in the agrifood sector: toward a comparative approach. American journal of agricultural economics, 2004, 86 (3).

[192] Muth, R. F. , The Derived Demand Curve for a Productive Factor and the Industry Supply Curve, Oxford Economic Papers, 1964, 16 (2).

[193] Natalia Valeeva, Ruud B. M. Huirne, Miranda P. M. Meuwissen, Alfons G. J. M. Oude Lansink Modeling farm-level strategies for improving food safety in the dairy chain, Agricultural Systems, 2007.

[194] Noordhuizen J. P. , Metz J. H. Quality control on dairy farms with emphasis on public health, food safety, animal health and welfare. Livestock Production Science, 2005, 94, (1).

[195] Pierani P. , Rizzi P. L. , Technology and efficiency in a panel of Italian dairy farms: A GMM restricted cost function approach. Agricultural Economics, 2003 (29).

[196] Illukpitiya P. , Yanagida J. F. Improving agricultural production through technical efficiency: A case study of smallholder paddy farming. Tropical Agriculture, 2004, 81 (2).

[197] Ramanathan, R. An Analysis of Energy Consumption and Carbon Dioxide Emissions in Countries of the Middle East and North Africa, 2005, Energy, 30.

[198] Rrussell R. A. , Bewley J. M. Characterization of Kentucky dairy producer decision-making behavior. Journal of Dairy Science, 2013, Vol. 96 No. 7.

[199] Rouse, P. , L. Chen, Harrison J. A. Benchmarking the Performance of Dairy Farms using Data Envelopment Analysis. 2009 Performance Measurement Association (PMA) conference papers, University of Otago, Dunedin, and New Zealand.

[200] S. Andrew Starbird. Designing food safety regulations: the effect of inspection policy and penalties for noncompliance on food processor behavior. Journal of Agriculture and Resource Economics, 2000, 25 (2).

[201] Serra T. Goodwin B. K. Price transmission and asymmetric adjustment in the Spanish dairy sector, Applied Economics, 2003, 35: 1889 - 1899. Spence M. , Job market signaling. The quarterly journal of Economics, 1973.

[202] Shapley L. S. A value for n-Person Game. in Contributions to the Theory of Games Volume Ⅱ, Princeton University Press, 1953.

[203] Starbird, S. A. Designing Food Safety Regulations: The Effect of In-

spection Policy and Penalties for Non-Compliance on Food Processor Behavior, Journal of Agriculture and Resource Economics, 25 (2).

[204] Tauer, L. W. , Short-run and long-run efficiencies of New York dairy farms. Agricultural and Resource Economics Review, 1993, 22 (1).

[205] Unnevehr L. J. , Jensen H. H. The economic implications of using HACCP as a food safety regulatory standard. Food Policy, 1999, 24 (6).

[206] Uzmay A. , Koyubenbe N. , Armagan G. Measurement of efficiency using data envelopment analysis (DEA) and social factors affecting the technical efficiency in dairy cattle farms within the province of Izmir, Turkey. Journal of Animal and Veterinary Advances, 2009, 8 (6).

[207] Vetter Henrik, Kostas Karantininis Moral Hazard Vertical Integration and Public Monitoring in Credence Goods European Review of Agricultural Economics, 2002, 29 (02).

[208] Ward R. W. Asymmetry in retail, whole sale and shipping point pricing for fresh vegetables. American Journal of Agricultural Economics, 1982, 62.

[209] Watanabe, M. , K. Tanaka. Efficiency Analysis of Chinese Industry: A Directional Distance Function Approach, Energy Policy, 2007, 35.

[210] Weersink A. , Turvey C. G. , Godah A. Decomposition measures of technical efficiency for ontario dairy farms. Canadian Journal of Agricultural Economics, 1990, 38 (3).

[211] Weldegebriel, H. , Imperfect Price Transmission: Is market Power Really to Blame? Journal of Agricultural Economics, 2004, 55 (1).

[212] Wang, Q. A technical efficiency analysis of pennsylvania dairy farms, AAEA-CAEA Annual Meeting, 2001, Chicago, Illinois.

[213] Young, L. M. , J. E. Hobbs. Vertical Linkages in Agri-Food Supply Chains: Changing Roles for Producers, Commodity Groups, and Government Policy. Review of Agricultural Economics, 2002, 24 (2).

后　记

　　终于交稿付印，一件非常繁琐的工作脱了手，顿觉轻松，然而也颇多感慨和遗憾。这本书稿源于我承担的教育部课题《基于合作社的奶业供应链与原料奶质量安全问题研究》，核心的想法是看看是否有可能通过产业链重塑理顺产业链上经济主体之间的利益分配，在保障产品质量的同时降低质量监管成本。承担本课题时虽然在文献资料查阅方面有了相对充分的准备，但当时我本人对奶牛养殖这个产业还比较陌生，经过一年多的调研，课题组访问了几十家养殖小区、规模牧场、合作社，与乳品加工企业、养殖小区的业主、合作社理事长、牧场的场长以及奶农座谈，我们惊讶地发现，原来建立在养殖小区基础上的合作社与所谓经典（或传统）的合作社完全不同，农户与小区的业主之间并无很高的利益一致性，乳品加工企业与养殖场的利益冲突明显，所谓的"激励兼容的安全生产行为"就成了问题。中国的奶产业链正在向以"大乳品加工企业＋工商资本养牛"为代表的模式急奔，"奶源在外、市场在内"的国际化模式也使中国乳业变数陡增，对乳品质量安全的研究只好随之调整内容，最终研究报告成了目前的样子。整体来看，研究虽然在某些方面做了努力，但是不足也非常明显。在养殖模式的效率评价中，非常有名的"全产业链模式"没有被纳入，奶源在外对中国养殖业的影响也关注不足，对中国乳业产业政策的评价也值得进一步研究。总而言之，这还是一部很不成熟的作品，在这里抛砖引玉，希望引来更多对中国乳业的关注。

　　在几年的调研过程中，团队成员获得河北省和内蒙古自治区各地畜牧工作人员的无私帮助，协调调研渠道以及分享他们对行业发展的经验和看法，虽限于篇幅不能一一提及他们的名字，但是在这里一并送上最诚挚的谢意；感谢接待我们来访的养殖场的业主和奶牛养殖户们，虽然面临巨大困难，但他们的辛勤和创业热情仍是中国未来奶业的希望；感谢我的研究生胡月和刘杉，她们勤奋好学，在调研和数据搜集、整过程中奉献了大量时间和精力；感谢芦丽静老师，我们是共同奋斗的战友，合作的好伙伴；感谢我的爱人和孩子对我工作的支持，虽然有时候我是借口做课题来逃避家务。

　　林林总总，言不及义，让对中国乳业的热爱鞭策我们继续在这一领域做出贡献。

马彦丽

2016. 4. 28